민혜련의 파리 예술 기행

KI신서 2508
민혜련의 파리 예술 기행 : 미술·건축

1판 1쇄 인쇄 2010년 6월 14일
1판 1쇄 발행 2010년 6월 21일

지은이 민혜련 **사진** 손초원 **펴낸이** 김영곤 **펴낸곳** (주)북이십일 21세기북스
기획·편집 김정규 **본부장** 이승현 **마케팅·영업** 도건홍 김남연 **디자인** (주)디자인신지
출판등록 2000년 5월 6일 제 10-1965호
주소 (우413-756) 경기도 파주시 교하읍 문발리 파주출판단지 518-3
대표전화 031-955-2100 **내용문의** 031-955-2107 **팩스** 031-955-2122
이메일 book21@book21.co.kr **홈페이지** www.book21.co.kr **트위터** @mybookstory

ⓒ 2010 민혜련

ISBN 978-89-509-2461-4 13810
값 16,500원

이 책 내용의 일부 또는 전부를 재사용하려면 반드시 (주)북이십일의 동의를 얻어야 합니다.
잘못 만들어진 책은 구입하신 서점에서 교환해 드립니다.

민혜련의
파리 예술 기행
미술·건축

아는 만큼 깊이 사랑하게 되는 곳, 파리

글. **민혜련** 사진. **손초원**

21세기북스

목
차

서문 008

1부
신의 도시

1. 바벨탑을 건설한 사람들 013
   파리에서 고딕과 로마네스크를 비교해 감상하기 020
2. 레오나르도 다빈치, 루아르에서 생을 마감하다 022
   앙부아즈 성 030
3. 초상화를 보고 결혼하다 031
4. 메디치의 뤽상부르 공원 037
5. 귀족들을 위한 잔치, 바로크와 로코코 044
   로코코의 작가들 052
6. 파리의 그리스 신전 054
   마들렌 광장 주변의 명소 062
7. 학생들의 거리, 소르본과 팡테옹 064
   돔(Dôme), 팡테옹(Panthéon) 072

2부 왕의 도시

1. 파리의 얼굴을 바꾼 두 사람, 오스만 남작과 르코르뷔지에 077
2. 파리의 개선문 086
3. 오페라의 유령 096
4. 파리의 토템 104
5. 영원불변의 미학을 향한 열정, 아카데미즘 112
6. 100프랑짜리 지폐를 장식했던 들라크루아 118
    외젠들라크루아 박물관 126
7. 왕의 집, 루브르 127

3부
빛의 도시

1. 파리, 이국적인 것들의 쉼 없는 매혹 141
2. 숲 속의 작은 마을 바르비종으로 154
3. 영원한 향수, 몽마르트르 언덕 166
    몽마르트르의 박물관 | 카바레 178
4. 압생트에 젖다 180
5. 바토라부아르 186
6. 노르망디를 화폭에 194
    인상주의라는 이름의 시초 209
7. 달과 6펜스 210
    오베르쉬르우아즈 찾아가기 222
8. 세잔을 찾아가는 길 224
    퐁투아즈 가는 길 237
9. 몽파르나스가 떠오르다 238
    몽파르나스 타워와 이 지역의 유명한 카페 249
10. 미술관이 된 기차역 250
11. 인상주의 미술관 259
    오르세 관람하기 266
12. 피카소, 〈모나리자〉를 훔치다 267
13. 옴므파탈, 아름다운 이탈리아 청년 272
14. 샤갈의 눈 내리는 마을 278

4부 인간의 도시

1. 걷고 싶은 도시, 사람 중심의 도시 289
    파리에서 자전거 이용하기 301
2. 안과 밖을 뒤집은 퐁피두센터 302
    조르주퐁피두센터 311
3. 프랑스 인의 생활 양식 312
4. 파리의 맨해튼 324
5. 미래공원 라빌레트 334
6. 파리의 뉴타운 341
    센 강변의 수영장 352

서문

● 프랑스 어에서 도시(la ville)는 여성형 명사이다. 세계의 많은 도시들이 남성적 느낌인데 비해 파리는 철저히 여성적 감성이 느껴지는 도시이다. 서로 다른 이데올로기에 쉽게 칼을 빼어 드는 남성성과는 달리, 여성성은 동화되기를 좋아한다. "나와 다른 생각을 가졌다고 틀렸다고 말하는 자는 파렴치한이다"라고 외치며, 계몽주의의 최전방에 섰던 볼테르(Voltaire)의 시대 이후로, 파리는 서로 다른 생각들은 그저 공존할 뿐이라는 관념이 몸에 배었다. 그래서 보헤미안적인 세계의 예술가들이 이 도시에 매료되었고, 고국이 아닌 파리에서 영감을 얻었다.

● 파리가 지난 세기 중반까지 예술의 도시로서 그 치명적인 매력을 발산했던 것은 르네상스 시대 이래로 문화예술 정책이 나라의 국력임을 일찌감치 깨달은 군주들 덕분이다. '감성을 배제한 지식은 표현력이 부족한 모래성'이라는 그들의 철학은 왕조가 바뀌고 혁명이 일어나고 나폴레옹이 온 유럽을 상대로 전쟁을 하는 와중에도 한 번도 흔들린 적이 없었다. 물론 과거 절대왕정에서 예술은 귀족들의 놀이이자 특권이었지만, 이 철없어 보이는 사치의 문화가 계몽주의와 혁명을 거치며 흘러나와 결국 민중의 눈높이를 끌어올리는 데 기여한 것은 사실이다. 일단 먹고사는 것이 해결되어야 예술이건 디자인이건 미식이건 논할 수 있으니, 현대에도 자본이 있는 곳에 예술이 있음을 부인할 수는 없다. 하지만 이를 얼마나 많은 사람들이 함께 공유하고 즐길 수 있느냐가 한 국가의 문화 수준의 척도가 될 것이다.

● 내가 학교를 다니던 캉(Caen)은 파리에서 200킬로미터도 더 떨어진 인구 15만의 소도시이다. 하지만 이곳의 시립미술관에는 마네나 코로, 쿠르베, 부댕 등의 작품들이 소장되어 있다. 노르망디의 작은 도시에서 미술책에서만 보던 대가들의 작품을 언제나 볼 수 있다는 것이 그저 신기할 따름이었다. 프랑스 문학을 한다고 그곳까지 달려간 내 앞에서 프랑스 초등학생 녀석이 빅토르 위고(Victor Hugo)의 시를 그냥 줄줄 암송하는 것도 신기했고, 기숙사 관리인 아저씨 입에서 세계사 시험 때 암기하던 로마 장군들 이름이 일상적으로 튀어나올 때의 충격은 말할 수 없을 정도였다.

● 전반적으로 프랑스 인들의 문학적·예술적 감각의 수준이 높다는 것은 그곳에서 조금만 살아보면 느끼게 된다. 물려받은 것이 많아 그런 것만은 아니라 바로 끊임없이 예술을 교육에 접목하는 시스템 덕분이다. 프랑스는 문화부와 교육부가 연계하여 유치원서부터 초·중·고등학교 전 과정에 예술 프로그램들을 삽입하고 있다. 그것도 눈 가리고 아웅하는 식이 아니라 구체적으로 지역의 예술가들이 직접 참여하여 현대 예술을 이해하는 안목을 기르는 데 주력한다. 우리나라 어린이들이 학교도 들어가기 전에 학원을 순례하며 지쳐가고 있을 때, 프랑스의 어린이들은 미술관에서 주최하는 전시를 관람하고 작가들과 토론하며 예술언어를 몸에 익힌다. 여든까지 갈 세 살 버릇을 이미 유치원에서부터 키우는 것이다. 전공자를 제외한 대부분의 사람들이 나이 들어 좀 살 만해져야 예술이 무엇인가에 눈뜨는 우리와는 전혀 다른 삶의 질이다.

● 부러우면 지는 거라지만 나는 부럽다고 고백하지 않을 수 없다. 도시에 무엇 하나를 만들더라도 주변과의 조화를 생각하는 문화적 감수성을 지닌 사람들, 도시의 인간은 주인이라는 것을 잊지 않고 옛것을 조금씩 고쳐가며 사용하는 그들의 생각, 그래서 수십, 수백 년 된 나무를 햇빛 반사율 높은 블록으로 도배하려고 통째로 뽑아버리는 일 같은 건 절대 일어나지 않는 나라라는 것이 말이다.

파리와 또 한 번 사랑에 빠져 있었던 몇 개월인 것 같다.
언제나 사랑은 설렘이고 부드러운 커피 향이 난다.
그런 파리가 오늘도 그립다.

2010년 5월 삼청동에서
민혜련

* 프랑스의 풍경을 아름답게 담아준 손초원 작가에게 감사를 전하며 중간중간 어설픈 사진들은 저자의 사진임을 밝힙니다.

1부 | 신의 도시

1. 바벨탑을 건설한 사람들
2. 레오나르도 다빈치, 루아르에서 생을 마감하다
3. 초상화를 보고 결혼하다
4. 메디치의 뤽상부르 공원
5. 귀족들을 위한 잔치, 바로크와 로코코
6. 파리의 그리스 신전
7. 학생들의 거리, 소르본과 팡테옹

츠베탕 토도로프의 말대로,
그리스도가 "거기 있게" 된 순간부터 온 도시를 신이 지배하던 시대가 있었다.
우리는 그 시대를 중세라 부른다.
인간은 교회를 매개로 오직 신과의 관계 속에서만 의미가 있었고,
자기 자신의 개성이나 능력에 관해 생각하는 것은 죄악이었다.
그러던 도시에 어렴풋한 빛이 스며들기 시작한다.
바로 르네상스라는 여명이었다.
어찌 보면 르네상스는 여전히 중세에 발을 담그고 있고
아직 인간 홀로 무엇을 할 엄두는 내지 못하는 시대였지만,
분명 신의 비밀을 엿보고자 하는 인간의 싹이 움찔거리고 있었다.

1부
신의 도시

1.
바벨탑을 건설한 사람들

　한국의 건축물 중 가장 마음에 들지 않는 것을 꼽으라면 나는 교회라고 대답할 것이다. 어떤 문화적 식견도 없이 어느 시대의 양식인지도 모르게 마구 혼합되어 어설픈 짝퉁 고딕이나 로마네스크가 난무하기 때문이다. 루이뷔통 짝퉁들이 길거리를 도배하는 것도 보기 안 좋은데, 고딕 짝퉁이라니……. 철저한 고증을 살려 섬세하게 짓지 못할 거라면 차라리 한국적인 지붕과 곡선을 살리거나 아니면 순수한 현대적 건축물을 지을 것이지, 왜 저런 어설픈 디자인의 건축밖에 할 수 없을까 하는 아쉬움이다.
　2,000년간이나 기독교적인 전통 속에 발달해 온 유럽의 도시들은 대부분 성당과 성을 중심으로 발달되어 있다. 성당 앞에 광장이 있고 버스도 출발하며 그 주변으로 시청과 시의회 등이 있는 구조이다. 중세적 잔재가 남아 있기 때문이다. 로마 제국이 조금씩 누수 현상을 보이기 시작하던 313년, 콘스탄티누스 황제는 너무나 광대하여 돌볼 길 없는 제국을 통치하기 위해 모든 민족을 하나로 통합하는 종교가 필요하다는 것을 뼈저리게 느낀다. 그때 황제의 눈에 들어온 것이 바로, 서민들의 목마름을 채워주며 언더그라운드에서 세를 넓히고 있던 기독교라는 신흥 종교였다. 게다가 기독교는 유일한 신인 하느님에

게만 충성을 맹세하는 종교였다. 황제는 탄압을 멈추고 정치적인 머리로 계산을 한다. 자신이 로마의 태양신을 모시던 제사장이었지만, 동요하는 민중을 통합할 수 있는 것은 이제 막 피어오르며 물불 안 가리고 신앙심을 불러일으키는 기독교밖에 없다는 결론이었다. 그리하여 서구 역사의 가장 중요한 이정표가 되는 '기독교 공인'을 선포한다.

이때부터 서유럽 전 세계를 지배하던 로마 인들의 점령지에는 성당이 세워졌다. 가톨릭을 공인하기 전까지 로마는 태양신 미트라에게 제사를 올리거나 그리스에서 전해진 올림푸스 신들의 신탁에 기대는 다신교 국가였다. 그 중 이집트와 오리엔트에서 내려온 뿌리 깊은 태양신 숭배는 가톨릭과 자연스럽게 융합되었고, 지금까지도 미사 의식 속에 그 흔적이 많이 남아 있다. 파리의 노트르담 성당도 로마 제국의 점령 당시에는 주피터(그리스 신화의 제우스) 신전이 있던 자리였고, 몽마르트르의 사크레쾨르 성당은 메르쿠리우스(그리스 신화의 헤르메스) 신전이 있던 곳이다.

10세기 이전 유럽 전역의 성당들은 로마로부터 물려받은 스타일로 건축되었다. 이를 로마네스크 양식이라 하는데, 가장 큰 특징은 내부의 홀을 아케이드 같은 반원형 천장이 받치고 있는 형태이다. 그 거대한 아케이드를 받치기 위해서는 힘을 받을 두꺼운 벽과 외부의 보강벽(contrefort)이 필수였다. 자연 창문은 작아질 수밖에 없었고, 어두운 내부를 보완하기 위해 벽을 화려한 색채의 프레스코화로 장식하였다. 햇빛을 건물 안까지 끌어들인다는 것은 꿈도 꾸지 못했고 양초의 희미한 불빛만으로 실내를 밝혀야 했던 시대에, 어둠이 악마가 지배하는 영역이라는 믿음은 어쩌면 당연했을 것이다.

프랑스의 많은 성당들을 다녀보면, 비록 내가 건축학자는 아니지만 10세기 십자군 전쟁을 기점으로 중세 건축은 채 기록되지 않은 많은 변화를 겪었음

1부
신의 도시

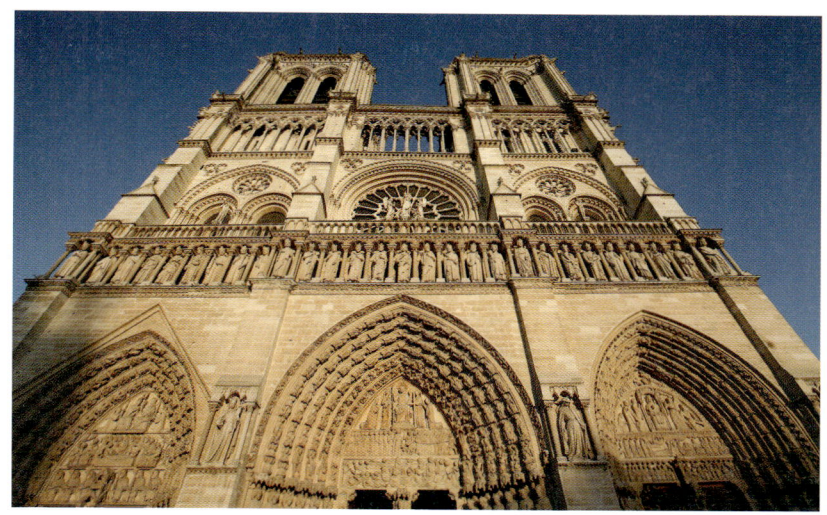

파리 노트르담 성당

을 느낄 수 있다. 현대의 많은 역사가들이 로마네스크 양식에서 고딕으로의 발전을 단절로 보지 않는다. 그들은 희미하나마 그 과정에 중간 단계들이 있었고 내부 장식이나 조각 등 로마네스크에서 영감을 받은 부분도 있음을 증명하려 애쓰고 있다. 하지만 18세기에 과학이 수십 단계를 압축하여 발달한 것만큼이나 이 시대의 건축 기술이 비약적 발전을 이룬 것만은 사실인 것 같다.

고딕은 마치 전설처럼 중세 말기에 홀연히 나타났다. 그 발생지는 파리 주변이었다. 어떤 책들은 몇 만 년 전부터 내려오던 고대 인류의 비밀이 흘러나왔다고도 한다. 필시 십자군 전쟁으로 소아시아 어디에서인가 획득한 비밀의 지식일 것이라는 추측이었다. 그럴 수밖에 없는 것이, 발달한 현대의 기술로도 이해할 수 없는 건축술이 진보의 단계를 거치지 않고 어느 순간에 튀어나왔기 때문이다. 과학적 사고방식에는 약해서 언제나 초자연적인 것들을 동경하는

성당 정문 아치의 정교한 조각들, 하나하나가 모두 형상이 다르다.

나는 이런 유의 이론들에 끌리는 것이 사실이다(그렇다고 종교적인 인간은 아니다!). 몇 억만 년이 되는 지구의 역사를 '진화(evolution)'라는 시간의 흐름으로 설명해 놓은 다윈식 이론이나, 때로 인간을 위협하기도 하는 인격적인 신이 어느 날 지구와 인간을 창조했다는 것은 도무지 납득이 가지 않기 때문이다. 지구에서는 뭔가 더 구체적인 일들이 벌어졌다 사라졌다를 반복했었다고 믿는 것이 오히려 더 과학적이지 않을까?

아무튼 중세의 어느 시기(대략 12세기경)에 불현듯 나타난 고딕 양식의 첨두 기술은 그때까지 어둠에 묻혀 있던 중세인들에게 빛을 가져다주었다. 첨두형의 아치들이 서로 교차되고 건물이 더 높아지면서도 벽을 얇게 축조하는 기술을 습득한 것이다. 이는 건물벽의 외부에서 갈비뼈처럼 벽을 지탱해 주는 버팀벽[1]을 세우면서 완성되었다. 처음에는 둔탁하던 버팀벽이 시간이 지나 점점 섬세한 형태를 지니면서 고딕 양식에 독특한 아름다움을 주었다. 벽이 얇아지고 높아지면서 창문도 커졌다. 의도적인 빛의 유희를 위해 창문에는 화려한 스테인드글라스가 입혀졌다. 초기의 단순한 창문과 버팀벽의 형태가 후기로 가며 마치 불꽃이 작열하는 듯한 화려한 장미 무늬 형태의 창과 가볍고 섬세한 외벽으로 발전한다. 하늘을 향에 찌를 듯이 서 있는 첨탑과 각종 상징들로 가득 찬 조각들을 보노라면 이것이 과연 인간이 만든 것일까 하는 생각이 들 정도이다. 서구의 미학이 갖는 완전한 대칭성과 엄청난 규모, 높고 화려한 스테인드글라스를 통한 빛의 유희로 이루어지는 영적 분위기는 그 안에 진정 신이 존재하는

---

[1] 버팀벽(flying buttress) | 고딕 성당 건축에서 벽체를 얇게 하며 높이 올리기 위해 외부벽에서 받쳐주는 버팀대. 외벽에 갈빗살처럼 붙어 지지대 역할을 하는 동시에 건물을 복잡하고 화려해 보이게 하는 역할도 한다. 이 버팀대 덕분에 얇아진 벽에 큰 창을 내고 스테인드글라스를 달아, 로마네스크 양식에 비해 내부가 한층 밝아지고 오묘한 색채로 신비한 느낌을 주게 되었다.

것 같은 착각을 불러일으킨다.

성당의 모양은 정확히 십자가 형태인데, 그 방향이 예루살렘이 있는 동쪽을 향한다. 십자 형태가 서로 만나는 축에 하늘을 향해 끝없이 높아지는 첨탑이 위치해 성인의 유물을 보관하며, 지하에는 인간의 육신이 묻힌 묘지가 위치한다. 하늘과 땅 사이에 살아 있는 인간이 존재하는 것이다. 정면에는 보통 커다란 정문과 양쪽의 보조 문까지 세 개의 출입문이 있는데, 성서의 이야기들을 연관성 없이 묘사하는 조각으로 뒤덮여 있다. 비교(秘敎) 쪽에 관심이 많은 학자들은 이 조각들 사이에 섞여 있는 이단적 상징들, 후세에 전달하고 싶은 비밀들을 찾아내기도 한다.

고딕의 성당이 주는 이미지는 하늘에 닿으려는 인간의 욕망이다. 어쩌면 바벨탑은 성서에 나오는 신화가 아니라, 인간이 내면에 가지고 있는 원형

성당 꼭대기 곳곳에서 아래를 내려다보며 뾰죽뾰죽 나와 있는 가고일(gargoyle)들. 상상 속의 괴물들로 빗물받이이자 장식물이기도 하다. 이 외에도 쉬메르(chimères)라는 괴물들 형상이 성당을 지키는 수호신으로 지붕 곳곳에 조각되어 있다. 악마들이 성당을 지키다니 이상도 하다.

(archetype)일지도 모른다. 고딕의 첨탑처럼 높아져만 가는 현대의 고층 건물들을 보노라면 인간이 얼마나 신의 영역인 하늘을 제어하고 싶어 하는지를 알 수 있다. 그것이 신으로부터의 원형인지 악마로부터의 원형인지, 나는 모르겠다.

건너편 상점 안에서 본 노트르담 대성당. 아름다운 스테인드글라스의 장미창(rosace)이 보인다.

파리에서 고딕과 로마네스크를
비교해 감상하기

노트르담 대성당

노트르담(Notre Dame)은 영어로 'Our lady'라는 뜻으로, 성모 마리아에 헌정된 성당을 뜻한다. 즉, 베드로에게 헌정되면 생피에르(Sant-Pierre, 성 베드로), 요한에게 헌정되면 생장(Saint-Jean, 성 요한), 이런 식으로 성당 이름이 정해진다. 그래서 프랑스의 웬만한 도시들을 다니다 보면 노트르담 성당을 여러 곳에서 만날 수 있다. 성모 마리아에 헌정된 성당들 중 파리에 있는 대성당이 바로 빅토르 위고의 소설로, 그리고 우리에겐 뮤지컬로 더 유명한 노트르담 드파리(Notre Dame de Paris)다. 꼬불꼬불한 종탑 계단을 올라가면 꼭대기에 콰지모도가 치던 바로 그 종을 볼 수 있다.

고대 로마 인들이 지배하기 이전 이 자리는 골 족[2]들이 제례를 행하던 자리였고, 로마인들이 프랑스를 점령해서는 바로 이 자리에서 주피터에게 제사를 지냈다. 기원후 4세기가 되어 기독교가 공인되자, 이곳에 생에티엔 교회를 세웠는데, 11세기가 되면서 노트르담으로 개축되었다. 기독교 강대국의 면모를 보여주고자 하늘을 찌르는 고딕 양식으로 탈바꿈한 것이다. 첨두 아치와 플라잉 버트레스(flying buttress), 아치형 공법을 사용한 높은 천장과 넓은 실내, 장미 문양의 창과 화려한 스테인드글라스, 수많은 조각상 등은 초기 고딕의 진수를 보여준다.

중세에 문자는 소수의 귀족과 성직자들만의 특권이었다. 대부분의 국민들은 문맹이었기 때문에 신도들은 주일 예배에서 사제의 설교만을 들을 뿐 성경을 읽을 수 없었다. 그래서 성당의 곳곳에 조각이나 그림을 그려 교리를 알리고 설명하려 했고, 신도들은 이를 보며 이해하고 기도를 드렸다.

17세기가 되어 루이 14세의 절대왕권은 새로운 예술 양식을 발전시킨다. 바로크 예술이 바로 그것이다. 루이 14세의 미적 기준에 맞춰 노트르담 성당에도 수난이 시작되었다. 바로크 양식의 기준에 맞추기 위해 스테인드글라스가 제거되고, 내부에는 회벽이 칠해졌으며 높은 제단이 건축되었다. 프랑스 혁명 또한 교회를 크게 훼손했다. 그러나 나폴레옹이 집권하며 노트르담을 다시 교회에 헌납하고 이곳에서 황제의 대관식을 거행하였다. 1845년부터는 고딕 건축에 대한 전문 지식을 바탕으로 비올레르뒤크(Eugène Emmanuel Viollet-le-Duc)의 지휘와 파리 시민의 든든한 후원 아래 복원 사업이 시작되어 원래의 모습을 되찾았다.

생제르맹데프레 성당

고딕 양식의 노트르담과 비교해서 보아야 할 성당이 바로 아주 오래된 생제르맹데프레(Saint-Germain-des-Prés) 성당이다. 문학가들의 카페 거리였던 그 생제르맹데프레이다. 이 성당은 프랑스 왕조의 여명기인 542년 메로빙거 왕조 시대까지 그 역사가 거슬러 올라간다. 중세에는 예수나 성인들의 뼈나 유물들을 나누어 각 지역의 성당에 보관하였는데, 이

생제르맹데프레 성당.
친구 크리스토프 슈바르츠(Christophe Schwarze)가 찍음.

곳에 예수의 십자가 일부를 보관하기 위해 수도원을 짓는 것으로 시작되었다.

생제르맹은 당시 파리 주교의 이름이고, 프레(prés)는 초원이란 뜻이다. 그 시대에 이곳은 시테 섬 밖의 풀밭이었을 것이다. 이후 베네딕트 수도회의 본거지로 발전하였지만, 중간에 바이킹의 습격 등으로 파괴된 것을 11세기에 중세 건축양식을 잘 살려 재건해 오늘날까지 보존되고 있다. 12세기에 건축된 고딕 양식의 화려한 노트르담 성당과 비교되는 소박함과 부서지지 않을 것 같은 강건한 느낌이 로마네스크의 진수를 보여준다.

---

[2] 골 족(Gaulois) | 프랑스 땅에 원래 살던 켈트계(Celts)의 원주민.

2.
레오나르도 다빈치,
루아르에서 생을 마감하다

　살다 보면 정말 숨이 막힐 듯한 아름다움과 마주하게 되는 순간이 있다. 만화책에서나 쓸 법한 "헉" 소리가 저절로 나오는 것이다. 지구 상의 많은 곳을 가본 것은 아니지만, 곳곳에 자연이 창조해 놓은 장엄한 풍경을 볼 때가 바로 그런 순간이다. 또 가끔은 인간이 만든 조형물에서도 같은 것을 느끼게 된다. 유럽 곳곳에 이런 작품들이 있지만, 루아르 지역의 도시는 미학적 아름다움 그 자체인 것 같다. 이 지역의 성을 찾아 도로를 달리다 보면 중세의 웅장한 성들 말고도 놓치지 말아야 할 것이 있다. 자연과 인간의 합작품, 바로 특이한 지형을 이용한 건축물들이다. 언덕 곳곳의 천연 석회암 동굴을 이용해 지은 집들인데, 집 내부는 굴 안에 있고 3분의 1 정도만 외부로 나와 있는 주택들이다. 동굴집이라 하면 뭔가 원시적인, 터키 등지의 폐허가 된 은신처들을 생각하기 쉬운데, 프랑스의 동굴집은 예쁜 문과 정원까지 있어 그림처럼 아름답다. 언젠가 소뮈르(Saumur)에서 투르(Tours)로 오는 길을 달리다 집들이 하도 예뻐 길가에 차를 세워놓고 오랜 시간 골목골목을 돌며 구경하던 기억이 난다. 사람이라곤 하나 보이지 않는 곳에 낯선 동양인 여자가 기웃거리니 온 동네 개들이 짖어대서 애를 좀 먹었다. 레오나르도 다빈치를 찾아 앙부아즈에 간다면, 바로 그가 살던 클로뤼세(Clos-Lucès) 저택 위의 작은 카페를 방문해 보길 바란다. 바로 동굴을 이용해 지은 집이니까. 카페 내부도 바위 동굴 안에 있지만 더 예술인 것은 화장실이었다. 자연적으로 파인 동굴 후미진 곳의 아늑한 공간… 마치 엄마 뱃속 같다. 아, 이런 곳이 있다니! 동굴 안에 있는 문화적 수세식 화장실에서 생리 현상을 해결하는 특별한 경험을 꼭 해보시길.

앙부아즈에 가기 위해 루아르 강 위의 다리를 건너다 보면 어느 순간 건너편 언덕에 우뚝 선 성의 모습이 눈에 들어온다. 이때 말 그대로 "헉" 하고 숨이 막혀온다. 그리곤 무언가 갈증이 느껴진다. 누군가가 필요한 느낌이랄까? 아마도 사랑하는 사람이 옆에 있어 그 감동을 함께할 수 있다면, 하는 안타까운 심정일 것이다. 감정이 풍부한 여성은 마스카라를 조심하시라! 눈물이 주르륵 흐를지도 모른다. 왜 우냐고 물으면 "너무 아름다워서…"라는 표현밖에는 할 수가 없겠지만. 성 위를 나는 까마귀 떼와 구름에 비치는 저녁노을, 그리고 수세기 동안 존재했던 도시……. 아, 정말 이 모든 것을 만들 수 있는 인간을 창조한 신은 존재하나 보다 하는 생각이 절로 든다.

이 지역은 바로 이탈리아발 르네상스(Renaissance)가 프랑스에 도착한 지점이다. 프랑스의 르네상스는 조금 늦어 이탈리아 르네상스의 말기에 해당한다고 볼 수 있다. 이제 막 중세의 봉건제도에서 벗어나 정치적으로 강력한 집권 군주제의 틀을 다지며 영토를 통일해 가는 시점이었기에 문화적으로는 여유가 없었던 것이다. 금융업과 무역을 중심으로 부를 축적한 피렌체나 베네치아 등과 비교하면 파리는 덩치만 컸지 어둡고 음울한 분위기가 그대로 남아 있었다. 전장에서 말을 달리던 기사들이 지배하던 파리는 오히려 야만적이라는 표현이 더 맞았을 것이다. 그래서 15세기와 16세기의 프랑스 왕들은 군사적으로 허약하지만 밝은 태양이 있는 이탈리아 영토에 집착하였다. 그러나 롬바르디

1부
신의 도시

아나 피에몬테의 포도밭과 도시국가들을 휩쓸며 많은 시간을 보냈음에도 불구하고, 거칠기만 한 왕들은 그곳에서 발전하는 예술적·문화적 움직임에는 눈뜨지 못하였다.

한데 프랑수아 1세는 달랐다. 그 또한 선왕들의 열망이던 이탈리아 원정에 불타오르고 있었지만, 감각이 빼어난 사람이었다. 교육도 한몫했을 것이다. 이탈리아에서 초빙해 온 스승들에게서 철학과 라틴 어를 배우면서 인본주의적 사고에 익숙해진 프랑수아 1세는, 국가가 강대해지려면 문화가 근본이 되어야 한다는 사실을 알고 있었다. 돈 버는 데만 급급할 뿐 문화적 식견과는 거리가 먼 재벌 1세들과는 다른, 어려서부터 미국에서 교육받은 재벌 2세적 경영 마인드를 가졌다고나 할까? 결국 자신의 아들이자 훗날의 앙리 2세를 피렌체의 카테리나 데메디치(Caterina de' Medici)와 정략결혼 시킴으로써 이탈리아 며느리를 맞이한 그는 현대 프랑스 문화의 초석을 다진 왕으로 기록되고 있다.

1515년 9월에 프랑스의 새 국왕이 된 프랑수아 1세는 밀라노를 재정복하였고, 12월에 볼로냐에서 메디치 가문 출신의 교황 레오 10세와 회담을 하였다. 당시 피렌체에서 메디치 가 성의 새 단장에 전념하던 다빈치에게 이 프랑스 국왕은 교황과의 평화회담을 위한 기념물을 주문하였다. 가슴을 열면 프랑스 왕실의 상징인 백합이 보이는 사자를 제작해 달라는 것이었다. 게다가 걸을 수 있는 기계 사자라니……. 요즘 기계공학과 학생들이 만드는 로봇의 원조라 할 수 있겠다. 다빈치가 남긴 여러 자료집을 보아도 알 수 있지만, 이탈리아에서 그는 화가라기보다는 엔지니어에 가까운 대접을 받고 있었다. 하지만 그와 인연을 맺은 프랑수아 1세는 이 늙은 예술가 안에 감추어진 천재성과 더불어 숭고한 철학적 감성을 엿보았던 것 같다. 결국 훗날 국왕은 다빈치를 프랑스로 초청하여 자신이 어린 시절을 보낸 끌로뤼세를 내어주고 여생을 보내도록 한다. 다빈치를 항상 가까이 두고자 했던 왕은 앙부아즈 성과 연결되어 있는 지하 통로를 통해 수시로 이곳을 방문하였고, 국왕 직속의 '일등화가', '일등엔지니어', '일등건축가' 등의 칭호를 주어 극진히 대접했다. "우리 아저씨"라고 스스럼없이 부를 정도였으며, 원하는 일에 재정적 지원을 아끼지 않았다. 엔지니어로만 취급하던 이탈리아 인들과 달리 프랑스는 이 피렌체의 거장을 화가로서, 예술가로서 존중했던 것이다.

당대의 유명한 미술사가였던 바사리(Giorgio Vasari)가 기록했듯이 "탁월한 육체적 아름다움"에 "정신의 풍성함과 관대함"까지 지닌 다빈치는 지금으로 말하자면 꽃미남에 몸짱이었던 것 같다. 주변에 친구들이 많았지만 사생활은 비밀에 싸여 있어 알려진 바가 거의 없다. 마키아벨리와도 돈독한 우정을 쌓았고, 미켈란젤로와는 당대의 라이벌로 꼽힌다. 하지만 일이 느리기로 유명한 다빈치는 생전에 미켈란젤로나 라파엘로만큼은 이탈리아에서 빛을 보지 못했다. 작업 하나를 맡으면 세월아 네월아 시간을 보내는 성격 탓에 작품도 몇 개 되지 않는다.

많은 학자들이 이런 다빈치의 다각적 성격을 그의 성적 취향을 중심으로 연구하였다. 그 중에서도 19세기 말 지그문트 프로이트(Sigmund Freud)는 레오나르도 다빈치의 작품과 생애를 통해 집중적으로 정신분석을 하였다. 아름다운 제자들과의 사랑과 정열이 뒤섞인 듯한 에로틱한 관계, 〈바쿠스〉를 비롯한 여러 데생에 나오는 남녀 양성적 형태 등을 볼 때 레오나르도가 미소년 취향이 있었음은 부인할 수 없을 것 같다. 그가 피렌체에서 올 때 어릴 때부터 문하생으로 키운 두 명의 제자도 따라와 죽을 때까지 함께했는데, 이들과의 묘한 관계도 많이 언급된다. 결혼도 하지 않아 부인이나 자식이 없었던 다빈치는 이들에게 자신이 소장하고 있던 작품과 원고들을 남겼다.

앵그르, 〈다빈치의 죽음〉, 1850, 루브르

1519년 다빈치가 67세의 나이로 앙부아즈에서 죽음을 맞이할 때 프랑수아 1세는 그 옆에서 임종을 지켰고, 그는 왕의 품 안에서 죽음을 맞이하였다고 한다. 이것이 사실인지 허구인지는 알 길이 없지만, 바사리는 동시대 예술가 200여 명의 일생에 관한 저술 『예술가들의 생애(Le Vita de' Piu Eccellenti Architetti, Pittori, et Scultori)』에서 "앙부아즈에 들렀던 국왕이 마지막 숨을 몰아쉬는 다빈치의 고통을 줄여주고자 손수 품에 안았고, 곧 화가는 숨을 멈추었다"고 기록하고 있다. 역사가들은 당시 파리의 왕비가 출산을 하고 있어서 불가능했을 거라는 반론을 제기하기도 하지만, 이는 전설이 되어 후대 화가들의 부러움과 동시에 상상력을 불러일으켰다. 19세기의 위대한 신고전주의 화가인 앵그르는 〈다빈치의 죽음〉에서 이 장면을 아름답게 표현하고 있다.

프랑수아 1세가 다빈치와 동성애적 관계였다는 설은 없는 것으로 보아,

진정으로 그를 존경했을 뿐인 것 같다. 어쨌거나, 프랑수아 1세는 자신이 한 일이 후대 프랑스에 어떤 선물이 될지는 몰랐을 것이다. 다빈치가 프랑스에 오면서 짐 속에 넣어 온 작품들, 바로 그 유명한 〈모나리자〉, 〈성모 마리아〉, 〈성 안나와 성 모자〉, 〈세례 요한〉 등이 지금 루브르 박물관에 걸려 있고 전 세계인이 찾아와 열광하고 있으니 말이다.

살아생전에 〈모나리자(Mona Lisa)〉를 너무 아껴 항상 지니고 있던 레오나르도는 죽기 전에 자신을 받아준 프랑스 국왕에게 이들 작품을 바쳤고, 왕실의 소장품으로 퐁텐블로 성에 걸렸다. 이렇듯 하나의 작은 행동이 훗날 커다란 결과를 가져올 때가 많다. 특히나 계산 없는 순수한 마음으로 행한 일일 때 더욱 그렇다(오히려 계산을 하면 대개 계산대로 되지 않는다는 것은 웬만큼 인생을 살다 보면 알게 된다!). 그래서 인생도 역사도 우리가 예측할 수 없는 부피로 쌓여가는 것이다. 갓난아이가 세포분열을 거듭하여 어떤 어른의 모습으로 성장하게 될지 누구도 알 수 없지 않는가? 그러고 보면 자연의 모든 법칙은 서로 닮아 있다.

앙부아즈 성

앙부아즈 성(Château d'Amboise)
위치 파리에서 224km, 블루아에서 37km
휴관 1/1, 12/25
입장료 6.25

여름철에는 '빛과 소리'라는 제목으로 당시의 궁정 생활을 재현하는 축제가 열린다. 중세 도시를 거닐며 레오나르도 다빈치를 회상하면서 하루를 보내는 것도 낭만적일 것 같다.

1부
신의 도시

3.
초상화를 보고 결혼하다

사진기가 발명된 것이 19세기니까, 그 이전 시대 사람들의 외모에 관한 정보를 얻으려면 회화 작품이나 책에서 언급된 내용으로 유추해 보는 수밖에 없다. 유럽에서는 초상화가 발달했다. 초상화가 예술의 한 축을 이루었던 것이다. 현대에 와서도 좀 있다 하는 집에는 복도나 응접실 벽에 조상들 그림이 쭉 걸려 있다. 남편과 보르도 시내 아파트에 살고 있던 친구 바바라는 어머니가 보르도 생테밀리옹에 특급 포도원을 경영하셨다. 한번은 그 친구 어머니의 성에서 후한 대접을 받으며 일주일을 머문 적이 있었다. 샤토 리포(Château Ripeau)는 18세기에 지어진 3층짜리 작은 성(manoir)이었는데, 본채에는 바바라의 어머니 프랑수아즈가 살고 별채에는 외할머니가 계셨다. 낮에는 파출부도 오고 옆 동의 사무실엔 직원들도 드나들지만, 밤에 모두 퇴근해 버리면 방이 20개도 넘는 그 큰 본채에는 어머니 혼자뿐이다. 게다가 주변은 온통 포도밭뿐이고, 차로 몇 십 킬로미터는 달려야 민가에 도달한다. 도대체 무섭지도 않은지, 프랑수아즈는 밤이면 돋보기를 쓰고 편안하게 책을 읽고 TV도 보면서 그 큰 집을 어슬렁거린다. 반면에 나는 낮에도 사람 없는 긴 복도를 걸어 다닐 때면 으스스할 정도였는데, 특히 벽에 걸린 죽은 이들의 초상화가 자꾸 마음에 걸렸다. 다행히 방마다 목욕탕과 화장실이 딸려 있었기에 망정이지, 만일 복도 쪽에 있었다면 아마 오줌보가 터지는 한이 있어도 밤에 화장실 갈 엄두는 못 내었을 것이다. 그 큰 저택의 복도에 유령처럼 죽 늘어선 옛날 사람들의 초상화는 정말 무시무시하다. 특히나 밤에는 꼭 커다란 눈으로 지나가는 사람들을 바라보다가 툭 튀어나올 것만 같은 것이, 마치 히치콕 감독의 〈레베카〉에서 느끼던 감정과 비슷하다고나 할까?

한국도 마찬가지이지만 중세나 근세까지 유럽 역시 왕족의 혈통 보존과 정치적 목적으로 근친혼과 정략결혼이 제도화되어 있던 시대였다. 유럽의 왕가는 신라의 성골·진골보다 더 복잡하게 핏줄로 얽혀 있었다. 즉, 프랑스 아들이 에스파냐 사위이고 오스트리아 딸은 영국 왕비이며, 당숙이 시아버지이고 (이건 약과다) 삼촌이 남편이 되는 그런 식이다. 지금의 우리로선 듣기만 해도 끔찍한 일이다. 일례로 근세 유럽은 결국 프랑스 부르봉과 오스트리아 합스부르크의 핏줄로 되어 있었다 해도 과언이 아니다. 그렇다 보니 근친혼으로 인해 왕족들은 점점 열성화 현상이 두드러져 갔다. 한마디로 못생겼단 이야기다.

서로가 만나 애틋한 감정을 키우고 사랑을 해서 결혼한다는 것은 상상도 할 수 없는 일이었다. 가문끼리의 이해관계로 거래만 성립되면 그날로 결혼은 성사된다. 게다가 그 시대에 사진이 있었던 것도 아니고, 인터넷이나 화상전화는 더욱 없었으니, 생전 본 적도 없는 배우자가 첫날밤에 무작정 들이닥치는 것이다. 좁은 한국 땅에서야 뒷담이라도 넘어 실루엣을 보거나, 방물장사를 통해 소문이라도 듣겠지만, 이건 수만 리 먼 타국에서 배우자가 오니 언어가 안 통하는 경우도 비일비재했다.

예비 배우자에 대한 이 시대의 유일한 정보가 있다면 사신이 말을 타고 가져오는 상대방의 초상화가 전부였다. 그러나 우리도 알다시피 초상화란 미화

앙리 2세의 연인이었던 디안 드푸아티에

되게 마련이다. 물론 초상화로 나타낼 수 없이 아름다운 여인도 있었겠지만, 그 시대 대부분의 회화는 고대 그리스의 이상을 따르고 있었다. 즉, 절대적인 미를 기준으로 이상화한 작품이었던 것이다. 요즘 포토샵으로 처리한 사진들 때문에 말이 많은 것을 보면, 역사는 참으로 돌고 돈다는 생각을 하지 않을 수가 없다……. 양가를 왔다 갔다 하며 결혼을 중재하던 사신은 실물보다 훨씬 예쁜, 아니, 어떤 때는 실물과는 전혀 다른 초상화를 가져다준다. 그 초상화를 본 신랑이나 신부는 결혼식 전날까지도 상대방을 꿈꾸다가, 실물을 보고 기절초풍하는 경우가 비일비재했다. 날렵하고 아름다운 그림 속의 여인이, 실제로 저쪽에서 걸어오는 모습은 상상과는 전혀 달리 커다란 몸집에 얼굴은 박색인 경우도 허다한 것이다. 포토샵 대신 작가의 상상력으로 붓질을 했던 것이다.

한 예로 1600년 앙리 4세가 마르세유 항에 도착한 마리아 데메디치를 보고는 "속았도다!"라고 탄식하며 뒤로 자빠지셨다고 한다. 그러나 양국의 이해관계가 얽히고 때로는 돈까지 오고 가는 결혼을 물릴 수도 없는 일. 2세의 생산만을 위한 초야가 치러지고, 왕은 다음 날이면 정부의 품으로 달아나 버렸다. 이탈리아 메디치 가의 공녀들도, 오스트리아의 마리 앙투아네트도 모두 왕의 정부들에게 치이고, 프랑스 어에 서툴러 평생을 외로움과 향수에 젖어 살다 간 비운의 왕비들이었다.

인간은 누구나 자신의 모습에 관심을 갖는다. 그런데 세상 온갖 사물의 모습은 볼 수 있지만 정작 자신의 모습은 볼 수가 없다. 물에 비친 자신의 모습을 보던 그리스 신화의 나르키소스 이야기에서도 알 수 있다. 결국 인간의 머리는 타인에게 비추어지는 자신의 모습을 보기 위해 거울을 발명하게 된다. 고대에는 조각으로 초상을 표현하였지만, 르네상스 시대가 도래하며 유리거울이 발명되고, 물감이나 안료의 발달로 드디어 화폭에 그리는 초상화가 성행하기 시작했다. 이 초상화는 고도의 숙련을 요하는 정밀화에 가까웠으므로 풋내기 화가들은 꿈도 꿀 수 없었다. 오직 연륜이 있어 실제적인 외모뿐 아니라 화폭에 그 사람의 인상까지 담을 수 있는 화가들만이 가능한 작업이었다. 그래서 거장들의 작품이 많은 것이다. 르네상스의 거장 라파엘로나 레오나르도 다빈치, 티치아노 등이 그들이다.

가장 유명한 〈모나리자〉 역시 초상화가 아니던가? 이후 바로크의 명장들인 루벤스(Peter Paul Rubens)나 렘브란트(Rembrandt van Rijn), 벨라스케스(Diego Velázquez), 반 다이크(Anthony van Dyck) 등도 멋진 작품으로 유명하다. 루벤스는 프랑스 루이 13세의 모후로서 섭정을 하던 마리아 데메디치의 초청으로 파리의 뤽상부르 궁전에 유명한 작품을 남겼고, 벨라스케스는 그녀의 손자인 루이

1부
신의 도시

앙리 4세의 부인이었던 마리아 데메디치. 시집오는 그녀를 보고 앙리 4세는 "못생겼도다!" 하며 탄식했다고 한다.

루이 16세의 부인이었던 마리 앙투아네트

14세가 에스파냐의 마리아 테레사 공주와 결혼하기 위해 프랑스와 에스파냐의 국경 지대인 피레네 근처에 왔을 때, 이에 초청되어 이들의 결혼식장을 장식하기도 하였다. 특히 벨라스케스는, 마치 현대 사진작가들이 최대한 인물의 자연스러운 품성을 끌어내기 위해 웃기기도 하고 농담도 던져가며 편안한 분위기를 이끄는 것과 마찬가지로, 모델들의 자연스러운 포즈를 끌어내는 재주가 있었다고 한다. 인간이란 3차원의 물체로, 언제 어느 각도에서 보는가에 따라 인상이나 느낌이 달라지게 마련이다. 그래서 가장 예쁘게 찍히는 '얼짱 각도'라는 것도 생겨나지 않았던가. 초상화를 그리는 화가들이 이를 모를 리가 없었다.

최초로 연애를 하고 사랑으로 결혼한 사람은 영국의 빅토리아 여왕이다. 여왕은 외사촌이자 독일계 왕족이었던 앨버트와 첫눈에 반해 사랑에 빠진다. 둘 다 왕족이긴 했지만, 그야말로 정략적 계약 없이 사랑에 의한 최초의 결혼이었다. 둘 다 빅토리아 여왕의 초상화도 많이 전해지지만, 이 시대에는 이미 사진 기술이 보급된 시대였다. 초상화로 부풀려진 인물화를 보여주던 시대는 지나간 것이다. 이때부터 인간은 사람의 손을 통해서가 아닌 기계를 통해 정확한 빛의 움직임을 포착하기 시작한 것이다. 이로써 서구의 산업혁명이 시작되고, 모더니즘은 급물살을 타기 시작했다. 실체를 그리는 선, 빛의 움직임조차도 기계의 영역이 되었으니 이제 인간은 무엇을 해야 할 것인가? 다음에 올 예술은 사진이 나타낼 수 없는 정신의 영역에 관한 것이리라. 아마도 프로이트가 오게 될 것이다.

4.
메디치의
뤽상부르 공원

　센 강에서 대학생들의 거리인 생미셸 가(Bd. Saint-Michel)를 쭉 올라가다 보면 왼쪽으로 팡테옹의 둥근 돔이 보이고 오른쪽으로는 뤽상부르 공원의 철담이 보인다. 이 지역에는 소르본을 비롯해 파리 1대학부터 7대학까지, 그리고 여러 고등학교 등이 밀집되어 있어 학기 중엔 학생들로, 방학에는 전 세계에서 몰려든 젊은 여행객들로 항상 북적대는 곳이다. 생미셸이나 팡테옹 안쪽의 작은 골목들은 파리에서 밤 12시가 넘어도 밥을 먹을 수 있는 유일한 지역이 아닐까 싶다. 카페나 바에서는 세계 여러 나라의 맥주와 하우스 와인, 게다가 간단한 홍합요리와 프렌치프라이도 팔고 있어, 테라스에 앉아 각양각색의 젊은이들을 바라보며 한잔하노라면 시간 가는 줄 모른다. 여름밤에는 활짝 열어젖힌 문마다 젊은이들로 가득 차 거리는 온통 축제 분위기이다.

　팡테옹 맞은편에 위치한 뤽상부르 공원은 시야가 확 트여 넓기도 하지만, 곳곳에 서 있는 수많은 조각상들이 마치 야외 전시장을 방불케 한다. 대칭형의 작은 호수와 섬세한 석상들, 피렌체식 화병에 가득 핀 꽃들, 그리고 메디치 분수……. 웅장하다기보다는 아기자기한 맛이 있어 마치 피렌체의 한 성을 산책하는 듯한 기분이 드는 곳이다. 공원을 한눈에 바라보며 호수 저편에 서 있는

1부
신의 도시

궁전은 부르봉 왕조의 첫 왕비이자 루이 13세의 어머니였던 마리아 데메디치가 살던 곳으로, 지금은 프랑스 상원(sénat)으로 쓰이고 있다. 파리의 모든 공원이 다 그렇지만, 이곳은 이탈리아적 디테일이 있어서 그런지 더욱 자유로운 느낌이 든다. 호수 주변, 왕비들의 석상 밑, 나무 밑 등 어느 곳이나 의자를 끌어다 놓고 자유로운 자세로 햇빛에 몸을 맡긴 사람들로 가득 차 있다.

마리아 데메디치는 1575년 4월 26일 피렌체에서 태어났다. 그 유명한 메디치 가문의 공녀로 프랑스의 부르봉 왕조를 연 앙리 4세에게 시집와 10년을 왕비로, 이후 1642년 죽을 때까지는 루이 13세의 섭정 모후로 살았다. 앙리 4세는 발루아 왕조의 마지막 공주 마르그리트 드발루아와 이혼한 후 재정 궁핍으로 골머리를 썩고 있었다. 마르그리트 드발루아는 우리에게 이자벨 아자니 주연의 〈여왕 마고〉로 더 잘 알려져 있는데, 바로 피렌체 공녀로서 프랑스 왕비가 되었던 카테리나 데메디치의 딸이다. 여자에게 왕위계승권이 없는 프랑스인지라, 성골·진골 다 따져 왕위계승권 1위였던 전 남편에게 왕위가 돌아간 비운의 여인이다. 앙리 4세는 유럽 각국의 재혼 상대자 후보들 중 결국 이번에도 돈 많은 메디치 가의 공녀를 점찍었다. 16세기 당시 이탈리아는 아직 완성된 국가를 이루지 못하고 작은 도시국가들로 나뉘어 있었다. 이 중 막강한 파워를 가졌던 피렌체를 장악한 메디치 가는 왕족은 아니었지만 금융업과 무역으로 축적한 막대한 부와, 바티칸의 교황을 두 명이나 배출한 집안이라는 배경이 있었다. 프랑스 왕은 마리아가 가져온다는 지참금에 혹했다. 마리아 데메디치가 가져온 엄청난 액수의 금화는 아직도 프랑스 역사상 최고액 지참금으로 기록되고 있다. 르네상스의 중심에 있던 이탈리아는 당시 여러모로 프랑스보다는 문화적으로 우위에 있었다. 프랑스는 카테리나 데메디치가 앙리 4세의 전 장인 앙리 2세에게 시집올 때 처음 놀랐고(실제로 이때 프랑스에 처음 포크가 도입되었

1부
신의 도시

정원의 조각상과 메디치 화분

는데, 손으로 음식을 먹던 프랑스 왕들이 포크를 사용하는 이탈리아 사람들을 보고는 "그것이 무엇에 쓰는 물건인고?" 하며 놀랐다고 한다), 이번에 또 한 번 크게 놀랐다. 비단 지참금뿐만이 아니라 마리아가 가지고 온 선진 피렌체의 '문화'에 놀랐던 것이다.

프랑스 역대 왕들이 대부분 그랬지만 앙리 4세는 천하의 난봉꾼이었다. 남편의 바람기에 시달리며 평생을 살아야 했던 왕비는 그럭저럭 프랑스 어나 궁정 생활에 적응을 했지만, 너무 크고 음침한 베르사유나 루브르 궁을 몸서리치게 싫어했다. 이탈리아 토스카나 출신으로 지중해의 밝은 궁전에서 살던 왕비에게 프랑스식의 웅장한 궁전은 너무 어둠침침하고 추웠을 것이다. 그래서 피렌체 스타일의 건물과 정원으로 지은 것이 바로 이 궁전이다. 룩셈부르크의 프랑스 발음인 '뤽상부르'가 궁전의 이름이 된 것은 원래 이곳에 뤽상부르 공작 소유의 저택이 있던 것을 1612년에 왕비가 사들였기 때문이다. 그래서 이곳은

루벤스, 〈마르세유에 도착한 마리아 데메디치〉, 1622~1625

집무실이라기보다는 왕비의 거처로서의 성격이 강했다. 설계 또한 마리아 데 메디치가 어린 시절을 보낸 피렌체의 피티 궁전(Palais Pitti)을 모델로 하였다.

　게다가 이 궁전이 더욱 유명해진 것은 2층 회랑을 장식한 루벤스의 그림들 때문이다. 플랑드르 출신의 루벤스는 당시 유럽에서 이름을 날리고 있었다. 1621년 마리아 데메디치는 이 궁전의 2층 회랑을 장식할 연작을 주문하였다. 왕비의 일생을 통해 그 업적을 기리는 내용이었다. 그런데 주문을 받은 루벤스는 깊은 고민에 빠졌다고 한다. 특별히 예쁘지도 않은 데다, 특별한 업적은 더더욱 없고, 왕과는 평생 부부싸움으로 바람 잘 날 없이 살았던 이 이탈리아 여인의 일생을 그리려니 도무지 구상이 떠오르지를 않았던 것이다. 자신의 예술적 이상과 여왕의 허영심 둘을 모두 만족시키기 위해 고민에 고민을 거듭하던 그는 그리스 신화에서 모티브를 따오기로 한다. 결국 21개의 아름다운 바로크 최고의 걸작이 탄생하였고, 복도 많은 프랑스는 이를 고스란히 소유하였다. 마리아의 든든한 후원을 받았던 루벤스는 이런 인연으로 훗날 마리아 데메디치가 아들 루이 13세에게서 버림받아 이곳저곳 자식들 집을 떠돌 때 끝까지 뒤를 돌보아주었다고 한다. 이 방대한 연작들은 지금은 루브르 궁전에 옮겨져 전시되어 있다.

5.
귀족들을 위한 잔치, 바로크와 로코코

예술가들에게는 어떤 의미일지 모르지만 내게 있어 '바로크(Baroque)'라는 단어는 이상하게도 무언가 알 수 없는 떨림을 준다. 르네상스보다는 바로크라는 의미가 프랑스 역사나 예술에 있어 두드러져 보이는 면이 많아서일까? 신과의 관계에서만이 의미를 갖던 '인간'과 오로지 천국에 도달할 날만을 기다리며 머물다 가는 정도로 여겼던 '인생'에 진정한 의미를 부여하며 떠오르던 빛, 그 여명이 르네상스였다면 완성은 진정 바로크가 아니었을까?

현대의 미니멀한 아트의 세계에서 살아가는 우리는, 물론 개인적 취향이겠지만, 바로크적 장식이나 가구를 보면 복잡하고 정신없다는 느낌을 받는다. 한동안 한국에서도 이런 유의 가구들이 유행을 해 신부들이 신혼집을 온통 베르사유 궁전처럼 꾸미던 시절도 있었다(지금 생각해 보면 이는 바로크보다는 로코코적이라는 것이 맞는다). 실제로 프랑스 어에서도 '바로크적인 사람'이라는 말은 기인이나 괴짜를 일컫는 표현이다. 지금은 지나간 앤티크 속의 유물이 되었지만, 실제 예술사에서 바로크라는 단어만큼 독특한 울림을 주는 사조도 없을 것이다. 게다가 서구 역사상 프랑스가 이때만큼 세계에 크게 영향을 끼친 시대는 없었다. 이 시기에 러시아까지 모든 유럽의 엘리트들은 프랑스 어로 말했고, 18세기

이아생트 리고, 〈루이 14세〉, 1694, 루브르   모리스 캉탱 드라투르, 〈퐁파두르 후작부인〉, 1755, 루브르

내내 예술은 프랑스에서 완성되어 유럽의 다른 국가로 퍼져 나갔다.

바로크라는 단어는 후대인 19세기에 들어와 비평가들이 그 시대를 지칭한 말이다. 포르투갈 어가 어원으로, '일그러진 진주(irregular pearl)'라는 뜻의 바로크는 처음에는 르네상스와 신고전주의의 중간 단계 정도로 여겨졌다. 프랑스 문화는 많은 부분을 로마에 빚지고 있다. 르네상스가 그러했듯이 바로크도 처음에는 이탈리아가 출발점이었다. 16세기 말에서 18세기 중반까지 유럽 전역에 퍼져, 각 나라마다 개성 있는 스타일의 바로크 양식이 발전하였다. 그래서, 너무 과장된 장식에 대해 폄하하던 지난 세기와는 달리, 현대의 많은 비평가들은 경이로운 시선으로 바로크를 평가한다. 인류 역사상 마지막으로 서구의 예술이 모두 함께 변화한 사조이기 때문이다. 그 이후에는 여러 가지의 흐름들이 동시 다발적으로 뒤섞여 나타났다 사라지기를 반복하고 있으니 말이다.

인문주의라 하지만, 르네상스는 어떤 면에서 여전히 중세에 발을 담근 채 천상의 세계를 향해 있었다. 아직 진정한 인간은 오지 않았던 것이다. 양피지나 파피루스에 문자를 필사하던 이 시기에 글이란 성직자나 소수 귀족들만의 전유물이었다. 선택된 엘리트 계층만이 문자를 이해하고 사용한다는 것은 민중에게 보여주고 들려주는 것을 그들이 선택할 수 있다는 의미이다. 그 매개체의 하나가 바로 그림이었다. 성당에 가득 붙은 그림을 통해 신에게로 가는 복종의 길을 제시하고 두려움을 주면서 민중을 지배한 것이다.

그러나 16세기 말, 활자가 발명되고 많은 민중이 글을 깨치면서부터 세상은 변화하기 시작한다. 소수가 소유하던 비밀의 학문들은 곧 인쇄된 활자로 천리 만리 뻗어 나갔다. 여자들도 글을 이해하는 사람들이 많아졌다. 지식은 이제 가진 자만의 것이 아니었다. "나는 생각한다, 고로 존재한다(Cogito ergo sum)"고 데카르트가 외쳤듯이, 신으로부터 깨어난 인간이 스스로 생각하는 능력을 지니고 '자아'를 찾아 떠난다. 선악과(善惡果)는 다름 아닌 '활자'였던 셈이다.

그러다 보니 종교에도 개혁의 바람이 불었다. 루터는 성직자를 통하지 않고 성서를 통해 신과 직접 소통하고자 했다. 진실된 삶을 통해 누구나 천국에 갈 수 있다는 그의 주장은 중세의 그 지긋지긋한 원죄의 올가미에서 인간을 해방시켰다. 루터의 멋진 연설문은 바로 인쇄술을 통해 빛의 속도로 민중에게 전달되었다. 게다가 칼뱅은 여기에 한 술 더 떠 낙타가 바늘구멍을 통과하는 것보다 어렵다던 부자들이 천국에 갈 수 있는 길을 터준다. 쉽게 말해 돈이 많은 것은 죄가 아니며, 오히려 돈을 많이 벌 수 있다는 것은 하느님이 주신 은총이자 구원의 징표라는 것이다. 이는 중소 상인들의 이해관계와 정확히 맞아떨어졌다. 콜럼버스가 얼떨결에 발견한 신대륙으로부터 막대한 부가 유럽으로 유입되자 이 와중에 부를 축적한 스위스나 영국, 네덜란드는 재빨리 신교 쪽으로 배를 갈아타고 부를 죄악시하던 가톨릭의 족쇄에서 벗어나기 시작한다. 부의 유입과 정당화는 예술뿐 아니라 생활 양식에도 큰 변화를 일으켰다. 자본주의가 태동하면서 귀족 외에 부유한 상인 계급들이 생기기 시작한 것이다. 바로 부르주아(bourgeois)의 출현이었다. 바로크란 이처럼 그저 하나의 예술 사조가 아니라 중세와의 단절, 새로운 주제와 삶의 방식으로 서양의 문화에 아주 커다란 전환점이 되고 있는 것이다. 인간은 중세라는 전 시대의 구질구질함을 벗어 던지고 새로운 시대를 향해 나아가고 있었다.

빛과 어둠의 대비, 정적인 자세가 아닌 하나의 이야기를 바로 그 동작으로 표현하는 역동성, 미화하지 않고 인간을 있는 그대로 표현하는 것……. 바로크는 르네상스와는 대조적으로 존재와 인간이 맺는 새로운 관계를 특징짓는다. 즉, 르네상스가 조화롭고 수학적인, 질서 정연한 규칙을 지향했다면, 바로크는 즉각적인 감성, 규칙을 뛰어넘는 직관 등으로 파격적이고 감각적으로 대응한다. 즉, 르네상스의 예술가들이 과학자에 가까웠다면, 바로크에 와서 과학은 더 이상 예술가들이 책임지지 않아도 되는 분야가 된 것이다. 이제 과학은 갈릴레이나 뉴턴, 케플러 같은 과학자들에게 맡기면 될 일이었다.

이탈리아의 카라바조(Caravaggio)나 네덜란드의 렘브란트, 플랑드르의 루벤스와 반 다이크, 에스파냐의 벨라스케스, 엘 그레코(El Greco) 등에 비하면 프랑스의 바로크 화가들은 아무래도 우리에게 생소하다. 그럴 수밖에 없는 것이, 이 시대 프랑스 화가들은 대부분 로마에서 교육을 받았다. 카라바조의 어둠과 밝음의 대비 등을 프랑스로 도입하였고, 루벤스, 반 다이크 등 플랑드르 화가들의 영향도 많이 받았다. 가장 익숙한 푸생(Nicolas Poussin)은 이 시대에 많은 시간을 로마에서 보냈지만 바로크적이라기보다는 르네상스적 고전에 남아 있었

와토, 〈제르생 화랑〉, 1720. 와토가 죽기 얼마전 친구의 화랑 앞에 광고판으로 걸어두었던 그림이다.

던 화가이다. 푸생처럼 이탈리아에서 태동한 바로크의 감성에 반해 프랑스에서 엄격한 규칙과 균형을 따르는 예술을 고수하던 사조를 '고전주의'라고 따로 분류한다. 절대왕정과 권력을 상징하는 정확한 구성과 대칭, 차가운 색채 등은 본성이 억제된 차분함을 지향한다. 니콜라 푸생, 베르사유 궁전을 건축한 르보(Louis Le Vau)와 망사르(Jules Manssart), 정원사 르노트르(André Le Nôtre) 등이 대표적이다. 르노트르는 식물까지도 기하학적인 규칙으로 정리하였다.

흔히들 로코코(Rococo)는 바로크 말기의 연장이라 생각하는데, 이는 앙시앵 레짐(Ancien Régime: 절대왕정의 구체제)에서 루이 14세 이후 루이 15세, 16세로 쭉 이어지는 왕명도 일정한 영향을 주지 않았나 하는 생각이 든다. 물론 바로크의 영향은 여전히 지속되었지만 루이 15세와 16세로 이어지는 로코코의 시기는 한 발짝 더 발전된 단계였다. 좀 더 독립적이고 개인적인 스타일이라고 할까. 프로테스탄트의 종교혁명에 대항해 국민들에게 끊임없이 가톨릭의 신성을 주입하려던 바로크 미술과는 달리 로코코는 종교적 주제에 관심이 없었다. 절대적으로 서민과는 동떨어진 귀족들만의 예술이었다. 와토가 그린 〈제르생 화랑(L'Enseigne de Gersaint)〉을 보면 주제 자체가 신화나 종교와 관계가 없는, 그저 파리 화랑의 일상적 모습을 담고 있다. 게다가 색채는 부드럽고, 화랑에 걸려 있는 그림이며 여성의 옷들도 화사하기 그지없다. 그런가 하면 그림 왼쪽에는 루이 14세의 초상화를 벽에서 떼내어 관 같은 나무 궤짝에 집어넣는 모습이 보인다. 한 시대가 가고 다른 시대가 오고 있음을 은유적으로 표현한 것이다.

온 프랑스를 한 손에 쥐고 흔들었던 루이 14세가 떠나자 남은 이들은 새로운 시대를 원했다. 파리가 싫어 귀족들을 모두 거느리고 베르사유에서 집단 생활을 하던 루이 14세와는 달리, 이후의 왕들은 자유로운 파리 생활을 즐겼다. 귀족들도 베르사유를 떠나 파리에 자리를 잡았다. 우아한 개인 저택(hôtel particulier)들이 생기고, 바야흐로 파리의 시대가 활짝 열렸다. 지성으로 무장한 여성들이 각종 문화계의 예술가들을 지원하고 살롱(salon)을 운영하면서, 여성적 감성이 문화의 중심에 놓이게 된다. 퐁파두르(Pompadour) 후작부인 같은 멋진 여성들이 주최하는 살롱에 예술가들과 인텔리, 엘리트들이 모여 담론하는 분위기가 바로 로코코이다.

고전적 엄숙함은 조금씩 부드러운 예술에 자리를 내어주기 시작했다. 고객이 바뀌기 시작했기 때문이다. 이제는 17세기의 주된 고객층이자 유행을 창조하던 계층인 왕이나 교회만이 주 고객이 아니었다. 절대왕정과 로마 교황청의 빛이 점점 쇠퇴하면서 고객층은 귀족과 신흥 부자 계급인 부르주아들에까지 확대되었다. 현대에도 마찬가지이지만, 물질에서 자유로운 사람들은 '자유'와 '색다른 취미', '쾌락'을 추구한다. 이 시대의 귀족이나 새로운 부자들도 그랬다. 절대 권력을 휘둘렀던 왕을 따라 하긴 했지만 왕과는 다른 무엇을 추구했다. 왕이 쓰던 디자인을 집 안으로 끌어들이는 데서도, 개인 저택 거실인 만큼 대규모 그림보다 아기자기한 장식을 선호했던 것이다. 때문에 로코코는 건축이나 회화뿐 아니라 가구, 식기, 장신구, 의상 등 일상생활 모든 분야를 어우르는 장식미술적 성격이 강하다. 또한 개인적 취향의 반영이었으므로 영웅주의나 신화보다는 가볍고 경쾌한 장식을 좋아했다. 로코코는 후에 유럽 전체에 영향을 주었지만, 순수하게 프랑스에서 태어나 프랑스에 국한되었던 스타일이었고, 고대 고전 세계의 순순함으로 돌아가려는 신고전주의(Neoclassicism)가 도래할 때까지 발전을 계속하였다.

로코코라는 단어는 작은 돌조각이나 조가비를 뜻하는 '로카이유(rocaille)'에서 유래하는데, 실내 가구나 장식에 선과 주위를 둘러싼 윤곽들이 서로 얽혀 있는 스타일을 뜻한다. 즉, 로코코의 핵심은 여러 방향으로 소용돌이치는 밴드의 불규칙하고 비대칭적인 리듬이 만들어내는 장식 효과로, 건축·회화·장식미술 등 이 시기의 모든 예술 분야에 적용되었다. 그림의 주제도 엄중하고 무거운 것보다는 가벼운 꿈이나 시적인 내용으로 대체되기 시작하였다. 민중을 교화할 목적에는 관심이 없었으므로, 귀족들 사이에서만 즐기던 멋진 파티와 귀부인들, 미뉴에트, 아름다운 궁중 여인들의 사랑 이야기 들이 즐겨 채택되었다. 이 때문에 비너스나 에로스 같은 신화적 캐릭터들이 육감적이고도 발랄하고 신선한 구성으로 화폭에 섞여서 나온다. 로코코 스타일은 보통 '매력적인 스타일'이라는 뜻으로 쓰이는데, 이는 프랑스 어의 옛동사로 '춤추다', '즐기다'란 뜻의 '갈레(galer)', 형용사로는 '갈랑(galant)'이라는 단어를 그렇게 번역한 것이다. 예를 들어 "일 레 갈랑(Il est galant)"이라 하면 '그는 매력적이다'란 의미인데, 여기에는 용감하고 능숙하게 여성을 다룬다는 의미가 함축되어 있다. 즉, 여성을 즐겁게 할 줄 알고 어떻게 다루어야 할지를 안다는 의미이다. 어느 시기를 막론하고 아름답고 육감적인 여성의 모습은 한결같이 예술적 영감의 원천이었지만, 이 시기의 여성들은 인쇄술의 발달로 교육 수준이 높아져 더욱 지적이 되었다. 더욱 유혹적인, 금지된 과일의 맛을 지녔던 것이다.

    이는 루이 15세의 개인적 취향과도 맞아떨어지는 스타일이었다. 태양왕 루이 14세의 손자로 다섯 살에 왕이 된 루이 15세는 할아버지가 이룩해 놓은 업적의 그늘과 모후의 섭정하에 청년 시절을 보낸다. 국민이 원하는 왕, 국가가 원하는 왕에는 관심이 없던 연약하고 소심한 왕은 군중에게서 멀어져만 갔다. 혼자만의 세계, 궁전 안에서의 폐쇄적인 삶. 민중과는 관계없는 자신만의 세계 속에서 살던 왕. 그런 그의 취향이 결국 로코코를 낳았다고 볼 수 있다. 그만큼 로코코는 귀족을 위한 가벼운 예술이었고 사회적 문제들과는 무관한 휴식과 쾌락만을 추구했던 것이다. 결국 이런 개인적 쾌락만을 추구하던 왕실이 루이 16세를 혁명의 교수대로 보냈지만 말이다.

로코코의 작가들

와토(Antoine Watteau, 1684~1721)
18세기 로코코적 정서를 가장 잘 표현한 프랑스 화가로, 사교계의 풍속을 희극에서 빌려와 화폭에 옮겼다.

와토, 〈피에로〉, 1718~1719, 루브르

부셰(François Boucher, 1703~1770)

와토의 뒤를 이으며 멋진 연회나 귀족들의 사랑 등을 주제로 그림을 그렸다. 포르노가 없던 시대에 부셰는 선정적이면서도 부드러운 터치의 나체화로 많은 사랑을 받았다.

부셰, 〈마드모아젤 오머피〉, 1752

프라고나르(Jean-Honoré Fragonard, 1732-1806)

프랑스 로코코의 주요 화가로 연인을 주제로 한 당대 귀족이나 풍속을 주로 그렸다. 관능적이고 섬세함이 로코코의 진수를 보여준다.

프라고나르, 〈훔치는 키스〉, 1787~1789

6.
파리의 그리스 신전

파리의 중심부 중에서도 노른자위인 샹젤리제와 콩코르드 광장에서 멀지 않은 곳에 좀 독특한 성당이 하나 우뚝 서 있다. 마치 아테네에 온 듯한 느낌을 주는 그리스식 신전. 바로 마들렌(Madeleine)이다. 고딕 양식으로 도배된 파리의 성당들 사이에서 유일한 그리스 양식의 신고전주의 건물이다. 그리스나 로마 이야기만 나와도 가슴이 콩닥콩닥 뛰는 나는 파리의 건축물들 중에서도 마들렌을 아주 좋아한다. 파르테논 신전이 연상되지만, 육중한 도리아식 기둥과는 달리 경쾌한 코린트식으로 두께도 더 얇다. 하지만 시각적 효과를 중시하던 그리스식 그대로 사방이 원주와 계단으로 둘러싸여 있다. 파르테논 신전 같은 위용은 아니지만 그래도 파리에서 그리스를 느낄 수 있다니 그게 어디인가?

그리스 시대의 독특한 건축양식인 페디먼트(pediment)[3]에는 최후의 심판을 부조로 표현하고 있는데, 마리아 막달레나는 예수의 오른쪽에 구원받은 자들과 함께 위치하고 있다. 그녀가 입은 "음란한 옷"과 반하는 성녀적 태도는

---

[3] 페디먼트(pediment) | 고전 건축의 현관 위에 기둥으로 받쳐진 정면의 삼각형 벽면으로, 우리말로 박공이라 한다. 팀파눔이라고도 하며, 밑부분을 엔타블러처(entablature)라 한다. 고전 건축은 이 삼각형 벽면을 정교한 부조로 장식했다.

1842년 이 건물의 개관 시 파리지앵들 사이에 논쟁을 일으켰다. 2,000년도 전에 존재했던 여성이 여전히 논란의 대상이 되고 있다니 참으로 놀라운 일이다. 성당 입구의 동으로 된 문은 소박하지만 기베르티(Lorenzo Ghiberti)가 조각한 피렌체의 세례당 문을 연상케 한다. 천장의 프레스코화는 마들렌을 하늘로 받아들이는 그리스도를 표현하고 있다. 많은 르네상스 시대의 그림들이 그렇듯이 그림 안에서 역사 속에 실존했던 인물들을 발견할 수 있다. 보나파르트 나폴레옹, 샤를마뉴, 리슐리외, 잔 다르크 등 우리가 흔히 아는 프랑스사의 주요 인물들이 보인다.

　이 건물은 프랑스 건축사의 산 증인으로, 시대별로 프로젝트가 바뀌어가며 오랜 기간에 걸쳐 완성되었다. 루이 15세가 초석을 놓았고, 프랑스 혁명 동안에는 공사가 중단되었다가, 보나파르트 나폴레옹이 집권하면서 군대의 영광을 위한 신전으로 계획하였다. 그러나 불행히도 나폴레옹은 1812년 러시아에 패했고, 군대의 영광은 한여름 밤의 꿈이 되어버리고 만다. 왕정이 복고되어 부르봉이 재집권하자 루이 18세는 혁명 중에 콩코르드 광장에서 처형당한 루이 16세와 마리 앙투아네트를 기리는 신전으로 만들고자 하였다. 그러나 이 역시 부분적 장식으로 축소되었다.

　프랑스 여성들의 이름에 자주 쓰이고, 홍차에 적셔 먹는 작은 빵 이름이기도 한 '마들렌'은 신약성서에 나오는 마리아 막달레나(Maria Magdalena)를 말한다. 예수의 죽음이나 부활의 시점에 어머니 마리아와 함께 항상 가까이 언급되는, 신비에 가득 찬 여인이다. 이 마리아 막달레나에게 헌정된 성당이 바로 이 성당이다. 게다가 내부 제단 위에는 다른 성당들처럼 십자가가 있는 것이 아니라 마리아 막달레나의 상이 있다. 마리아 막달레나는 그 인물 자체만으로도 책 한 권은 쓸 수 있을 것이다. 중세에는 창녀라는 오명을 썼을 정도로

1부
신의 도시

로마가톨릭에 의해 꾸준히 견제를 받아왔던 인물인데, 근래에 와서 예수의 가장 측근에 있었던 '사도'였다는 견해가 제시되고 있으니 말이다. 정통 기독교 신앙에서 벗어난 많은 책들은 이 여인이 어쩌면 예수의 아내였을 수도 있다는 주장까지 한다(로마 교황청에서 이 책을 금서로 선포하지 말길……). 유럽에는 중세부터 수많은 기사들이 찾아 헤매던 전설의 보물이 전해 내려온다. 「아서 왕과 원탁의 기사」 이야기, 「파르치팔」, 십자군까지 모두 이 보물, 즉 예수가 십자가에서 처형될 때 흐르는 피를 담았던 '성배(Holy Grail)'를 찾는 이야기로 연결된다. 그런데 이런 유의 책들이 내리는 결론은 그 '성배'가 다름 아닌 마리아 막달레나의 자궁, 즉 '예수의 핏줄'을 의미한다는 것이다. 할리우드에서 영화 소재로 좋아할 만한, 아주 흥미진진한 추측이다.

마리아 막달레나에 관해 프랑스는 흥미로움 이상으로 사랑이 깊은 나라이다. 왜냐하면 예수가 처형된 후 제자 베드로와의 세 싸움에서 진 막달레나와 어머니 마리아가 도망쳐 도달한 곳이 바로 프랑스의 마르세유로, 이 여인들이 프로방스에서 일생을 마쳤다는 이야기가 있으니 말이다. 그래서 프랑스 남부는 언제나 로마 교황청에 대립하는 이단이 우세했고, 로마는 눈이 벌게서 이들을 종교재판에서 화형시키느라 바빴다. 미국이 중동의 작은 나라 하나 없애버리는 거나 다를 바가 없었을 것이다. 외경에 따르면 마리아 막달레나가 낳은 예수의 딸이 프랑스 최초의 왕조인 메로빙거 왕조와 혼인을 하였다고 한다. 그러므로 정혼으로 서로 얽혀 있는 프랑스 및 유럽의 왕가는 모두 예수의 핏줄이라는 이야기다. 『다빈치 코드』류의 이런 이야기는 믿거나 말거나이지만 흥미로운 것만은 사실이다. 레오나르도 다빈치가 그린 〈최후의 만찬〉에서 예수의 왼쪽에 서 있는 제자가 사실은 여자, 즉 마리아 막달레나이며, 이런 위치는 스승의 부인이 갖는 위치라고 한다. 이런 고대의 비밀을 유지하는 비밀결사 조직에 몸담고 있던 레오나르도 다빈치는 입으로 발설하지 못하는 비밀을 자신의 작품에 담고 싶었을 것이라는 해석이다.

전통적으로 가톨릭이 국교였던 프랑스에는 신비한 안개 속에 잠긴 이야기들이 가득하다. 햇빛에 드러나 아폴론적 밝음으로 가득 찬 그리스나 로마의 신화와는 달리, 로마가톨릭이라는 거대한 세력에 눌려 안개처럼 스멀스멀 피어오르는, 어두운 디오니소스적 전설들 말이다. 지구 역사상 유일하게 인종을 초월해 전 세계적 종교로 성장한 기독교는 어찌 보면 전쟁의 역사와도 비슷하다. 승리한 자들의 기록인 것이다. 이는 곧 패배한 세력의 역사는 철저히 왜곡되고 배제되어 왔다는 의미이다. 그래서 기독교는 예수라는 인간 자체의 기록이라기보다는 예수가 죽은 이후, 최초의 로마 교황으로서 기독교의 초석을 쌓은 제자 베드로의 역사일 수도 있다. 그래서 인간에게는 전설과 신화가 생겨난다. 기록되지 못하고 떠돌던 이야기들이 생존한 사람들의 입을 통해 부풀려지고 미화되어 전해지는 것이다.

이런 소설 같은 이야기들을 정설로 믿는 것은 아니지만, 어려서부터 가톨릭의 교리를 생각없이 주입받아 온 나는 좀 더 깊은 곳을 탐험하고 싶었다. 1,000년도 더 전에 카타리파(물질세계는 악마가 정신세계는 하느님이 동등한 힘으로 지배한다는 이원론을 믿었다)가 몽세귀르에서 마지막 한 사람까지 성을 사수하며 지켜내려던 것은 과연 무엇이었을까? 그 산의 작은 마을 렌르샤토(Rennes-le-Château)에 마리아 막달레나의 탑을 세운 것은 도대체 무슨 이유에서였을까? 템플리어(Templier)들이 예루살렘으로 떠나고, 십자군이 목숨을 바쳐 탈환하려던 것은 진정 무엇이었을까? 왜 역사는 승리한 자들의 표면적 기록만 남는 것일까? 나는 문득 시간은 흐르는 것이 아니라 인간의 몸속에 한 겹 한 겹 쌓이는 것이란 생각이 들기 시작했다. 우리가 시간을 길이의 개념으로 보는 것은 틀린 것일지도 모른

마들렌 광장 파사주

다. 어쩌면 부피의 개념으로 보아야 하는 것이 아닐까?

아폴론적이기보다는 디오니소스적 감성에 더 이끌리는 내가 이런 전설들에 매료되지 않았다면 거짓말일 게다. 프랑스에 있던 내내 항상 기독교와 연관된 신화들은 나를 매료시켰다. 이런 의미에서 전혀 정치적이지 않은 내가 어쩌면 나도 모르게 좌파적 성향을 갖고 있는 것인지도 모른다. 이런 성향은 가톨릭 가정에서 자라 성당에서 엄숙한 결혼식을 한 내게 언제나 이중성을 갖게 하였다. 하지만 아이러니컬하게도 결혼과 동시에 나는 비로소 모태 신앙이라는 사슬로부터 자유로워질 수 있었다. 시가(媤家)가 불교 가정이었던 것이다!

마들렌 광장 주변의 명소

　음악 교과서에서 배운 〈동물의 사육제〉라는 곡으로 친숙한 생상스(Camille Saint-Saëns)가 바로 이 성당에서 지휘를 하였다.
　현재는 평범한 파리 시의 한 소교구 성당으로, 매일 미사가 열린다. 이 성당에서 오르간 연주를 맡았던 포레(Gabriel Fauré)나 생상스의 전통에 따라 성가곡 콘서트나 오르간 연주회, 다양한 전시 등도 열린다. 생상스가 성가곡을 지휘하는 모습이 연상되지 않는가? 게다가 1층의 식당에서는 자원 봉사자들이 노숙자들을 위한 저렴한 식사를 제공하는 식당과 세탁·샤워 시설 등을 운영하고 있다. 빈손으로 떠난 배낭족들은 한번 들러봄 직하다. 아마도 교구 신부님과의 면담을 거쳐야 몸을 씰 수 있을 것이다.
　마들렌은 바로 코앞에 콩코르드 광장이 있고, 포부르생토노레 가가 앞쪽을 관통해 지나가며, 엘리제 궁이나 오페라도 걸어서 갈 수 있다.

마들랜느 광장의 파사주 〈걀러리 마들렌〉 (왼쪽)
9번지 알랭 상드랑이 운영하는 고급 레스토랑. 이 건물에 장콕도가 살았다. (오른쪽)

2번지 | 19세기 말~20세기 초에 정치가들이 모여 유명했던 레스토랑 뒤랑(Durand)이 있다.

3~9번지 | 1842년에 테오도르 샤르팡티에(Théodore Charpentier)가 건축한 건물들이다. 이 중 7번지에는 철학자이자 정치가였던 쥘 시몽(Jules Simon)이 죽을 때까지 반세기를 살았다. 이후에도 유명한 역사가, 드라마 작가, 저널리스트들이 살았다. 이 건물에 루이 15세 때부터 황실에 납품하던 유명한 금은 세공품상인 오디오(Jean-Baptiste-Claude Odiot)가 있다(www.odiot.com). 9번지는 1938년에 장 콕토(Jean Cocteau)가 장 마레(Jean Marais)와 함께 살았던 건물로, 현재는 유명한 요리사 알랭 상드랑(Alain Senderens)이 레스토랑을 운영하고 있다. 마들렌 광장과 보아시당글라 가(rue Boissy-d'Anglas)를 연결하는 파사주[4](갤러리 마들렌) 초입에 있다.

4번지 | 작곡가 생상스가 살던 건물이다. 그는 바로 앞의 마들렌 성당에서 지휘를 했다.

17번지 | 작가 앙드레 리보아르(André Rivoire)가 살았던 건물이다.

18번지 | 패션 디자이너 뤼시앵 를롱(Lucien Lelong)이 소유하여 1918년부터 1924년까지 부티크로 사용하였다.

21번지 | 1854년에 창립한 고급 식품점 에디아르(Hédiard) 상점이다.

28번지 | 피나코테크 드파리(La Pinacothèque de Paris), 2007년 6월에 오픈한 갤러리이다.

---

[4] 파사주(passage) | 지붕이 있는 길.

7.
학생들의 거리, 소르본과 팡테옹

시테 섬의 노트르담 사원을 지나 센 강을 건너면 바로 학생들의 거리 라탱(Latin) 지구이다. 전 세계에서 몰려온 젊은이들로 1년 내내 시끌벅적하니 파리에서 신선도 최고 지역이 아닐까 싶다. 게다가 학생들 상대이다 보니 음식이나 술 값도 싸서 부담없이 저녁 시간을 보낼 수 있는 곳이기도 하다. 지난 세기의 낭만이 고스란히 묻어 있는 생제르맹데프레나 몽파르나스 거리와도 멀지 않아, 리브 고슈(Rive Gauche)의 자유와 낭만을 만끽하고 싶다면 이곳에서 하루쯤 어슬렁거려 보자.

노트르담 사원 맞은편의 강변에서 생미셸 거리를 조금만 올라가면 소르본 광장에 도달한다. 바로 그 유명한 파리 대학의 심장부이다. 지금은 프랑스의 모든 대학이 1968년 학생혁명 이후로 파리 1·2·3…대학, 리옹 1·2·3대학 등으로 온전히 평준화되었지만, 영국의 옥스퍼드·케임브리지와 함께 약 800년의 역사를 자랑하는 명문이었다. 소르본이라는 이름은 설립자의 이름 로베르 드소르봉(Robert de Sorbon)에서 유래한 것이다. 1253년, 생루이 섬의 신부 소르봉은 신학을 배우고 싶어 하는 가난한 학생들을 위해 이곳에 대학을 설립하였다. 이후 17세기 절대왕권하의 실세였던 추기경 리슐리외(Armand Richelieu)가 소

1부
신의 도시

소르본으로 올라가는 길

르본을 파리 대학의 중심 본부로 리노베이션하였고, 자신이 직접 학장을 맡았다. 그러나 19세기에 들어와 교회와 도서관을 제외하고 대학의 다른 부분들은 거의 재건축되어 리슐리외 시대에 건축한 원형은 남아 있지 않다.

긴 세월 동안 소르본은 역사에 남을 굴곡을 넘어왔다. 예를 들어 성당 기사단(Templier)이 종교재판을 받은 곳도 이곳이고, 피에르 코숑(Pierre Cauchon) 주교가 잔 다르크에게 사형선고를 내린 곳도 이곳이었다. 또한 프로테스탄트를 배척하고 계몽주의 철학자들과 대립하는 본거지가 되기도 하였다. 또 1968년에는 학생들이 마르크시즘의 영향으로 일으킨 소요의 발원지였다.

소르본 대학의 돔 아래가 17세기 초 리슐리외 추기경이 지은 예배당이다. 그리스 코린트식 원주로 둘러진 정면은 명예의 뜰(Cour d'Honneur)을 향해 나 있는데, 현재는 상태가 좋지 않아 대중에게 개방되지 않는다. 바로 이 안에 리슐리외 추기경의 무덤이 있다. 이 무덤 위에는 생전에 사용하던 추기경 모자가 매달려 있으니, 400년이 다 된 것이다! 생전에 큰 권력을 휘둘렀던 천하의 리슐리외지만, 죽은 뒤에는 그리 평화롭지 못하였다. 프랑스 혁명 동안 구체제의 상징으로 낙인 찍혀 시체는 파내어져 훼손당했고, 조각상은 여러 번 코가 잘려나가는 수모를 겪었다. 지금도 조각상의 코는 다시 붙여놓은 흔적이 남아 있다.

성당 돔 네 귀퉁이의 동그란 회화는 각각 인문학, 과학, 의학, 법학을 상징하며, 정문 앞 명예의 뜰에도 각각 문학과 과학을 상징하는 두 개의 조각상이 있다. 바로 빅토르 위고와 루이 파스퇴르 조각상이다. 10여 개의 앙피테아트르(amphithéâtre: 계단식 대형 오디토리움), 강의실, 도서실 중 명예의 뜰에 있는 그랑 앙피테아트르는 웅장함을 자랑한다. 2,700여 석이 구비되어 고대 그리스의 극장을 방불케 하는 이 계단 강의실은 정면에 그려진 프레스코화로 유명하다. 바

소르본 그랑 앙피테아트르. 오른쪽에 퓌비 드샤반의 〈신성한 숲〉이 보인다. 피에르 메티비에(Pierre Métivier) 찍음

로 퓌비 드샤반(Puvis de Chavannes)의 〈신성한 숲(Le Bois Sacré)〉이다. 중앙에 있는 것이 여신으로 의인화된 소르본이고 그 주변으로 웅변과 시, 철학과 역사, 과학, 식물학, 지질학, 병리학, 물리학, 기하학을 각각 인간으로 묘사하였다. 드샤반 특유의 고전적이면서도 시간이 정지된 것 같은 신화적 세계를 보여주는 작품이다.

수백 명이 앉을 수 있는 앙피테아트르를 보노라면 가끔 다시 한 번 이런 곳에서 강의를 듣고 싶은 열망이 솟아오른다. 몇 백 년 동안 수많은 지성들이 앉아 있었던 교실이라니……. 가슴 깊은 곳에서부터 감동이 물결친다. 내가 캉(Caen)에서 대학원에 다니던 시절, 그 넓은(소르본의 대형 강의실과는 비교가 되지 않을 규모였지만) 앙피테아트르에서 마이크도 없이 쩌렁쩌렁 울리는 목소리로 열강을 하시던 교수님들의 모습은 열정 그 자체였다. 웅변과 수사학이 학문으로 발달한 나라의 후예들답다는 생각이 들었다. 뿐만 아니라 교수들이 준비하는 강의는 완성도도 정말 높다. 들어오기는 쉽지만 졸업하기가 어렵고, 또한 어려서부터 토론에 익숙한 사람들이라 강의 준비가 안 된 교수들은 버텨나질 못하는 때문이다. 내가 19세기를 좋아하기도 했지만, 이 시대의 모더니즘을 강의하던 피에르 바르벨리스는 언제나 나를 매료시켰다. 60줄에 가까웠지만 외모가 출중한 데다 언변이 뛰어나, 완벽히 알아듣지 못하는데도 불구하고 눈을 떼지 못하게 하는 카리스마의 소유자였다. 강의 자체가 단순한 언어 소통이 아닌 하나의 공연과도 같았다고 할까? 그분은 나로 하여금 대중 앞에서 당당한 인간이 얼마나 아름다운지 깨닫게 한 첫 번째 인물이었다(그 이후로는 스티브 잡스나 버락 오바마가 연설할 때 이런 느낌을 받는다). 자신의 지성에 자신이 있고 자기 자신을 완벽하게 신뢰해

콜레주 드프랑스 안뜰. 누구나 등록하고 강의를 들을 수 있는 평생교육 개념의 열린 교육기관이다.

야만 그런 당당함이 묻어나기 때문이다. 일부러 바르벨리스 교수님과 마주치기 위해 내가 듣는 강의가 아닌데도 복도를 서성이고, 멀리서 지나가는 모습만 봐도 가슴이 두근거리곤 하던 그 시절 아련한 추억이 새삼스럽다.

소르본에서 빅토르쿠쟁 가(rue Victor Cousin)를 거슬러 올라가면 팡테옹(Panthéon)을 건축한 사람 이름을 딴 수플로 가(rue Soufflot)를 만나는데, 이곳에서 왼쪽으로 돌면 바로 팡테옹이 보인다. 이 지역은 몽마르트르에는 비할 수 없지만 평지인 파리 시내에 비하면 지대가 조금 높아 생트주느비에브 산(Mont Sainte-Geneviève)이라는 이름이 붙어 있다. 생트주느비에브는 파리의 성녀로, 로마를 휩쓴 야만인 훈 족의 대장 아틸라가 지금의 프랑스 영토인 갈리아 지역까지 쳐들어왔을 때 이에 대항하는 레지스탕스를 촉구한 젊은 처녀였다. 원래는 3세기에 파리에 주둔한 로마 군이 자리를 잡고는 현재 팡테옹이 있는 자리에 신전을 지어 상업의 신 머큐리(그리스의 헤르메스)에게 헌정한 장소이다. 로마 군은 이곳에서 시테 섬을 중심으로 아래쪽의 골 족 마을을 한눈에 내려다보며 감시하였을 것이다. 또한 높은 지역에 요새를 구축하여 혹시 쳐들어올지도 모르는 반란군에 대비하기도 했을 것이다. 그러나 모든 건축물들은 야만족들의 침입과 함께 3세기 말에 흔적도 없이 사라져버렸다.

지금 머큐리 신전 자리에 있는 팡테옹은 루이 15세 시대에 세워진 것이다. 1744년 왕이 중병에 걸려 신에게 회복을 기원하기 위해 이곳에 성당을 짓게 하였다. 루이 15세는 그 완성을 보지 못하고 죽었지만 성당을 짓도록 명령을 내린 후 병이 회복되었다니 효험이 있긴 있었던 모양이다. 1789년 루이 16세 치하에 프랑스 혁명과 함께 완성되었으니 팡테옹의 운명도 기구했다고 볼 수 있다. 혁명정부는 그다지 종교적이지 않았기 때문이다. 혁명의회는 이곳에 자유 프랑스를 상징하는 위대한 사람들의 유골을 안치하기로 결정하였고, 고대에 신들의 거주지를 일컫던 판테온(Pantheon)에서 따온 '팡테옹(Panthéon)'이라는 이름을 붙였다. 현재 미라보, 볼테르, 루소, 에밀 졸라, 마리 퀴리 등 73명의 위대한 영혼들이 잠들어 있는데, 혁명의회는 이곳을 좀 더 숙연하게 만들고자 했는지 42개의 창을 막아버렸다. 마치 지하 벙커 같은 분위기가 감돌게 된 것이다.

건축을 맡은 수플로(Jacques Germain Soufflot)는 이곳에 좋은 것은 모두 갖다 붙였다. 그래서 팡테옹을 파리 최초의 절충주의 양식[5] 건축물이라고 한다. 즉, 여러 가지의 건축양식을 절충해서 지었다는 말이다. 위에서 보면 거의 정십자가를 하고 있고 코린트식 기둥이 입구의 세모지붕(엔타블러처[6])을 받치고 있는 것은 그리스 고전 양식에서, 궁륭이 있는 중앙 홀과 힘을 받는 측랑 위의 플라잉 버트레스는 고딕 양식에서, 돌로 된 돔을 덮은 것은 비잔틴 양식에서, 그리고 원통형 돔의 형태는 브라만테(Donato Bramante)[7]의 템피에토[8]에서 따온 르네상스 양식이다. 팡테옹의 내부에서도 소르본과 같이 퓌비 드샤반이 그린 프레스코화가 눈에 뜨인다. 생트주느비에브가 파리를 내려다보는 모습을 그린 것이다. 이 외에도 앙투안 장 그로(Antoine-Jean Gros), 카바넬(Alexandre Cabanel) 등 아카데미

---

[5] **절충주의 양식** | 19세기 중반 이후 대두한 신흥 부유층 부르주아들이 선호하던 양식이다. 이들은 자신들이 축적한 막대한 부로 예술을 소비하는 계층으로 떠올랐다. 그러나 오랜 학습을 거친 귀족들과는 달리 이들은 자신들만의 미적 취향이 따로 없다 보니 과거의 사조에서 좋은 점만을 따와 혼합하길 좋아했다. 지금으로 말하자면 믹스 앤 매치(Mix & Match)이다. 게다가 식민지나 일본 등 동양으로부터 들어온 다양한 이국적 취향까지 가미되어 온갖 양식이 뒤섞인 것이 특징이다.

[6] **엔타블러처(entablature)** | 고전 건축의 정면 현관의 기둥들과 위에 얹혀 있는 삼각형의 페디먼트 사이를 연결하는 수평의 쇠시리와 띠장식 전체 부분.

[7] **브라만테** | 이탈리아 르네상스 건축의 대가로, 바티칸 성베드로 성당의 수석 건축가로 활약했다.

[8] **템피에토(Tempietto)** | 사도 베드로가 순교한 장소로 추정되는 로마 몬토리오의 산피에트로 교회 뜰에 세운 조그만 원형 예배당.

화가들의 프레스코화로 웅장하게 장식되어 있다.

팡테옹 광장에서 수플로 가 쪽을 보면 수플로가 1772년에 건축한 법학대학의 정면이 보인다. 팡테옹 뒤에는 생트주느비에브 성당이 있었는데, 프랑스 혁명 때 무자비하게 파괴되었다. 이 성당은 최초의 왕조 메로빙거의 클로비스 왕이 그의 부인과 생트주느비에브와 함께 묻힌 곳이어서 중세 때부터 파리지앵들의 신앙이 집중된 장소였다. 그러나 이 자리에는 1796년부터 유서 깊은 앙리4세 고등학교가 자리 잡고 있다. 생트주느비에브 도서관 뒤에는 1460년에 세워진 생트바르브 중학교도 보인다. 발레트 가(rue Valette) 21번지에는 1560년에 새워진 종탑이 아직도 서 있다.

팡테옹 뒤의 생테티엔 성당

돔(Dôme), 팡테옹(Panthéon)

돔(Dôme)
돔은 건축 요소이다. 이 용어는 일반적으로 중앙홀의 채광창 위에 중심을 두고 돌린 최고점의 두껍을 말한다. 보통 내부의 궁륭 천장을 지칭하는 쿠폴(coupole)과 같은 의미로 쓰인다. 원래 페르시아의 구형 궁륭이 원조이며, 페르시아와 교류가 빈번했던 지중해 주변에서 발달하였다. 서로마 제국의 건축물에서는 사라졌고, 중세에는 돔보다 궁형의 홍예 지붕을 선호하였지만 비잔틴 제국에서 다시 이어져 지속되었다. 대표적 예가 성소피아 성당이다. 서유럽 최초의 대규모 현대적 돔은 1436년에 브루넬레스키(Filippo Brunelleschi)가 고대 로마의 판테온에서 영감을 받아 피렌체의 산타마리아델피오레 대성당의 돔을 건축하면서부터이다. 이 돔은 이탈리아 르네상스 동안 중앙집중 방식으로 설계된 성당의 동의어가 되었다.

정면에서 보는 팡테옹과 돔

물론 현대의 돔과는 전혀 다르지만 돌출한 돔은 기원전 1200년 이전의 고대 미케네 인들도 건축에 쓸 줄 알았다. 돔은 1, 2세기 로마의 건축에도 사용되었고, 이어 코스탄티노플에도 퍼졌다. 프랑스에서는 12세기경 로마식 돔이 성당에 많이 쓰였다지만, 르네상스 동안에는 소극적으로 사용되다가 루이 13세 때 소르본의 교회 등에 본격적으로 사용하기 시작하였다. 루이 14세는 멀리서 돔이 보이는 건축물로써 왕가의 위엄을 나타내고 싶어 하였다. 루이 15세 때는 파리의 팡테옹이 건축되었고, 나폴레옹 3세 치하에서 돔은 그 자체로 도시 구성물의 한 요소가 되었다.

팡테옹(Panthéon)

교통 지하철 카르디날르무안(Cardinal Lemoine) 역, 플라스몽주(Place Monge) 역
고속전철(RER) 뤽상부르(Luxembourg) 역
개관 4~9월 10:00~18:30, 10~3월 10:00~18:00, 입장은 폐관 45분 전까지
휴관 1/1, 5/1, 12/25
관람료 €7.50
전화 01 44 32 18 00 / 01 44 32 18 01

팡테옹 뒤쪽으로 좁은 골목에는 카페와 레스토랑들이 몰려 있어 밤늦게까지 젊은이들로 붐빈다.

2부 왕의 도시

1. 파리의 얼굴을 바꾼 두 사람, 오스만 남작과 르코르뷔지에
2. 파리의 개선문
3. 오페라의 유령
4. 파리의 토템
5. 영원불변의 미학을 향한 열정, 아카데미즘
6. 100프랑짜리 지폐를 장식했던 들라크루아
7. 왕의 집, 루브르

권력의 궁전에서 왕들은 신을 대신하고 싶어 했다.
그러면서 처음으로 내가 누구인가를 묻기 시작했다.
"나는 생각한다, 고로 존재한다(Cogito ergo sum)!" 왕들의 도시에서 데카르트와 뉴턴은
이성과 과학적 사고로 신의 비밀을 파헤칠 수 있다고 장담했다.
화가들은 본 적도 없는 신과 천사의 모습 대신 인간을 그리고 싶어졌다.
아름다운 여인들과 거짓 사랑이 넘쳐나는 궁정에서 왕과 귀족들은 무료함을 이기기 위해
놀이를 생각해 냈다. 예술… 그 어느 시대에도 왕들의 도시에서만큼
예술이 완벽하게 그 자체만으로 존재한 적은 없었다.

2부
왕의 도시

1.
파리의 얼굴을 바꾼 두 사람, 오스만 남작과 르코르뷔지에

"주택은 살기 위한 기계이다."
"구부러진 거리는 당나귀가 다니는 길이지만, 곧게 뻗은 거리는 인간을 위한 도로이다."
–르코르뷔지에

오스만 남작

오페라하우스와 마들렌 뒤쪽으로 개선문에서 뻗은 프리들랑 가(avenue Friedland)와 만나는 쭉 뻗은 도로가 있는데, 바로 한국인이나 일본인 관광객들이 많이 찾는 오스만 대로(boulevard Haussmann)이다. 우리에게 잘 알려진 프랭탕(Printemps)이나 라파예트(Lafayette) 등의 백화점과 H&M 등이 밀집되어 있는 상업지구이기 때문이다. 각 면세점이나 백화점에는 한국인 직원이 상주하므로 프랑스 어나 영어를

오스만 남작

하지 못해도 문제없이 쇼핑할 수 있는 지역이기도 하다. 오스만(Georges-Eugène

정면이 좁은 중세적인 집들

Haussmann)은 지금으로부터 200여 년 전 나폴레옹 3세 시대에 도시계획을 통해 파리가 지금의 국제 도시의 면모를 갖추게 한 인물이다. 파리 지사였던 그는 추진력을 인정받아 나폴레옹 3세로부터 남작(baron)의 칭호까지 받아 오스만 남작으로 알려져 있다. 아버지가 나폴레옹 1세 시절 보나파르트 군대의 경리관이었기 때문에 더욱 나폴레옹 3세의 신임을 받았던 것 같다.

파리가 1,000년이 넘은 도시인 것은 맞지만, 지금 우리가 보는 파리는 루이 14세나 마리 앙투아네트가 살았던 파리와는 아주 다른 모습이다. 19세기 중반까지 이 도시는 거의 중세의 모습 그대로였다. 가로등도 없는 거리는 어둡고, 마차 한 대가 간신히 다닐 정도로 비좁은 데다 구불구불해 걷기조차 어려웠다. 게다가 건물의 정면을 나무 골조로 지어 들보 사이의 빈 공간을 석고로 채웠기 때문에 완전히 방수가 되지 않았다. 그러다 보니 집이 바깥에 노출되는 면을 최소화하기 위해 폭은 좁고 안으로 깊어지면서 집과 집 사이가 다닥다닥 붙는 형태가 되었다. 그러니 채광도 좋지 않아 음습한 데다, 하수 시설이 제대로 안 된 거리에는 오물이 흘러넘쳐 악취가 진동했다. 이런 파리를 보며 한숨짓던 나폴레옹 3세는 런던을 방문하던 중 1666년의 화재로 인해 신도시로 재건축되고 있던 서부 지역을 보고 커다란 자극을 받았다. 그리고는 파리도 정비해야겠다는 열망에 사로잡혔고, 오스만에게 근대화된 파리를 만들라는 명을 내렸다. 공기와 인간이 더 잘 순환할 수 있는 도시, 위생적인 도시, 밝은 도시로……. 그러면서 동시에 두 마리의 토끼를 잡고자 했다. 어지러운 시대를 살아온 그는 시민들의 반란을 두려워했는데, 좁은 길은 폭도들이 바리케이드를 치면 제압하기가 힘들었다. 길이 넓어지면 바리케이드를 치기 어려울 뿐 아니라 건물로 숨어든 주동자들을 잡기도 쉬워지리라 기대했던 것이다. 나폴레옹 3세는 오스만에게 전권을 위임했고, 추진력 강한 오스만은 그 철권을 휘둘렀다.

 작가 에르네스트 르낭(Ernest Renan)은 오스만이 파리 시를 개조하는 데 필요한 돌을 조달하기 위해 브르타뉴에 있는 섬[9] 하나를 통째로 사라지게 했다고 전한다. 물론, 자갈이 깔린 해변이나 돌멘(dolmen)과 같은 고대의 거석 유적으로 유명한 그 섬은 지금도 있으니 이 말은 좀 과장된 것이겠지만……. 공사가 시작될 때부터 이 섬에 채석장이 엄청 많이 들어선 것은 사실이어서, 아직도 곳곳에 잘라내고 남은 화강암 단면들이 보인다. 기골이 장대해서 키가 190

---

[9] 일그랑드(Ile-Grande) | 프랑스 브르타뉴 지방의 영국해협에 있는 섬으로, 집이 40채에 인구 150~200명의 작은 섬이었는데, 다리로 육지와 연결되고 화강암 산업 및 관광 등으로 발전하여 현재는 인구가 800명으로 늘었다.

센티미터나 되는 데다 인정사정없이 집들을 통째로 허물어버리는 그를 두고 파리 시민들은 '아틸라(Attila)'라는 별명을 붙였다. 아틸라는 5세기경 로마를 거의 멸망에 이르게 하고 서유럽 전체를 쓸어버렸던 훈 족의 수장이었다. 정복한 땅을 무자비하게 파괴하고 살육을 일삼았던 희대의 악인의 이름을 별명으로 얻었다니, 얼마나 미움을 받았는지 짐작할 수 있다. 공사 비용을 조달하기 위해 세금도 많이 걷어야 했으니 안티가 많았을 수밖에…….

오스만은 직선에 집착했다. 도로 주변의 중세적인 작고 어두운 집들을 헐고 구불구불한 길들을 넓혀 쭉 뻗은 도로를 만들었다. 샹젤리제와 오페라 거리, 리볼리 거리(콩코르드 광장에서 바스티유 광장에 이르는 긴 대로) 등이 아름다운 가로수길이 되었고, 고급 부티크들이 조성되었다. 특히 13세기에 만든 어설픈 수채 시설 외에 별다른 하수도 시설이 없었던 냄새나는 파리에 600킬로미터에 이르는 하수도를 설치한 것은 큰 업적으로 꼽힌다.

몽수리 공원(parc Montsouris)과 뷔트쇼몽 공원(parc des Buttes Chaumont)이 이때 만들어졌고, 뱅센(Vincennes) 숲과 불로뉴(Boulogne) 숲의 산책로 등도 정비하였다. 게다가 '빛의 도시'를 만들기 위해 가스등을 증설하여 불을 밝히고 상수도, 통신선, 우편물 수송 파이프 등도 설치하였다. 뤽상부르 공원이나 샹젤리제 같은 확 트인 공간을 위해 시장이나 성당 등 구부러진 길가의 문화재들은 일정 부분 희생을 감수해야 했다. 역사적으로 아주 중요한 건축물들은 가치가 더욱 돋보이도록 주변에 대로와 큰 광장을 조성해 원근법을 강조하였다. 가장 좋은 예가 샹젤리제를 비롯한 12개의 대로가 방사선으로 뻗어 나간 에투알 광장의 개선문이다. 파리 시의 어느 방향에서 오더라도 멀리서부터 개선문을 볼 수 있어 인상적이다. 만일 개선문이 독립문처럼 고가도로 아래나 다른 건물들 사이에 서 있었다면 이처럼 장엄한 장면을 연출하지 못했을 것이다. 도시의 미관을 위해서는 일정한 시각적 공간이 필요하다는 생각을 가진 오스만은 파리의 모든 건물이 6층을 넘지 않도록 하고, 건물들도 조화를 위해 스타일을 통일하도록 법으로 규제하였다. 이는 지금까지 유효하며 이런 도시계획으로 지금 파리의 얼굴을 60퍼센트 이상 완성시켰다.

오스만 남작의 반대론자들은 그가 건축에 대한 지식도 없이 파리를 마구 밀고 재건축했다고 비난하기도 하지만, 그가 정비한 파리가 결과적으로 근대화를 앞당기는 데 기여한 것은 사실이다. 한국의 새마을운동이 어두운 측면을 많이 가지고 있지만, 한 계층의 희생을 기반으로 근대화를 앞당겼다는 사실처럼 말이다. 다만 미적인 관점은 많이 다르지만……. 역사는 결국 진행 과정에 어떤 오류가 있었으며 그 평가가 어찌 되었건, 결과를 가장 인상 깊게 기록하니 말이다.

르코르뷔지에

오스만이 파리의 핏줄을 정비하였다면, 그 후에 또다시 파리의 얼굴을 크게 바꾸어놓은 사람이 바로 르코르뷔지에(Le Corbusier)라는 예명이 더 친숙한 샤를 에두아르 잔레(Charles-Édouard Jeanneret)이다. 행정관리로서 파리를 오스만처럼 뒤바꾸고 정비한 것은 아니지만, 그는 건축에 대한 기본 개념 자체를 뒤바꾼 인물이다. 주거 환경을 집단 주거 체제로 만들어 생활에 필요한 모든 것, 즉 관리소, 세탁

르코르뷔지에

소, 수영장, 학교, 상가, 도서관, 사교장 등을 하나의 단지 안에 설치할 것을 주

장한 것이다. 지금의 아파트 단지나 주상복합 건물과 같은 개념이다. 게다가 조립식 건축법을 발명해 과거에 수십 년씩 걸리던 대형 건물도 단기간에 지을 수 있게 되었다. 도시공학에 관심이 높았던 르코르뷔지에는 파리의 중심부를 다 헐어버리고 신도시화하거나 파리에 마천루를 세우자는 등, 때때로 극단적인 프로젝트를 창안해 사람들을 경악시키기도 하였다.

스위스 태생인 르코르뷔지에가 파리에 건축 사무소를 연 것은 28살이던 1917년이었다. 그의 건축 세계를 지배했던 것은 퓨리즘(Purism) 이론이었다. 순수주의라는 의미의 퓨리즘은 일상생활에서 사용하는 오브제들을 표현하는 데서 모든 장식적 요소를 빼버리고 순수한 기하학적 형태만을 취하자는 이론이다. 즉, 인간이 생활을 하는 공간은 개성이나 양식이 필요 없고, 순수하게 기

파리 16구 끝쪽의 말레 스티븐스(rue Mallet Stevens)가, 독퇴르 블랑슈(rue du Docteur Blanche) 가에 가면 르 코르뷔지에나 말레 스티븐스가 지은 아르데코적인 주거용 건물들을 심심치 않게 만날 수 있다.

능만을 강조하는 기계적 공간이어야 한다는 것이다. 입체파(Cubism)와 같이 모든 사물을 기하학적 면으로 보았지만, 그 안에 이해할 수 없는 추상적인 의미는 배제하였기 때문에 '포스트 큐비즘'이라고도 한다. 이로써 현대건축은 구조와는 상관없는 정교한 장식이나, 시대별로 발전해 온 '양식(order)'에 결별을 고했다.

"새로운 도시에는 단 한 종류의 건물, 즉 기능적 건물들만이 필요하다"라는 주장 아래 이런 기하학적 개념을 실용화하기 위한 '도미노(domino) 기법'을 사용하였다. 건축물의 골조를 구성하는 것은 마루와 계단뿐이고, 그 내부는 콘크리트로 만든 입방체의 면들을 원하는 모양대로 쌓거나 배치하여 서로 벽을 이루는 방식이다. 이런 구조에서는 마지막에 얹은 입방체가 지붕이 되고 바깥면이나 정면은 입방체가 배열된 모습 그대로 드러나 정면(façade)의 의미도 사라져버린다. 현대에 유행하는 거친 마감 콘크리트는 바로 르코르뷔지에의 작품이었다. 이제 과거 석공들이 돌이나 벽돌을 쌓기 위해 먼저 만들어야 했던 튼튼한 기둥과 골조가 필요 없게 된 것이다. 게다가 고대의 황금비를 건축에까지 극단적으로 적용하여 '모듈러(Modulor)'라는 측정 시스템을 창안하였는데, 인체의 비율에 착안하여 이를 기준 수치로 인간이 살아가는 모든 공간을 배분한다. 이렇게 지은 건물은 인간과 비례적인 조화를 이루고 있으므로 거대한 크기의 건물이라도 거부감을 주지 않는다는 것이다. 이런 느낌을 뉴욕에 갔을 때 받았었는데, 그 높은 마천루들 사이를 걸어 다녀도 어둡다거나 위축되는 느낌이 전혀 들지 않는 것을 보면 인간에게 친화적인 비율은 분명히 존재하는 것 같다. 특히 그는 그리스 인들처럼 10을 완전한 숫자로 보았는데, 건축을 주도하는 두 손의 손가락도 10개이기 때문이다. 게다가 인체의 비례를 10등신으로, 즉 몸이 머리의 10배라고 보았으므로, 인체를 담는 공간도 이에 비례해야 한다고 보았다. 그런데 10등신이라니! 이건 뭐, 그리스 특전사들의 몸 비례인가 보다.

　이런 그의 이론은 질풍노도 같은 현대화와 두 번에 걸친 세계대전으로 파괴된 도시를 복구해야 하는 정치적 현실과 바로 맞아떨어졌다. 다시금 석공들이 하나하나 돌을 쪼아 도시를 재건한다는 것은 불가능하였으니 말이다. 인구도 늘어나 주거지도 더욱 많이 필요했고, 특히 개발도상국과 빈곤한 국가에서 이는 생존의 문제였다. 자재의 대량 소비라는 면에서 기업들과의 이해관계와도 맞아떨어졌다. 1만 년간을 땅에 의지하며 농업으로 살아온 역사에 완전히 결별을 고하고 산업의 시대로 들어가고 있었던 것이다. 그래서 역사학자들은 인류 역사에 있어 혁명은 단 두 번뿐이라고 말한다. 하나는 짐승에서 농지에 정착한 인간으로 탈바꿈한 신석기 혁명이고, 또 하나는 바로 우리가 20세기로 넘어오며 겪었던 산업혁명이다. 파리도 시류를 거스르지는 못했다. 시내야 오스만이 묶어둔 법률이 그대로 적용되고 있지만, 외곽 지대나 신도시에는 이민자나 노동자를 위한 아파트를 세우고 학생들을 집단으로 수용할 수 있는 기숙사 단지도 지어야 했다.

　하지만 빠른 발전은 당연히 부실도 낳았다. 원래 설계 도면에 지시된 것보다 싸거나 적은 양의 자재를 사용하여 날림으로 지은 콘크리트 건물은 몇 십 년 만에 낡아서 도시의 흉물이 되었다. 또, 개성과 사생활을 중요시해 개인 주택을 선호하는 서구인들의 생활 방식은 근교의 전원주택이나 도심의 부르주아 빌라를 선호했고, 빈곤층이나 외국인 이민자들만이 아파트에 남아 슬럼화되어 갔다. 파리뿐 아니라 뉴욕이나 런던 같은 대도시에서도 한 시대를 풍미한 르코르뷔지에식의 건물들은 빈민을 위한 주거 형태로 남게 되었다. 열광했던 르코르뷔지에의 이론도 유효기간이 다 되어 현대는 또다시 자연 친화적인 건축에 대한 열망으로 회귀하는 중인 것 같다. 물론 대도시에 공간이 거의 남아 있지 않다는 것이 문제이긴 하지만……. 그런데 전 세계에서 르코르뷔지에의 건축 이념을 가장 충실하게 흡수하여 발전시킨 나라는 한국이 아닌가 싶다. 한강을 따라 끝없이 늘어선 아파트들을 보면 정말 르코르뷔지에가 직접 도시계획을 진두지휘했던 것은 아닐까 하는 생각조차 드니 말이다. 한강의 기적은 이를 두고 하는 말 아니겠는가?

나는 건축 학도가 아닌지라 그가 설계한 건물을 보며 눈물을 흘릴 정도로 감명을 받거나 하지는 못하겠다. 말레스테뱅스(Mallet Stevens) 거리에 그가 지은 집을 보면, 시멘트로 만든 대형 레고 같아 건조하고 삭막한 현대 도시의 상징으로 느껴질 뿐이다. 하지만 나의 기호를 떠나 르코르뷔지에는 대단한 인물이었다. 20세기 초 가장 큰 영향을 미친 건축가로 아직도 건축 학도들에게는 신처럼 떠받들어진다니 말이다.

파리에서 르코르뷔지에의 작품을 감상하려면 파리 서쪽 미라보 다리에서 멀지 않은 말레스테뱅스 거리, 파리의 구세군회관, 파리 남쪽의 대학 기숙사촌 시테(Cité) 안의 스위스 학생 기숙사 등에 가보면 된다.

2.
파리의 개선문

파리 하면 떠오르는 것이 샹젤리제에 들어서면 바로 보이는 개선문일 것이다. 요즘 샹젤리제에 늘어선 럭셔리 매장들을 옆에 두고 이 건축물을 바라보노라면 프랑스의 두 얼굴을 동시에 보는 것 같다. 나폴레옹이 지중해의 패권을 장악했다면, 프랑스의 럭셔리도 세계를 장악하고 있으니 그 영향력이 결코 나폴레옹에 뒤지지 않는 것 아닐까?

그런데 파리에는 이 개선문 외에도 두 개의 개선문이 더 있다. 바로 카루젤 개선문과 라데팡스의 그랑드 아르슈로, 이들은 파리를 동서로 가로지르며 일직선상에 놓여 있다. 현대에 건축된 그랑드 아르슈를 제외한, 역사에 나오는 개선문들은 대표적인 테트라파일론(Tetrapylon) 건축물이다. 테트라파일론이란 네 개의 입구나 문을 가진 건축물로, 로마 시대부터 전쟁과 평화의 신인 야누스와 연결되어 있다. 과거와 현재를 모두 볼 수 있는 눈, 두 개의 얼굴, 전쟁을 중재하는 평화의 신이자 우주 초기의 혼돈을 상징하는 의미를 지닌 야누스적 테트라파일론 건축물은 로마뿐 아니라 로마 제국이 지배했던 터키, 시리아, 요르단, 이집트, 알제리, 에스파냐 등에서도 볼 수 있다.

에투알 개선문(Arc de Triomphe d'Etoile)

콩코르드 광장에서 샹젤리제를 거슬러 북서쪽으로 올라가면 '별'이라는 뜻의 에투알(Etoile) 광장이 있다. 광장의 원 안에는 전통적인 8×10센티미터짜리 블록으로 된 대형 별 모자이크가 있는데, 지상에서는 보이지 않고 공중에서 내려다보아야 회색, 핑크, 초록색으로 그 모습이 드러난다. 우리가 파리 하면 에펠탑과 함께 가장 먼저 떠오르는 상징, 개선문이 바로 이 광장 정 중앙에 우뚝 서 있다. 높이 55미터, 너비는 45미터, 그리고 지하로 22미터이니 15층짜리 건물만 한 크기이다. 이 개선문을 중심으로 12개의 도로가 방사선으로 뻗어 나가는데, 그 중 제일 유명한 것이 럭셔리의 대명사 샹젤리제(Champs-Elysée)로, 길이는 2.2킬로미터다. 여기서부터 시계방향으로 마르소(Marceau), 이에나(Iéna), 클레베르(Kléber), 빅토르위고(Victor Hugo), 포슈(Foch), 그랑드아르메(Grande Armée), 카르노(Carnot), 맥마흔(Mac-Mahon), 바그람(Wagram), 오슈(Hoche), 프리들랑(Friedland) 순이다. 도로명 대부분이 나폴레옹 시대의 영광을 표현하거나 당시 장군의 이름을 따고 있다. 차선도 신호등도 없는 이 넓은 광장에 차들이 쏟아져 나와 개선문을 중심으로 돌다가 원하는 방향으로 엇갈리며 빠져나가는데도 사고가 나지 않는 것을 보면 참 신기하다. 그래서 처음 운전하는 사람은 이 곡예질에 당황해 하염없이 개선문을 돌곤 한다.

18세기경까지 이 광장은 파리 밖으로 나가는 언덕에 지나지 않았다. 우리나라로 치자면 일종의 '동구밖'이라 할 수 있겠다. 콩코르드 광장을 만든 루이 15세 때부터 샹젤리제에 기념물을 세우자는 이야기는 나왔었는데, 1806년 나폴레옹 시대에 와서야 실현되었다. 자신의 위대한 군대(Grande Armée)의 영광을 기리기 위해 개선문에서부터 샹젤리제와 콩코르드 광장, 튈르리 공원, 루브르를 가로질러 바스티유와 나시옹 광장에 이르는 대로를 건설하는 것이 프로젝트의 골자였다. 건축가 샬그랭(J. F. Chalgrin)이 설계를 맡았고 기초를 닦는 데만도 2년이 걸렸다.

개선문은 원래 로마에서 유래했는데, 전쟁에서 승리한 군대가 기념 의식을 거행할 때 통과하도록 만든 건축물이었다. 이탈리아 코르시카 출신의 나폴레옹은 로마의 영광을 재현하려는 과대망상에 사로잡혀 있던 인물이었다. 그리하여 자신이 정복한 땅의 황제가 되었고, 로마 시대처럼 면류관을 쓰고 대관식을 거행하였다. 그러나 안타깝게도 나폴레옹은 승전하여 에투알 개선문을 통과하려던 꿈은 이루지 못하였다. 엘바 섬에 유배되었다가 탈출하여 백일천하를 이루었지만, 워털루 전투에서 패한 그는 처참한 최후를 맞는다. 세인트헬레나 섬에 유배된 채 1821년 죽음을 맞이하였고(천천히 독살되었다는 것이 정설이다) 패잔병으로서 유해만이 개선문을 통과했을 뿐이다.

현재 개선문의 아치 밑에는 제1차 세계대전 때 전사한 무명용사들의 무덤이 있고, 그 옆에는 이들을 잊지 않기 위한 '영원한 불'이 타오르고 있다. 이 불을 지키기 위한 연합회도 결성되어, 회원 50명이 돌아가며 매일 오후 6시 30분 '기억의 불'을 켠다. 이 불은 1923년 처음 켜진 이후로 단 한 번도 꺼진 적이 없다고 한다. 1940년 6월 14일 독일군이 파리를 점령한 날에도, 독일군 장교들이 참석한 가운데 불은 켜졌다.

카루젤 개선문(Arc de Triomphe du Carrousel)

구체제의 왕들이 베르사유 궁전을 선호한 것과 달리, 나폴레옹은 파리를 좋아했다. 그는 루브르 궁을 리노베이션하고 다시금 왕궁의 위상을 부활시켰다. 이 루브르 궁전의 피라미드와 튈르리 공원 사이에는 또 하나의 작은 개선문이 있는데, 바로 카루젤 개선문이다. 에투알 개선문의 위용을 보고 나면 카루젤은

난쟁이 같아 보이지만 자세히 살펴보면 정교한 조각과 색채 등이 아름답기 그지없다. 공원 입구에 있어 한적하게 걸으며 주변을 감상할 수도 있고, 위압적인 건축물이 주는 피곤함이 없어 조각된 부조를 자세히 감상하기에 더 좋은 것 같다. 나폴레옹의 위대한 군대가 오스테를리츠(현재 체코 공화국의 슬라프코프) 전쟁에 승리한 것을 기념하기 위해 로마 제국 스무 번째 황제인 셉티미우스 세베루스(Septimius Severus)의 개선문을 본떠 건축한 것이다. 아치 꼭대기에는 원래 나폴레옹이 이탈리아의 첫 전장에서 승리하고 베네치아 산마르코 성당 정문 위에서 떼어 온 청동 사두마차가 놓여 있었는데, 워털루에서 패한 후 승전국 오스트리아가 이를 차지하였다. 현재는 1828년에 프랑수아 조셉 보시오가 조각한 복제품이 놓여 있다. 2007년 밤새워 열리는 예술 행사 '라뉘 블랑슈(La Nuit Blanche)'가 파리에서 열렸을 때, 아르노 프랭스테(Arnaud Prinstet)는 카루젤에 자신의 자화상을 프로젝션하는 퍼포먼스를 선보이기도 하였다.

카루젤 개선문이 규모는 작지만 역사적인 축에서는 중요한 위치에 있다. 이 카루젤과 에투알 개선문은 콩코르드 광장과 샹젤리제를 두고 일직선상에 놓여 있어서, 카루젤의 정 중앙에서 서쪽 정면을 보면 아치를 통해 개선문이 또렷이 보인다. 파리의 신비로운 매력이 또 한 번 발산되는 순간이다. 파리라는 도시는 고대의 누군가가 큰 구도를 그려놓은 것이 아닐까 할 정도로 계획적이다. 역사를 거듭하며 왕권과 정권이 바뀌어도 여전히 그 구도에 따라 그려지고 있는 듯한 느낌이랄까.

라데팡스 그랑드 아르슈(Grande Arche de la Défense)

1989년은 프랑스 혁명 200주년의 해였다. 1981년에 대통령 프랑수아 미테랑은 라데팡스의 비즈니스 구역에 커뮤니케이션 교류지를 수용할 건물을 세우

2부
왕의 도시

기 위해 테트 데팡스(Tête Défense: Tête는 머리, 수장의 뜻) 콩쿠르를 개최하였다. 심사위원회는 덴마크의 건축가 요한 오토 폰 스프레켈센(Johan Otto von Spreckelsen)의 설계안을 채택하였고, 그의 콘셉트를 구체화하기 위해 엔지니어 에릭 레이젤(Erik Reitzel)을 선정했다. 설계자인 스프레켈센은 공사 중에 타계하여 완성을 보지 못했지만, 이 20세기의 걸작은 무게 30만 톤에 높이 100미터, 대리석과 투명한 유리 구조, 외부 엘리베이터 탑 등, 모든 공정과 시설이 최고의 기술과 혁신적 방법을 동원하여 3년에 걸쳐 완공되었다. 과거의 개선문들이 군대의 승리를 기념하였다면, 20세기 개선문은 인류와 시민의 권리 선언과 프랑스 혁명 200주년을 기념하여 '인간의 이상과 인간성'이라는 콘셉트를 표현하고 있다.

가로 106.9미터, 세로 112미터, 높이 110.9미터의 ㄷ자가 철봉처럼 서 있는 모습의 이 초대형 입방체는 가운데가 빈 공간이다. 이 공간에 파리의 노트르담 사원이 첨탑까지 통째로 들어갈 수 있다고 하니, 정말 감탄이 저절로 나온다. 중간에 아무런 지지대도 없이 뻥 뚫린 공간에 3만 톤짜리 건물이 매달려 있는 것이다. 이런 모습이 가능한 공학적 원리는 모든 방향에서 힘을 받도록 고안되어 있는 구조 때문이라고 한다. 게다가 스프레켈센은 자신의 작품을 위해 최고 품질의 재료들을 사용하도록 했다. 우선 견고한 동시에 유연하도록 규토가 들어간 고강도 콘크리트[10]로 기초를 다졌다. 외벽 가운데 유리로 된 부분은 5센티미터 두께의 판유리로 덮여 있는데, 시각적인 왜곡과 빛의 반사를 방지하는 특수 처리가 되어 있으며 강한 바람에도 끄떡없도록 고안되었다. 다른 외벽은 이탈리아 토스카나의 카라라(Carrara)산 흰 대리석과 회색 화강암으로 덮여 있는데, 미켈란젤로가 작품들에 썼던 것과 같은 대리석으로, 개당 가

---

[10] 일반 콘크리트의 세 배에 가까운 농도로 강도를 높여 주로 다리 건설에 쓰이는 콘크리트.

라데팡스에 새로 지은 신개선문 (그랑드 아르슈)

격이 작은 차 한 대 값이라고 한다. 게다가 30만 톤에 달하는 물체를 지탱해야 하는 약한 지반을 보충하기 위해 30미터 깊이에 수압 잭을 묻고 그 위에 12개의 원주를 세운 후 조립하였다. 가운데 붕 떠 있는 천장은 전시 및 컨벤션 센터, 오디토리움, 컴퓨터 박물관, 레스토랑 등 대중에게 개방된 공간인데, 유리로 만든 엘리베이터로 외부를 감상하며 올라갈 수 있다. 처음에 미테랑이 계획하였던 커뮤니케이션 교차로의 계획은 1986년에 무산되었고, 북쪽과 남쪽 면은 환경자원해양부, 국제인권보장재단 외에 대학도 몇 개 입주해 있다.

그랑드 아르슈는 개선문과 콩코르드의 오벨리스크 그리고 왕궁인 루브르의 피라미드까지 이어지는 파리의 역사적 축과 정확하게 일치하지 않고 6도 33분의 각도로 틀어져 있는데, 이는 입방체의 부피를 극대화하려는 설계자의 의도이기도 했지만, 기술적인 면에서도 기초공사를 할 때 원래 있던 고속도로와 지하철 1번선 등을 고려해야 했기 때문이다. 게다가 이 각도는 루브르의 쿠르 카레(Cour Carré)와 콩코르드 광장이 이루는 각도의 차이를 상징적인 면에서 재창조하여 완전한 대칭을 이루도록 한 것이기도 하다.

신비주의적 경향의 사람들은 이것을 이집트적 태양 숭배와 결부시키기도 한다. 1년에 두 번(5월 10일경과 8월 1일경) 태양은 샹젤리제 축에서 진다. 샹젤리제 거리에 있는 사람을 향해 태양의 테두리가 개선문의 아치 밑에 몇 분 보이게 된다. 즉, 루브르에서 카루젤 개선문, 오벨리스크, 에투알 개선문, 그랑드 아르슈에 태양이 일직선으로 비치는 것이다. 1994년 5월 10일에는 이 현상이 태양의 부분일식과 함께 일어나 20만여 명의 인파가 몰리기도 했다. 반대로 그랑드 아르슈 쪽에서 보면 태양은 1년에 두 번(2월 7일과 11월 4일 부근) 개선문의 아치에서 떠오른다. 가톨릭 국가인 프랑스이지만 문화적 기원을 이집트에서 찾고자 하는 열망이 그대로 도시에 투영된 느낌이다. 이집트나 메소포타미아의 신화에 많은 것을 빚지고 있는 가톨릭이지만 유일신 이외의 모든 숭배를 금기하였던 로마는 왕권과 교권의 확립을 위해 모든 것을 이단시하는 역사를 써왔다. 하지만 몇 천 년의 세월을 새기며 발전해 온 도시 곳곳에는 종교재판과 마녀사냥으로는 누를 수 없는 갖가지 상징들이 후대에 많은 의미를 전달해 주는 것 같다. 3,200년 전 이집트 룩소르에 세워졌다가 이집트 총독이 루이 필리프 왕에게 선사한 콩코르드 광장의 오벨리스크도 태양신 숭배와 연관이 있는 일종의 해시계이다. 오벨리스크는 위로 올라갈수록 가늘어지는 길쭉한 사각 기둥 모양의 거대한 돌 끝에 피라미드가 얹혀 있는 형태인데, 태양신 숭배의 상징인 피라미드는 루브르 궁 앞에서 유리 피라미드로 구현된다. 정말이지 파리는 알면 알수록 양파 껍질을 벗기듯 신비로움을 느끼게 된다. 도시 자체가 일종의 타임캡슐로서의 의미를 지니고 발전하는 것이 아닌가 하는 생각을 하게 되는 것이다. 게다가 그랑드 아르슈의 입방체는 3차원적인 인간의 눈으로 볼 때는 가운데가 뚫려 있는 입방체일 뿐이지만, 사실 4차원적인 공간을 의미한다고 한다. 피타고라스적인 루브르의 피라미드가 4차원의 뚫린 공간을 관통해 지나가는 시간의 축은 인류의 문명사 전체를 담은 철학적 사고의 산물일 것이다. 개선문이 있는 광장의 이름이 '별'이란 의미의 '에투알'인 것도 우연의 일치일까?

별(étoile)이야말로 수호자이다. (······) 영혼은 지나간다. (······) 몸은 힘으로 충만해진다. (······) 숨겨진 땅의 문은 눈앞에서 열린다. (······) 수백만 년 동안의 정보자 오시리스[11]가 당신에게로 찾아온다.

이집트의 피라미드에 새겨진 이 상형문구가 주술처럼 건축물들을 통해 구현되고 있으니 말이다.

---

[11] 오시리스 | 다신교 국가 이집트의 주요 신 중 하나로, 나일 강의 풍요를 다스리며 사후 세계의 통치자이자 재판관이기도 하다. 이집트 인들은 사후 세계를 생의 연장으로 보았으므로 오시리스는 한 차원이 다른 세계의 통치자이다.

3.
오페라의 유령

파리에서 가장 아름다운 건축물 중 하나인 오페라 가르니에(Opéra Garnier) 지하에 호수가 있다는 사실을 알고 있는지? 바로 한국에서도 여러 번 공연된 뮤지컬 〈오페라의 유령〉의 배경이 된 전설과도 같은 사실이다. 원작은 가스통 르루(Gaston Leroux)의 동명 소설 『오페라의 유령』인데, 줄거리를 간추리자면 다음과 같다.

사고로 추악한 괴물이 되어버린 에릭은, 파리 오페라하우스의 지하 세계에 숨어 산다. 모습을 나타내지 않고 지상을 몰래 드나들어, 사람들 사이에 이곳에 유령이 있다는 소문이 끊임없이 떠돈다. 그는 얼굴을 가면으로 감추고 아름다운 프리마돈나인 크리스틴에게 나타나 음악적 영감을 준다. 오페라의 지하 세계로 이끌려 간 크리스틴은 두려움 속에서도 에릭에게 매혹된다. 하지만 크리스틴에게는 현실 세계에서 사랑하는 귀족 청년 라울이 있었다. 이에 질투를 느낀 에릭은 〈돈 후안〉 공연에서 가면을 쓰고 무대에 올라 크리스틴과 열정적인 사랑 노래를 부르지만, 크리스틴은 무대 위에서 그의 가면을 벗겨버린다. 이에 격분한 에릭은 천장의 샹들리에를 떨어뜨려 관객을 공포에 빠뜨리고, 그녀를 지하로 납치해 간다. 뒤따라 지하 세계로 온 라울은 에릭의 포로가

〈오페라의 유령〉 공연 후, 스테파노 플로리디아(Stefano Floridia) 찍음

되고 목숨을 위협받는다. 그를 살리기 위해서는 유령을 선택해야 하는 크리스틴……. 바로 그때 유령의 외로움이 크리스틴의 심장에 느껴진다. 그녀는 그의 추악함도 잊고 진심으로 그에게 키스를 한다. 유령은 감동하여 이들을 다시 지상으로 돌려보내고 영원히 사라진다.

바로 오페라하우스 지하에 실제로 존재하는 호수가 전설을 만들어내었고, 많은 예술가들에게 영감을 준 것이다.

이 건물은 나폴레옹 3세의 명으로 탄생하였다. 1861년 콩쿠르를 열었고, 여기서 입상한 샤를 가르니에가 설계를 맡았다. 그러나 황제는 이 궁전을 개관하지는 못했다. 너무도 난공사여서 기간이 길어졌기 때문이다. 가르니에가 공사에 착수했을 때, 설계 시에는 전혀 예상하지 못했던 일이 일어났다. 공사장 밑에 몇 만 년 전부터 존재해 온 거대한 지하수층이 모습을 드러낸 것이다! 이 지하의 강은 센 강의 지류인 그랑주바틀리에르(Grange-Batelière)로부터 흘러나와 프랭탕 백화점 밑을 통과해 오페라 근처를 지나, 좀 떨어진 그랑주바틀리에르

오페라하우스 옆면의 조각상들

가(rue de la Grange-Batelière)에서 하수도로 편입되면서 끝난다. 예전에는 백화점 지하에 이 강으로 내려가는 문이 있어 방문객을 맞기도 하였다는데, 지금은 안전을 위해 폐쇄되었다고 한다. 강이 오페라의 바로 밑을 지나지는 않지만, 공사장으로 물이 계속해서 스며들었다. 공사를 포기하려는 생각까지 하던 가르니에는 연구 끝에, 기초 단계에 이중의 벽을 쌓아 물을 막는 데 성공했다. 토양을 정화시키며 건물을 짓기 위해 8개월 동안 여덟 대의 증기펌프를 가동했고, 스며드는 물의 압력을 흡수하기 위해 오페라의 가장 밑바닥에 콘크리트로 지하 호수를 건설한 것이다.

건물의 정면은 1867년에 세계박람회를 위해 대중에게 공개되었지만 내부는 미완성으로 남아 있었다. 1870년에 전쟁이 터지고 제국은 추락한다. 파리

코뮌(Paris Commune)이 전권을 장악하자 오페라 공사는 재정난으로 중단될 수밖에 없었다. 결국 근대로 넘어오는 역사의 소용돌이 속에 이 지하 공간은 잔인한 드라마의 무대가 되고 만다. 실제로 파리 코뮌하에서 혁명당국은 초기에 건축된 방들을 창고로 썼고, 1871년 5월 21일에 베르사유 왕당파가 파리를 접수한 후에는 이를 지하 감옥으로 사용하여 이곳에서 코뮌에 가담한 자들을 무자비하게 처형하였다. 이중의 벽과 호수의 신비, 파리 코뮌이 남긴 뼛조각들 그리고 1899년에 천장에 달린 샹들리에가 떨어진 사건 등은 가스통 르루가 1909년 소설 『오페라의 유령』을 쓰도록 영감을 주었다. 방수용 이중벽 안에 만든 '고문실'을 지나 호수를 가로질러야 도달할 수 있는 지하의 궁전과 이곳에 살고 있는 괴물 인간 에릭. 가스통 르루는 이 불가사의한 건물을 세밀하게 연

샤갈이 그린 천장화(왼쪽)와 오페라 가르니에 대극장 내부

구하였고, 그의 소설에 나오는 배경은 모두 사실이다. 오페라하우스의 전설 같은 이야기는 그 뒤로도 끊임없이 영감의 원천이 되어 브라이언 드팔마(Brian De Palma)가 감독한 영화 〈천국의 유령(Phantom of the Paradise)〉을 비롯하여, 여러 편의 뮤지컬에도 영감을 주었다. 물론 유령은 전설이지만 호수는 완벽한 현실이다. 오페라하우스의 가장 낮은 지하실의 철사다리를 내려가면 바로 그 호수에 도달하는데, 사실 호수라기보다는 지하 터널같이 생긴 시멘트 저수조에 가깝다. 이곳에는 화재 시에 대비해 물을 저장하고 있는데, 800여 마리의 물고기가 자라고 있을 정도로 수질이 좋다고 한다.

우여곡절 끝에 오페라하우스는 1875년 1월 5일에 공식 개관했는데, 이때 조금 황당한 에피소드가 있다. 당시 대통령이 맥마흔이었는데, 런던 시장, 에스파냐 왕가, 암스테르담 시장 등이 참석한 가운데 개관식이 이루어졌다. 그런데 어이없게도 건축가 샤를 가르니에는 이 개관식에 참석하기 위해 표를 구입해야 했다고 한다. 그것도 자신이 건축한 극장의 2등석에서 구경했다니! 그래서 언론은 목청 높여 정부를 비난했다. "건축가가 자신이 건축한 건물의 개관식에 돈을 내고 들어오게 한 행정부!"라며…….

한동안 파리의 예술 공연을 담당하며 사교계의 위용을 자랑하던 오페라 가르니에는 프랑수아 미테랑이 오페라 바스티유를 건축한 이래로 주로 댄스 공연만 했었는데 1996년 리노베이션 이후부터 가극과 발레를 교대로 공연한다. 파리 오페라발레단은 오늘날 세계에서 가장 우수한 공연단의 하나로 인정받고 있다. 파리에서만도 시즌당 180회의 공연을 한다니! 레퍼토리도 로맨틱에서부터 클래식까지 다양하다.

언젠가 총 17층의 오페라하우스 내부를 취재한 다큐멘터리를 본 적이 있는데, 관람객들에게 오픈된 공간 뒤편은 전혀 다른 세계를 이루고 있었다. 그

동안 공연에 사용된 2만5,000여 벌의 무대의상을 모아놓은 방은 거의 의상 박물관을 방불케 하고, 도서실에는 8만여 권의 장서가 보관되어 있다. 또한 발레단원들의 의상을 몸에 맞게 제작하고 구슬까지 손으로 직접 달고 있는 의상팀, 소품을 만들고 콘셉트에 맞추어 신발까지 직접 염색하는 데커레이션팀, 34미터 높이에서 기계장치를 조절하는 무대장치팀에 이르기까지 수많은 직원들이 쉴 틈 없이 움직이고 있었다. 게다가 밖에서 보이는 둥근 돔에서는 꿀벌을 기르고 있는데, 벌들은 멀지 않은 튈르리 공원과 팔레 루아얄, 그리고 주변의 발코니들에서 꽃가루를 물어 와 꿀을 만든다. 도심 한복판에서 양봉이라니 멋지지 않은가? 이 돔의 바로 밑은 발레단원들의 연습실(foyer de la danse)로, 높은 창으로부터 들어오는 햇빛 아래 연습하는 발레단원들의 모습은 바로 드가(Edgar Degas)의 그림 그 자체이다.

　드가가 오페라를 드나들며 그림을 그리던 시대에, 돈과 명망이 있는 파리 사교계 남성들은 돈을 지불하고 오페라 뒤쪽의 연습실이나 분장실을 드나들었다고 한다. 무대에서 춤을 추는 무희들의 숨겨진 뒷모습까지 감상했던 것이다. 지금이야 발레리나들이 예술가로서 추앙받고 있지만 여성들의 지위가 형편없던 그 시절, 무대에서 춤을 추는 여성들이란 일종의 매춘부나 다를 바 없었다. 허영심을 충족하기 위해 그녀들은 항상 스폰서를 필요로 하였고, 대신 남성들의 관음증을 만족시켜 주었던 것이다. 부유한 부르주아 가문 출신에 여성에 대한 취향이 좀 특이했던 드가가 무희들을 많이 그린 것은 결코 낭만적이라 보기 어렵다. 그의 그림 한구석에 음울하게 그려진 검은 양복의 신사들이 바로 돈을 내고 들어와 무희들을 훔쳐보는 양반들이다. 가스통 르루의 『오페라의 유령』에서 귀족 자제들이 오페라하우스 뒤편의 분장실을 드나드는 것도 모두 이런 맥락이다. 이런 역사를 가진 오페라하우스이지만 현재는 거의 성역에 가깝다. 파

드가, 〈무희〉, 1878. 검은 양복을 입은 남자들이 보인다.

드가, 〈르펠르티에 가 오페라발레 연습실〉, 1872. 여기에도 어김없이 검은 양복의 남자가 보인다.

리 오페라발레 단원 중 춤 예술의 경지에 오른 사람들에게 부여되던 '에투알'이라는 칭호는 이제 숭고함과 동등한 명칭이 되었다.

    어느 작가는 가르니에 오페라를 보며 하나의 살아 있는 생명체라고 표현했다. 머리는 하늘의 구름을 향해 열고, 발은 땅속의 물에 담그고 있다. 땅속의 물은 바로 그 끝을 알 수 없는 무의식의 세계다. 그리고 오페라의 안은 수많은 기계와 톱니 장치들이 서로 유기적으로 연결되어 하루에도 몇 번씩 무대 장식을 들었다 올렸다 하며 움직인다. 그리고 그 내부를 연결하는 핏줄과도 같은 수많은 연결 통로들. 이런 내부와 상관없이 입구는 럭셔리한 옷을 입고 웃음으로 관중을 맞이하는 생명체와 같은 건축물 말이다.

4.
파리의 토템

　　가장 예쁘게 풀샷으로 담을 수 있는 곳이 어디냐고 물어보면 사람들은 대부분 서슴없이 센 강 건너편의 샤요 궁(Palais de Chaillot)이라고 대답한다. 내 개인적으로는 미라보 다리 쪽에서 멀리 보이는 에펠탑이 더 운치 있지만, 전 세계의 모든 여행객들은 이곳에서 한 번쯤은 셔터를 누를 것이다. 에펠탑에서 이에나(Iéna) 다리를 건너면 파리의 명물인 회전목마가 돌아가고 있고, 그 옆에서는 우리 유원지처럼 솜사탕과 아이스크림을 파는 상인들이 아이들을 유혹한다. 한국에서는 1,000~2,000원 하는 소프트아이스크림이 3.5유로다. 두 배쯤 크기는 하지만 우리 돈으로 6,000원 정도나 한다. 화폐개혁을 하면서 물가가 너무 올라버려 허리가 휜다는 프랑스 인들이 이해가 간다. 샤요 궁으로 올라가는 계단 밑 광장에서는 젊은이들 한 무리가 모여 스케이트보드를 타고 있는데, 주로 아랍계나 흑인 청년들이다. 한국에서는 벌써 유행이 지나버린 보드가 파리에서는 여전히 유행하고 있었다. 취미에도 유행이 있고 그 유통기간도 짧은 서울과는 달리, 파리에는 지나간 것들 모두가 현재의 것과 공존한다. 그 재미없는 다트 던지기나 병에 링 던지기 등도 여전히 즐기고 있는 것을 볼 수 있다. 파리에서 함께 작업했던 손 작가가 사진을 찍는데 흑인 소년 하나가 보드를 타

2부
왕의 도시

인라인 스케이트를 타고 에펠탑을 향해 날아오르는 이민 소년.

기 시작했다. 이들의 동물적 감각과 유연성은 여기서도 역력히 드러난다. 공중에서 한 번 돌아 바닥에 내리꽂혀도 별로 아픈 기색도 없다. 한 마리의 얼룩말을 보는 듯……. 손 작가 표정이 한 장 건진 듯했다.

2009년은 파리지앵들이 숭상하는 '철로 된 여신(Déesse de Fer)'이 탄생 120주년을 맞는 해였다. 그래서 파리 시는 프랑스 독립기념일인 7월 14일을 기점으로 에펠탑이 있는 샹드마르스(Champs de Mars) 공원에서 많은 행사를 벌였다. 40만 명의 인파 속에 조니 할리데이가 무료 콘서트도 하였고, 엄청난 불꽃놀이 쇼를 공연하기도 하였다. TV로 중계된 공연 속 중년의 할리데이는 예전의 그 슬림하고도 샤프하던 모습이 모두 사라지고, 할아버지 줄에 접어들고 있었다. 마이크 거머쥐고 뛰기는커녕 들고 노래하는 것도 힘겨워 보이는 통통한 몸

2부
왕의 도시

집이 참으로 세월의 흐름을 실감하게 한다. 옛날에는 로드 스튜어트나 스팅 못지않은 멋진 로커이자, 스캔들 메이커였는데 말이다. TV로만 보아도 에펠탑의 불꽃놀이는 그야말로 장관이었다. 에펠탑이 핵폭탄을 맞아 폭발하는 것 같은 대형 쇼를 보며 헨델의 〈왕궁의 불꽃놀이〉를 듣는다면 멋있을 것 같았다. 이 효과를 위해 NSS요원 같은 고공 설치 전문가들이 에펠탑 꼭대기서부터 줄에 대롱대롱 매달려 내려오면서 수천 톤의 폭죽을 설치했다고 한다.

조명도 예외는 아니다. 에펠탑의 조명은 특별한 일이 있을 때마다 옷을 바꾸어 입는다. 예를 들어 터키 대통령이 오면 에펠탑에 푸른 터키색 조명을 입히는 식으로 말이다. 콘셉트에 맞추어 밤이 되면 요염한 옷으로 갈아입고 자체 발광하는 에펠탑은 마치 살아 있는 여신과도 같은 모습이다. 다리부터 꼭대기까지 400대의 프로젝터를 설치해 365일 내내 밤 8시부터 하루 네 번에 걸쳐 12분간 빛의 쇼를 펼친다니, 역시 세계 최고의 조명 선진국의 수도답다. 그래서 빛의 도시라고 하지 않는가……. 초록색, 보라색, 다이아몬드 등 일사불란한 빛의 깜빡임은 인공위성에서도 보일 것 같다.

1889년은 프랑스 대혁명이 일어난 지 꼭 100주년이 되는 해였다. 프랑스 정부는 이를 기념하기 위해 세계박람회를 유치하면서 상징적 기념물을 세우기로 하였다. 공모전이 열리고 파리 시청에서 700여 개의 프로젝트들이 경쟁하였다. 많은 예술가와 여러 분야의 엔지니어들이 입찰하였지만 심사위원회는 유명한 교량 엔지니어인 구스타브 에펠(Gustave Eiffel)의 프로젝트를 채택했다. 엘리베이터의 메커니즘을 보강한다는 조건이었다. 왜냐하면 탑의 곡선을 따라 엘리베이터가 가동되어야 하는 난점이 있었기 때문이다. 결국 미국의 오티스 엘리베이터 회사가 유리 승강기를 시공하였고, 이는 에펠탑의 미학적 가치를 높여주었다. 기존의 기념물들이 돌이나 목재를 사용하여 짧게는 수년 길게는 수십 년에 걸쳐 지어졌던 데 반해, 에펠탑은 적은 노동력과 싼 비용으로 단 몇 달 만에 세워졌다. 또한 당시로써는 인류 역사상 유례가 없는 높은 구조물로, 토목공학과 건축 분야의 일대 혁명으로 평가받았다. 뉴욕의 맨해튼이 마천루의 숲이 되기 전까지 세계에서 가장 높은 건축물이라는 지위를 지켰으니 말이다. 당시 에펠의 작품과 마지막까지 경합을 벌였던 작품은 쥘 부르데(Jules Bourdais)의 작품이었는데, 그는 300미터짜리 돌로 된 등대를 세우고자 했었다. 아마 이집트의 알렉산드리아에 있었다는 세계 7대 불가사의 중 하나인 파로스(Pharos) 등대에서 아이디어를 얻었을 것이다. 만일 이 프로젝트가 채택되었다면 지금 파리의 모습은 또 달라져 있지 않았을까? 새로운 알렉산드리아가 되었을지도 모를 일이다.

    역사는 지금 에펠의 이름만을 기억한다. 에펠탑은 에펠이 설계했다고 모든 사람이 알고 있는데, 사실 에펠은 설계 사무소의 CEO였을 뿐, 실제로 박람회장 입구에 300미터짜리 개선문을 세운다는 아이디어를 처음 낸 사람은 에밀 누기에(Emile Nouguier)였다. 그는 친구인 스테펭 소베스트르(Stephen Sauvestre), 모리스 쾨클랭(Maurice Koechlin)과 함께 이 작업에 착수하였다. 쾨클랭은 미국에 보낸 자유의 여신상의 철골구조물 제작에 참가했던 엔지니어였고 소베스트르는 이 탑을 실제로 설계하였다. 1889년 전시를 위한 공모전이 열렸을 때 회사 사장 구스타브 에펠이 설계안의 특허를 사서 설계자인 스테펭 소베스트르의 이름과 함께 제출하였다. 이로써 이 탑은 에펠탑이 된 것이다! 비슷한 예로 프랑스 중부의 캉탈(Cantal) 지방에 에펠이 시공한 가라비 철교(Viaduc de Garabit)를 들 수 있는데, 지금처럼 공학이 발전하지 못했던 시대에 강을 120미터 높이에서 가로지르는 엄청난 규모의 이 다리는 획기적인 작품이었다. 이 역시 젊은 나이에 요절한 엔지니어 레옹 보이에가 냈던 아이디어를 에펠이 실현시킨 것이다. 에펠은 이와 같이 프로젝트를 보는 눈이 있었고, 구현하는 능력이 뛰어난 인간

Paris라고 크게 적힌 모자를 파는 노점과 에펠탑

센 강 건너편 샤요 궁에서 본 에펠탑.
바로 그림엽서에 나온 에펠탑 모습을 그대로 찍을 수 있는 장소라 관광객들에게 인기있는 자리이다.

이었다. 이런저런 말들도 많지만 에펠은 훌륭한 인격의 가장이기도 했다. 부인을 일찍 잃고 다섯 명의 자녀를 훌륭하게 키웠다. 그는 인생의 말년을 인류의 안녕을 걱정하며 과학 연구에 쏟았다. 특히 그의 작업들이 대부분 공중에서 바람과 싸워가며 높은 철골구조물을 세우는 작업들이니만큼 항공학과 기상학의 발전에 많은 기여를 했다. 에펠이 임종 시에 마지막으로 했던 유언은 정말 에펠답다. "에펠탑을 정기적으로 색칠해 달라. 녹슬지 않도록……."

파리 시는 지금도 이 유언을 굳게 지키고 있다. 25명의 기술자로 이루어진 도장팀을 따로 운영하여 에펠탑을 수시로 보수하고, 때로는 1년 6개월에 걸쳐 전체를 색칠하기도 한다. 에펠탑이 한 가지 색인 것 같지만 실제로는 세 가지 색의 그러데이션이라고 한다. 맨 아래 짙은 갈색에서 시작해 꼭대기로 올라갈수록 단계별로 밝아지는데, 이 페인트는 핀란드 회사인 요턴(Jotun)사가 에펠탑만을 위해 특별히 바이오(Bio) 공법으로 조제한 것이다. 이들이 현재 쓰고 있는 샹드마르스 공원의 지하 사무실은 드골 정권 시절 에펠탑 꼭대기까지 바로 연결되는 공화국의 비밀 스튜디오였다. 유사시 다른 TV스튜디오를 쓸 수 없을 경우에 대비하여 만든 것이라고 한다. 이들은 관광객이 다닐 수 없는 에펠탑의 좁은 비밀 통로들을 오르내리며 하루를 공중에서 생활하는 곡예사들이다. 20미터를 칠하는 데 하루가 걸리니 25명이 전체를 칠하는 데는 20개월이 걸릴 만도 하다. 이럴 경우 파리에서 최고의 관광 수입을 올리는 에펠탑을 폐쇄할 수는 없는 노릇이다. 관광객을 받으면서 눈에 뜨이지 않도록 조심스럽게 일을 진행하지만, 가끔씩 탑 꼭대기에 매달린 이들이 발견되어 시민들이 탄성을 지르곤 한다. 지금은 안전장치가 잘되어 있지만, 옛날에는 안전장치 하나 없이 그냥 꼭대기서부터 칠하면서 내려왔다고 한다. 아찔하다는 표현으로도 부족할 일이지만 오히려 한 건의 사고도 없었다고 한다.

5.
영원불변의 미학을 향한 열정, 아카데미즘

앵그르, 〈샘〉, 1820, 오르세

파리를 생각할 때 가장 먼저 떠오르는 것은 인상주의 화가들일 것이다. 그들의 시대는 유럽이 르네상스 이후 전제 왕권의 묵은 때를 벗고 자유와 자본주의라는 새로운 옷으로 갈아입던 시기였다. 이 새로운 화풍의 발원으로 19세기 초 파리는 마치 판도라의 상자가 열린 것만 같았다. 거기에서 튀어나온 새로운 생각들은 불꽃이 폭발하듯 사방으로 퍼져, 수많은 사조들로 얼굴을 바꾸어가며 20세기를 화려하게 장식하게 된다.

그러나 이 시기 직전까지만 해도 서양의 예술은 '고전', 즉 그리스와 로마라는 거대한 이상향을 토대로 발전해 왔다. 예술이라는 개념이 제대로 생기기 시작한 르네상스 시대부터 바로크, 로코코, 신고전주의에 이르기까지 미술이건 건축이건 조각이건, 그리스와 로마의 예술 미학을 토대로 완벽한 대칭성, 원근법과 마치 조각 같은 회화 등에서 아름다움을 느꼈다. 이 고전 미학에 가장 완벽하게 접근한 화가가 존경을 받고, 국가의 큰 공사에서 장식을 맡을 수 있었다. 게다가 주제는 성서의 이야기에서 따오거나 그리스나 로마의 신화에서 따왔다. 예술은 철저히 가진 자들만의 것이고 평민들과는 상관없는 세계였으며, 예술가들은 군주나 귀족들의 후원하에 먹고살았다. 이런 예술의 흐름을 통틀어 '아카데미즘'이라 하며 이들의 이상은 그리스의 고전임과 동시에 이를 완벽히 구현한 레오나르도 다빈치, 미켈란젤로, 라파엘로, 브루넬레스키 등과 같은 피렌체와 로마의 르네상스 예술가들이었다.

16세기부터 이탈리아의 도시국가 군주들은 데생 아카데미를 후원했는데, 프랑스도 1648년 루이 13세의 어머니 마리아 데메디치의 섭정하에 왕립 회화/조각 아카데미를 설립하게 된다. 예술가들을 국가의 체제하에 두고 국가가 후원자가 된 것이다. 아카데미의 수장은 멤버 중 한 명이 되었는데, 보통 왕이 가장 총애하는 사람이 맡았다. 학술 기관인 아카데미 프랑세즈와는 달리 여성도 받아들였으며, 장인과 다름없었던 예술가들의 지위를 향상시키는 데 목적이 있었다. 그러나 자크 루이 다비드 같은 예술가는 아카데미의 멤버이면서도 아카데미의 권위와 멤버들의 특혜에 대항하기도 하였다.

　아카데미는 엄중한 콩쿠르를 통해 입학생을 뽑았고, 이곳에서 수학을 한 후에는 로마에 가서 학업을 완성한 후 궁중의 예술가로 일할 수 있는 엘리트 코스였던 것이다. 1667년부터 당시 재상이던 콜베르(Jean-Baptiste Colbert)의 지휘하에 콩쿠르로 뽑힌 아카데미 회원들의 작품을 대중에게 공개하는 전시회를 열었는데, 이것이 파리 살롱전의 시작이다. 초기에는 팔레 루아얄의 뜰 등에서 비정기적으로 전시회를 열다가 이후 비엔날레로 2년에 한 번 정도 열었고, 1725년부터 루브르 궁의 살롱 카레(Salon Carré)에서 정기적으로 열기 시작해 '파리 살롱전(Salon de Paris)'이 공식 명칭이 되었다. 여기에서 1등을 해 로마상(Prix de Rome)을 수상한 자에게는 로마 유학과 함께 화가로서의 탄탄한 미래가 보장되었다. 이 살롱전은 곧 국제적 명성을 얻어 많은 사람들을 끌어 모으기 시작했다. 원래 프랑스 어에서 살롱이란 집에서 손님을 맞이하는 응접실이란 의미인데, 궁정 시대에는 귀부인들의 사교장이라는 의미로도 쓰였고, 지금은 미술 전시회뿐 아니라 보통 푸아르(foire)라고 하는 상품 박람회도 살롱이라는 말과 혼용되고 있다.

　아카데미는 예술에 대한 성찰의 장소였다. '예술은 이성의 법칙에 따라야 하며, 배우고 공부해야 한다'는 원칙하에 자신을 갈고닦는 장소이기도 했다. 푸생, 샤를 르브룅 등 로마에서 공부한 고전주의 화가들이 구도, 데생, 색채 사이의 관계에 대한 이론을 정립하였다. 아카데미는 프랑스뿐 아니라 유럽 전체에 지대한 영향을 미쳐 19세기에 이를 때까지 모든 예술에 이 이론들이 적용되었다. 푸생, 부셰, 다비드, 앵그르, 카바넬, 들라크루아 등 17세기부터 19세기까지의 유명한 프랑스 예술가들은 모두 아카데미 출신 화가들이다. 그림의 주제에도 서열이 있어서 역사화가 가장 우위에 있고, 초상화나 정물화는 그 아래, 소소한 일상의 그림들은 가장 아래 서열이었다. 이 중 역사화가만이 궁정화가의 지위에 오르고 교수가 될 수 있었다.

프랑스 혁명 이후 구체제는 무너지고, 의회의 입법으로 살롱은 모든 예술가들이 참가할 수 있게 되었지만, 나라를 이끄는 권력자들의 소양은 자유로운 예술적 영혼과는 거리가 멀었다. 나폴레옹은 열렬한 로마 숭배자였다. 그의 시대는 곧 다비드의 시대였다. 살롱전은 다비드의 제자들이 휩쓸었다……. 결국 혁명은 또다시 공식적인 예술, 아주 고전적인 그리스와 로마라는 주제로 되돌아갔다.

나폴레옹 시대의 틀에 박힌 정적인 그림들에 대한 반발이 외젠 들라크루

앵그르, 〈황제의 옥좌에 앉은 나폴레옹〉, 1806

다비드, 〈알프스를 넘는 나폴레옹〉, 1801

아를 중심으로 하는 낭만주의였다. 정면과 대칭보다 비대칭과 사선 구도, 뭔가 알 수 없는 분위기 속에 격렬한 감정이나 상상력을 표현하는 낭만주의는 보수적 화가들에게 천박하게 보였을 것이다. 주제도 역사뿐 아니라 현실적인 문제들, 문학에서 따온 주제, 자연의 풍경 등을 강렬한 빛과 색채로 표현한, 당시 아카데미가 규정하고 있던 법칙을 한참 벗어난 것들이 많았다. 그러나 이런 낭만주의 표현 기법은 뒤에 오는 인상주의 화가들에게 깊은 영향을 주었고, 19세기 중반이 되면서 예술은 순전히 개인적 창조의 영역이 되어갔다. 여기에는 산업혁명과 도시의 발달로 인한 사회구조와 유통 구조의 변화도 한몫했다. 이제 예술은 귀족의 전유물이 아니라 돈으로 얼마든지 사고파는 시대가 된 것이다. 예전의 아카데미 국전은 프랑스 예술가전이 되었고 국립예술가협회도 생겼다. 하지만 인상파 화가들의 시작은 고달팠다. 자유로운 창작 활동은 허락되었지만 대중의 눈과 인식이 그리 쉽게 바뀌는 것은 아니기 때문이다. 대중은 귀족이나 부르주아들이 즐기던 럭셔리를 동경하고 따라 하는 법이다. 그래서 그들을 위해 만들어진 편안한 예술보다도, 귀족들이 즐기던 아카데미풍의 예술을 더 좋아했다.

1863년 나폴레옹 3세가 단 한 번 주관했던 '낙선전(Salon des Refusés)'은 역사에 길이 남을 것이다. 파리 살롱전에서 아카데미파들이 거부한 작품들만 모아 일종의 패자부활전을 열었는데, 이것이 인상파의 신호탄이 되었기 때문이다. 이후 20세기에는 국가 재정 없이 예술가들끼리의 출자로 그랑팔레에서 '독립미술가전(Salon des indépendants)', '가을전(Salon d'Automne)' 등이 열렸다. 왕립 아카데미는 프랑스 혁명 이후 1816년 아카데미 데보자르(Académie des Beaux-Arts: 미술 아카데미)로 바뀌어 프랑스 학술원에 속해 있으며 현재까지 회화, 조각, 건축, 판화, 작곡, 자유회원, 영화와 오디오, 사진 예술 등 57명의 회원으로 이루어져 있다(2010년 현재 아홉 명이 공석). 프랑스 학술원(Institut Française)은 센 강변에 있는데, 보행자 전용 다리인 예술의 다리(Pont des Arts)를 가운데 두고 루브르 박물관과 마주보고 있다. 천장에 팡테옹과 같이 거대한 돔을 올린 바로크 양식의 건물로, 루브르와의 조화를 염두에 두고 건축되었다. 마자랭 추기경이 소장한 방대한 도서를 바탕으로 프랑스 전역의 학자들에게 연구소를 제공하기 위해 1688년에 지은 건물로, 프랑스 혁명 시에는 감옥으로도 사용되었다.

6.
100프랑짜리 지폐를 장식했던 들라크루아

내가 유학 시절 보기만 해도 입이 찢어지곤 했던 화가가 있다. 나뿐 아니라 누구라도 일단 보면 좋아하지 않고는 못 배기는 사람이다. 바로 외젠 들라크루아(Eugène Delacroix)였다. 지금은 유로화로 화폐개혁이 되어 사라져버렸지만, 20세기까지 100프랑짜리 화폐의 한 면에 그의 얼굴이 있었다. 댄디풍의 녹색 재킷에 얼짱 각도의 자화상이 크게 박혀 있고, 옆에는 대표작 〈민중을 이끄는 자유의 여신〉이 있다. 그러니 누군들 이분을 안 좋아하겠는가! 게다가 그는 누구나 열광하는 드라마틱한 출생의 비밀을 간직한 채 살다 간 인물이기도 하다. 부모가 일찍 세상을 떴지만, 집안 좋은 들라크루아는 아버지가 프랑스혁명 후 루이 16세를 단두대의 이슬로 보내고 세운 혁명정부에서 외무장관을 지낸 샤를 들라크루아이다. 문제는, 그가 아버지를 전혀 닮지 않았다는 것. 이를 두고 남 이야기 좋아하는 세상 사람들은 입방아 찧기에 바빴다. 그 모습이나 행동, 귀족적인 기품, 패션 감각 등이 당대의 유명한 정치가이자 세상이 다 아는 호색한인 탈레랑(Charles Maurice de Talleyrand)과 너무 흡사했던 것이다. 게다가 들라크루아가 잉태되던 시기에 아버지 샤를 들라크루아는 생식기에 종양이 생겨 수술을 받았기 때문에 아이를 만드는 것이 사실상 불가능했다. 정황상 수

들라크루아의 자화상(오른쪽)과 100프랑짜리 지폐

상한 점은 또 있었다. 탈레랑은 후견인을 통해 젊은 들라크루아가 사교계에서 자리 잡도록 뒤를 보아주었다. 1822년 살롱전에 〈지옥에 간 단테와 베르길리우스〉를 출품했는데, 이 그림의 혁신적 화풍은 보수적인 화단에 물의를 일으켰다. 그런데 이상한 것은 정부가 이 그림을 일언반구도 없이 사들인 것이다. 그리고 2년 뒤에 〈키오스 섬의 학살〉 역시 비평에 개의치 않고 또다시 사들인 것도 풀리지 않은 수수께끼로 남아 있다.

바로 이 해에 고전주의의 최고봉인 앵그르(Jean Dominique Ingres)도 〈성모에 맹세하는 루이 13세〉를 출품한다. 이 두 개의 작품은 '낭만주의 대 고전주의', '데생 대 색채' 사이의 논쟁을 일으켰다. 이때부터 들라크루아와 앵그르는 극단적 예술 성향을 가진 공식 라이벌로서 일생 동안 대립했다. 주변의 비평가나 언론 역시 이를 부채질했고 파리의 화단은 둘로 갈라져 논쟁이 멈추질 않았다. 19세기에 오는 젊은 화가들은 들라크루아와 앵그르를 모두 위대한 스승의 반열에 두고 존경한다. 앵그르는 고전적 화풍을 완성했지만, 때로는 아주 감각적으로 오달리스크 같은 이국적인 여인들을 표현하기도 했다. 무엇보다 그의 데생은 라파엘로 이래 최고로 꼽히는데, 지금 보아도 화풍을 넘어 앵그르

들라크루아, 《민중을 이끄는 자유의 여신》, 1830, 루브르

의 완성도는 경이로움을 느끼게 한다. 두 사람의 그림을 함께 보면 이들의 대비되는 감성을 느낄 수 있다.

영원히 합일점이 없을 것 같던 두 사람에게도 공통점이 있는데, 바로 평생 음악을 가까이하고 바이올린을 연주했다는 것이다. 모차르트를 좋아했던 음악 선생이 어린 들라크루아에게 음악가가 되기를 권했을 정도로 그는 음악에 재능을 보였고, 후에도 파가니니, 쇼팽, 베를리오즈와 아주 돈독한 우정을 쌓았다. 아픈 몸을 이끌고 생쉴피스 성당 장식을 완성하는 데 사력을 다하던 말년에도 울려 퍼지는 오르간과 찬송가 소리에 커다란 위안을 받았다. 게다가 문학에도 조예가 깊어 수만 점의 작품 속에 문학에서 가져온 테마들을 녹여 넣었고, 당대의 뛰어난 문인들과 폭넓게 교류하였다. 평생 자신을 뒤돌아보며 쓴

일기는 미술사와 문학사에 있어 귀중한 자료가 되고 있다. 들라크루아는 나이가 들며 부쩍 건강이 나빠져 대중들로부터 멀어지면서 아주 친한 친구들 외에는 잘 만나지 않았다. 1859년의 살롱전을 끝으로 은퇴했는데, 여기에서도 엄청난 비판을 받았다. 10년 이상을 공들여 장식한 생쉴피스 성당의 생앙주 예배당 장식화에도 "공식예술가"들은 냉담했고, 쓸쓸하게 개관식을 해야 했다

들라크루아가 태어난 1798년에는 프라고나르가 아직 살아 있었고, 1863년 65세로 죽을 때 20대의 모네와 세잔, 르누아르 그리고 시슬레가 파리에서 만났다. 지나간 구시대 위에 새로운 시대가 오는 격정의 시기를 살았던 그의 그림은 그래서인지, 초기 그림이 오히려 19세기에 올 새로운 화풍들에 더 가깝고, 오히려 말년이 되어가며 좀 더 고전적인 차분함으로 돌아가고 있다. 어찌 보면 들라크루아는 양면성을 가진 인물이었던 것 같다. 아틀리에에서 폐쇄적으로 생활하며 제자도 두지 않은 그였지만, 낙선을 거듭하면서도 굴하지 않고 도전한 끝에 결국 1857년에 왕립 아카데미의 회원이 되었으며, 파리 시의원이 되어 세속적인 명예를 좇기도 하였다. 게다가 아카데미의 딱딱한 화풍을 싫어해 광범위한 주제와 역동적인 화법으로 낭만주의의 수장이 되었으면서도, "나는 순수한 고전주의자"라고 서슴없이 말하기도 하였으니 말이다. 그러나 어찌 보면 이중성이란 인간의 가장 평범한 모습인지도 모른다. 대학 시절 최루탄과 싸워가며 독재에 맞서던 애국 청년이 국회의원이 되고 실세가 되고 나면 나라 살림을 말아먹기도 하는 것만 봐도, 양면성은 누구나 가지고 있는 것 아니겠는가? 시간과 함께 변화를 거듭하는 인간이 자신의 내면을 표현한다면 양면성, 아니, 다면성은 당연한 것 아닐까? 아마도 그는 태생이나 교육 때문에 삶의 방식은 지극히 이성적이면서도, 보이지 않는 내면은 감성이 가는 대로 살고 싶어 했던 인물인 것 같다.

들라크루아의 〈자신의 아이를 죽이는 메데이아〉, 1838, 루브르

2부
왕의 도시

들라크루아를 모작한 세잔의 〈메데이아〉, 1880~1885, 취리히

결국 이 시대의 낭만주의란 하나의 사조라기보다는 표현의 방식이라고 볼 수 있다. 수학적 사유를 기초로 하여 공간의 개념에 정확한 법칙을 적용하는 고전주의에 반하여, 낭만주의는 '아름다움이란 상대적인 것이며, 인간은 누구나 자신이 원하는 주제와 표현 방식을 선택할 권리가 있다'는 삶의 철학인 것이다. 21세기를 살아가는 우리에게는 너무도 당연한 '개성'이 한 세기 전만 해도 획일적인 그 시대의 가치관을 뒤집는 것이었다. 우리나라로 치면 가문이나 한 집단의 체면을 최우선시하던 양반님들께 개인의 자유가 어떻고 하며 반론을 제기하는 것과도 비슷한 맥락이다. 성균관의 유생들에게 실학은 상스러운 도발로 보였을 것이다.

그를 알아본 것은 그 시대의 젊은 화가들이었다. 어떤 학파를 만들거나 제자를 키우지는 않았지만 들라크루아는 그 시대, 그리고 다음에 오는 젊은 화가들의 정신적 스승이 되었다. 일부 젊은이들은 거의 교주님에게 숭배를 바치듯 그를 흠모하였다. 들라크루아를 최고의 모던한 예술가로 존경하던 보들레르는 퓌르스탕베르(Furstenberg) 광장의 벤치에 하염없이 앉아 있다가 들라크루아가 아틀리에에서 나오면 뒤를 따랐다. 인상주의 화가들 또한 들라크루아에게 많은 것을 빚지고 있다. 고전주의 화가들처럼 연결선 하나 보이지 않게 매끄럽게 그리는 것이 아니라 툭툭 터치하며 그리는 기법이나 색의 그러데이션을 통해 다양한 명암을 주는 기법 등은 외부 광선에서 그림을 그리던 인상주의 화가들이 빛의 효과를 해석하는 데 많은 도움을 주었다. 모네와 바지유는 옆 건물의 창을 통해 들라크루아가 아틀리에에서 움직이는 그림자를 지켜보았다고 하니, 이건 거의 스토커 수준이다. 마네는 루브르에 걸려 있던 〈단테의 배〉를 모사할 수 있도록 허가를 요청했고, 팡탱라투르는 현재 오르세 박물관에 있는 〈들라크루아에 경의를 표하며〉에 들라크루아의 초상화 앞에 모여 있는 당대 인물들을 그렸다. 이런 수호자의 이미지는 세잔, 드가, 반 고흐 등에게도 깊은 인상을 주었고, 그의 작품을 모사하는 것이 일종의 통과의례가 되었다. 세잔은 〈들라크루아 예찬(Apothéose de Delacroix)〉을 그렸으나 완성하지는 못하였다. 컬렉터였던 드가는 들라크루아의 회화와 데생을 약 250여 점이나 수집하였다. 점묘화법을 창안한 쇠라(Georges Seurat)와 시냐크(Paul Signac)도 오래도록 들라크루아의 작품과 글을 공부하였다.

  센 강 근처의 생제르맹데프레에 외젠들라크루아 박물관이 있다. 생이 마감되어 가던 1857년, 들라크루아는 이곳에 정착했다. 1847년부터 맡아서 하고 있던 생쉴피스 성당 장식을 위해 매일 강을 건너던 그의 건강이 너무 나빠진 것이다. 죽기 전에 이 작품을 끝내야겠다는 일념으로 이사를 선택했다. 물감상 친구의 주선으로 집을 얻은 들라크루아는 조용하고 공기 좋은 이곳을 아주 좋아했고, 1863년 이곳에서 눈을 감았다. 파리 시의회 의원을 지낸 들라크루아는 생쉴피스뿐 아니라 파리 여러 곳의 공공장소나 교회를 장식했다. 파리 국회의사당의 '왕의 살롱'과 도서관, 세나의 도서관, 마레 가의 생드니뒤생사크르망(Saint-Denis-du Saint-Sacrement) 성당 성마리아 예배당의 〈피에타〉, 루브르 궁전의 '아폴로의 방' 등에서 들라크루아를 만날 수 있다.

외젠들라크루아 박물관

팡탱라투르, 〈들라크루아에 경의를 표하며〉, 1864, 오르세

주소 6 rue de Furstenberg 75 006 Paris
전화 01 44 41 86 50 **팩스** 01 43 54 36 70
교통 지하철 생제르맹데프레 역(4번선), 마비용(Mabillon) 역(10번선)
버스 39, 63, 70, 86, 95, 96
개관 9:30~17:00, 6·7·8월 토·일요일 9:30~17:30
입장 폐관 30분 전까지
휴관 공휴일, 5/1, 12/25

7.
왕의 집, 루브르

프랑스 왕가의 권위를 상징하는 궁전을 꼽으라면 아마도 루브르가 가장 먼저 떠오를 것이다. 베르사유를 생각할 수도 있겠지만, 루브르에 비하면 베르사유는 '왕의 놀이터'라는 말이 더 어울릴 듯하다. 베르사유가 그 화려함과 아름다운 정원으로 유럽 최고의 명성을 얻고 있지만, 그 장엄함에 있어서는 루브르 궁을 따를 수가 없다. 북쪽과 남쪽을 가로지르는 최대 거리가 1.2킬로미터에 이르는 루브르는 로마 성베드로 대성당이나 런던 버킹엄 궁전보다도 내부 공간이 넓다.

루브르의 역사는 아주 오래되었다. 유럽 전역이 '신'을 향한 열망으로 가득 차 예루살렘을 탈환하겠다는 십자군 운동으로 들끓던 11세기에 그 뿌리를 두고 있으니 말이다. 1190년 말 필리프 2세(존엄왕)는 영국의 리처드 1세(사자심왕)와 함께 십자군 원정을 떠나게 되었다. 프랑스의 수도 파리를 비우는 것이 걱정된 왕은 도시 주변을 성벽으로 둘러싸 요새화한다는 결정을 내린다. 당시 파리라고 해보았자 시테 섬을 중심으로 발달한 작은 마을에 지나지 않아 서울의 중구보다도 작았을 것이다. 10여 개의 망루를 포함하는 이 새로운 성곽은 거의 20년에 걸쳐 건축되었는데, 궁전이 아닌 순수 군사 요새의 형태였다. 이 성곽은 지상에서는 이제 그 흔적도 찾아볼 수 없고 궁전 지하에 유적으로만 남아 있다.

프랑스가 서서히 무식한 중세의 탈을 벗어가는 16세기가 되어도 여전히 왕들은 대대로 왕가의 영지인 루아르 강 주변의 성들을 좋아했다. 하지만 행정상 파리에 머물러야 하는 기간들이 있었고 외국의 국왕이나 사신을 맞이해야 하는 경우도 있었다. 왕들은 루브르 성의 건물을 증축하여 파리에 머물 때 거처로 사용하기 시작하였다. 게다가 요새로 지어 튼튼한 이 성은 왕가의 보물을 보관하는 데도 적격이었다. 1546년 프랑스 르네상스의 아버지 프랑수아 1세는 레오나르도 다빈치가 선사한 〈모나리자〉를 비롯하여, 라파엘로, 티치아노 등의 작품 12점을 루브르에 보관하였다. 게다가 프랑수아 1세는 퐁텐블로나 앙부아즈의 성을 좋아했지만, 파리의 루브르를 권력의 상징으로 재건하고자 하였다. 선왕 대에 백년전쟁으로 폐허가 된 파리에는 외국 원수를 맞이하기에 적절한 왕궁이 없었다. 그래서 이를 프랑스 왕가의 상징으로 개축하는 공사가 시작되었고, 아들 앙리 2세와 그 부인 카테리나 데메디치 대에 이르러 루브르는 지금에 가까운 르네상스 양식의 모습을 갖추게 되었다. 이들의 외동딸 마르그리트 드발루아(여왕 마고)와 남편 앙리 4세는 노트르담 성당에서 결혼식을 한 뒤 이 궁전에서 첫날밤을 치렀다. 이때부터 루브르는 명실 공히 프랑스 왕가의 상징이 되었고, 후대의 왕들이 조금씩 증축하고 보수하여 거의 400년이 흐른 19세기 중반이 되어서야 지금의 U자형 모습으로 완성되었다.

왕권이 강화되고 국가의 기반이 확실해지면서 왕가의 보물도 늘어났다. 절대왕권이 자리를 잡아가던 루이 13세 시대, 실세 리슐리외 추기경의 주도하에 수많은 왕가의 예술 작품들을 수집하였다. 이어 프랑스 절대왕권의 절정기 태양왕 루이 14세 시대에도 대신 마자랭은 2,500점의 작품을 수집하여 루브르 곳곳을 장식하였다. 하지만 루이 14세는 나쁜 기억이 있는 루브르를 싫어했다. 봉건 귀족들이 왕의 권위를 좌지우지하던 어린 시절과 어머니의 오랜 섭정 시절을 지낸 그에게는 파리가 일종의 트라우마[12]라고 할까? 결코 선왕들의 전철을 되풀이하지 않겠다는 그의 신념은 확고했고, 결국 강력한 왕권의 프랑스를 이룩했다. 그는 선대 왕의 사냥터였던 베르사유에 화려한 궁을 새로 짓고 1682년 그곳으로 이사해 버렸다. 왕이 베풀어주는 화려한 생활에 중독된 귀족들은 애완용 개로 전락하여 이제 루이 14세의 손바닥 위에 있게 된 것이다. 이후 루이 15세, 16세에 이르기까지 절대왕권 시대의 왕들은 베르사유 성에 기거하며 그야말로 프랑스 궁정 문화의 꽃이라 할 수 있는 바로크와 로코코 문화를 꽃피운다. 그러다 보니 파리와 루브르는 또다시 황폐화되었다. 1692년부터는 아카데미의 예술가들과 과학자들이 이곳에 들어와 전체적으로 관리하기 시작하였고 1699년에는 첫 번째 살롱전이 개최되기도 하였다.

이렇게 100년간의 방치 후, 1789년의 프랑스 대혁명은 지난 1,000년간의 역사를 뒤집어 버렸다. 왕가의 모든 보물은 국가가 몰수하였고, 왕가의 상징 루브르는 민중에게 돌려주기로 하였다. 어떻게 돌려줄까? 결국 왕가의 보물을 국민 모두가 함께 소유하려면 박물관으로 개조하여 개방하는 것이 최선이라는 결론이 났고, 국민회의는 이를 선포하기에 이른다. 루브르 박물관의 역사는 이때부터 시작된다. 1793년 8월 10일 박물관의 그랜드 오프닝과 함께, 왕가가 소유하던 작품들 및 귀족과 성직자들로부터 몰수한 537점의 회화를 전시하였다. 하지만 루브르를 박물관으로 개조한다는 것은 생각만큼 쉬운 일이 아

---

[12] **트라우마(trauma)** | 신체적인 손상이나 생명의 위협을 받은 사고로 충격을 받은 후 나타나는 정신적인 질환. 외상후 스트레스 장애(Post-Traumatic Stress Disorder)

2부
왕의 도시

니었다. 이 왕궁을 지은 사람들이 후세가 이곳을 박물관으로 쓸 것이라고 상상이나 했겠는가? 결국 건물 내부의 구조적 문제로 인해 1796년에서 1801년까지는 문을 닫아야 했다. 게다가 나폴레옹이 유럽과 지중해의 패권을 제패했던 시대에 루브르 소장품의 규모는 기하급수적으로 늘어났다. 로마의 영광에 환상을 가진 나폴레옹은 특히 이집트나 중동의 유물을 닥치는 대로 모았던 것이다. 이름도 '나폴레옹 박물관'으로 바꾸었다. 하지만 워털루에서 패배한 나폴레옹의 결말은 "씁쓸했다". 루브르가 소장하던 작품들을 대거 돌려주어야 했기 때문이다(이때 빼돌리고 돌려주지 않은 작품이 꽤 된다는 설도 있다). 20세기에 들어서도 루브르는 박물관으로서의 명성을 유지했지만 왕실의 아파트와 집무실로 구성된 공간을 전체적으로 유지하면서 늘어나는 작품을 전시한다는 것은 최고의 전문가들도 풀기 어려운 숙제였다. 총 36만 점이 넘는 소장품을 전시하기

마침 근처에서 결혼식을 마치고 나와 기념촬영을 하는 가족을 만났다.

에 공간은 항상 부족했고, 수많은 예술품이 창고에서 썩고 있었다.

1980년대 초 프랑수아 미테랑 대통령은 "위대한 루브르(Le Grand Louvre)"로의 리노베이션 계획을 세웠다. 나폴레옹 뜰에 새로운 입구를 만들고 프랑스 혁명 전부터 재무부 청사로 쓰고 있던 리슐리외관을 박물관으로 개조하는 작업이었다. 중국계 미국인 건축가 아이오밍페이(Ieoh Ming Pei)가 설계를 맡았다. 아이오밍페이는 넓은 안마당에 유리로 된 21세기형 피라미드를 건축해 새로운 입구를 만들고, 지하에는 강연장을 비롯해 레스토랑, 카페, 미술 전문 서점 등의 상업 시설을 만든다는 계획을 발표했다. 게다가 새로 개조하는 리슐리외 전시관의 천장에도 유리로 된 채광창을 설치하고 그 밑에는 인공 조명을 달아 전시된 그림에 24시간 내내 그림자가 지지 않게 하는 획기적인 조명 시스템을 구상하였다. 곧 찬반양론의 열띤 논쟁이 시작되었다. 전 세계 어느 도시에서나

재무성이 있었던 루브르 궁 북쪽 건물의 뤼제 안뜰

볼 수 있는 유리 소재의 건축물이 전통을 자랑하는 루브르의 한가운데 들어선다는 것은 가당치도 않다는 반론이었다. 게다가 루브르 궁 자체가 가려져 시각적으로도 보기 싫다는 논리였다. 특히 보수 우파의 자크 시라크 시장의 반대가 심했다. 하지만 찬성하는 자들은 전통과 미래가 함께 녹아 있다는 사실을 높이 평가하였다.

어쨌든 공사는 시작되었고, 1989년 루브르 박물관의 새로운 입구인 거대한 유리 피라미드가 완성되었다. 개관 200주년을 맞은 1993년에는 리슐리외 관도 문을 열어 세계적인 박물관으로 거듭나게 되었다. 작은 미니 피라미드 세 개가 세모꼴 연못에 둘러싸인 대형 피라미드 옆에 있고, 아름다운 곡선 계단이나 에스컬레이터로 내려가면 넓은 홀의 입구가 나타난다. 게다가 외부에서는 보이지 않는 곳에 제5의 피라미드가 또 하나 있는데, 바로 바깥의 장엄한 피라미드와 같은 축에서 좀 떨어져 카루젤 상가 쪽에 거꾸로 매달려 있는 피라미드(Pyramide Inversée)이다. 마치 바깥의 피라미드가 천장을 통해 들어와 있는 듯한 모습으로, 역시 유리로 제작되어 아름다운 빛의 유희를 펼친다.

그런데 이 피라미드를 건축하는 과정에 잠들었던 중세의 전설들이 또다시 수면 위로 떠올랐다. 피라미드는 마름모꼴과 세모꼴의 판유리 조각을 조립하여 건축하였는데, 바로 이 판유리의 숫자가 문제시되었던 것이다. 603개의 마름모꼴과 70개 세모꼴, 총 673개의 판유리를 사용했는데, 사실은 666개로 제작되었다는 주장이 제기된 것이다. 666이란 숫자는 오랜 가톨릭 문화 속에 살아온 서양인들에게 특별한 숫자이다. 왜냐하면 하느님께서 세상을 창조하신 6일, 즉 창조의 비밀과 연결되어 있는 숫자 6이 세 개나 겹쳐 있기 때문이다. 게다가 『요한 계시록』에서는 666을 사탄과 연결된 숫자로 지목하고 있다. 이 이야기는 1980년 피라미드를 건축하는 동안 출판된 공식 브로셔에서 두어 번 언급한 것이 발단이 되었다. 브로셔를 만든 사람도 혼동을 한 것인지 의도적인지는 모르겠지만, 어느 곳에서는 672개라 하고 어느 곳에서는 666개라 한 것이다. 그러나 현재 루브르 관리실이 밝히고 있는 정확한 숫자는 이도 저도 아닌 673개이다. 그럼에도 전설을 좋아하는 사람들은 673으로부터 집요하게 666이란 숫자를 끄집어낸다. 왜냐하면 총 673개에다가 문에 있는 유리 한 개, 여기에 따로 떨어져 거꾸로 매달려 있는 피라미드의 유리 112개를 합치는데, 무슨 이론인지는 몰라도, 작은 피라미드에 120개가 들어갔으니 이는 빼야 한다는 주장이다. 어쨌거나 결국 그들의 결론은 '673+1+112−120=666'이다. 여기에 기름을 부은 것이 바로 댄 브라운의 『다빈치 코드』였다. 여기서 주인공은 "미테랑 대통령의 요청"으로 이 피라미드를 사탄의 숫자인 666개의 판유리로 만들었다고 쓰고 있다. 미테랑이 거대한 비밀 조직의 일원이고, 『요한 계시록』이 사탄으로 여기는 어떤 거대한 힘이 있다는 주장까지 제기되었다. 거의 〈아이리스〉 같은 추리소설이었다. 그러나 아이오밍페이 사무실의 대변인은 프랑스 대통령이 피라미드에 사용할 판유리 숫자를 특별하게 주문한 적이 없다고 공식적으로 밝혔다. 하지만 미테랑이 주문했건 아니면 아이오밍페이의 철학이건, 삼각형에 집착한 이 건축물이 다분히 피타고라스적 신비주의[13]를 발산하는 것만큼은 사실인 것 같다.

　루브르에 피라미드를 만든다는 생각은 이상하게도 1809년부터 있어왔다.

---

13 피타고라스적 신비주의 | 피타고라스는 우주의 원리를 숫자로 해석하였다. 게다가 근 40여 년을 이집트와 바빌로니아에서 생활하면서 나일 강 연안의 사제들과 바빌로니아의 점성술사들로부터 기하학과 천문학 등을 배워 그의 사상에는 신비주의적 철학이 짙게 배어 있다. 몸이 소멸하면 영혼은 다시 태어난다는 일종의 윤회설과 지구가 둥글고 우주를 돌고 있다는 일종의 지동설도 피력하였다. 피타고라스를 따르는 제자들로 하나의 학파가 구성되었는데, 중세에는 가톨릭 사상과 반대되어 이단으로 금기시되었다.

루브르 입구, 피라미드의 유리들

『프랑스 인들이 해야 하는 두 가지의 커다란 의무에 관한 기록』이라는 소책자가 출간되었던 것이다. 피라미드는 황제에게 바치는 범국가적 건축물이고 비밀스러운 석공(프리메이슨)들의 표식이라는 내용이었다. 그런데 이 소책자의 저자는 다름 아닌 베르나르 프랑수아 발사(Bernard François Balssa)로, 우리에게 잘 알려진 프랑스의 유명한 작가 오노레 드발자크의 아버지였다. 그가 어떤 이유로 이런 책자를 발간하였는지는 알려지지 않았다. 아마도 프리메이슨 단원이 아니었나 추측될 뿐이다. 발자크도 그 일원이었다는 설이 있으니, 아무튼 프랑스는 중세의 전설에 잠긴 나라이다.

프랑스는 로마의 지배를 직속으로 받으며 기독교의 탄생과 로마의 멸망을 지켜보았다. 4세기에 기독교가 공인된 이후, 5세기 말 메로빙거 왕조의 창시자 클로비스는 수도를 파리에 정하고 가톨릭으로 개종하였다. 프랑스 최초의 왕조 메로빙거 왕조는 부족국가에 지나지 않았던 국력을 강화하기 위해 종교의 힘이 필요했을 것이다. 교황청을 등에 업고 국가의 기반을 다지는 동안 로마와 의견이 다른 종교적 견해는 무조건 이단으로 잔인하게 매장되었다. 1세기 초 예수의 죽음을 둘러싸고 주변에 무슨 일이 있었는지는 아무도 모른다. 하지만 예수 주변의 인물들이 종교적이었건 정치적이었건, 당시 로마의 식민지였던 프랑스로 대거 망명해 왔을 가능성도 있다. 그래서 프랑스의 저변에는 아직도 중세의 이야기들이 사람들의 입을 통해 전설처럼 떠돌고 있는 것이다. 역사는 어차피 승리한 자들의 기록이므로 말살된 이야기들이 어떤 진실을 가지고 있었는지는 아무도 모를 일이다.

3부 | 빛의 도시

1. 파리, 이국적인 것들의 쉼 없는 매혹
2. 숲 속의 작은 마을 바르비종으로
3. 영원한 향수, 몽마르트르 언덕
4. 압생트에 젖다
5. 바토라부아르
6. 노르망디를 화폭에
7. 달과 6펜스
8. 세잔을 찾아가는 길
9. 몽파르나스가 떠오르다
10. 미술관이 된 기차역
11. 인상주의 미술관
12. 피카소, 〈모나리자〉를 훔치다
13. 옴므파탈, 아름다운 이탈리아 청년
14. 샤갈의 눈 내리는 마을

선악과를 삼켜 자아가 커진 인간들이 도시를 삼켰다.
신도 왕도 떠나고, 인간은 자유를 얻었다. 빛은 어둠 속에서 색을 창조하였고,
사물이 갖는 형태의 윤곽조차 지워버렸다.
이제 개성이라는 각자의 색을 갖게 된 인간은 빛으로 밝혀진 도시에서 자신을 마주본다.
처음으로 표현의 자유를 얻은 나르키소스! 앞에 열린 세상은 아름다웠고,
선악과는 달콤했지만 그 대가도 컸다. 판도라의 상자는 열렸고, 보호막이 사라진 세상에서
나르키소스들은 산업혁명이 뿜어내는 시커먼 연기 속에서 스스로를 지켜야 했다.
이제 예술은 궁전을 떠나 거리로 나오지 않을 수 없게 된 것이다.

3부
빛의 도식

1.
파리, 이국적인 것들의 쉼 없는 매혹

프랑스 인들은 이국적인 것에 사족을 못 쓴다. 누구나 자기와 다른 것에 호기심을 갖게 마련이지만, 한국만 해도 이국적인 것에 아주 방어적인 문화이다. 일본도 겉으로 보기에는 외국 문화에 개방적인 것 같지만, 실제로 일본인 친구들의 이야기를 들어보면 보수적인 또 다른 얼굴이 보인다. 이에 비해 프랑스는 외국 문물에 대한 독특한 수용 방식이 있다. 이를 프랑스 문화의 근본을 이루는 관용의 정신이라 표현할 수 있을지는 모르겠지만, 아무튼 이국적인 것을 흡수해 자기네 것으로 녹여내는 재주만큼은 인정해 주어야 할 것 같다. 그래서 파리가 바야흐로 전 세계가 혼합되기 시작하는 20세기 초 예술의 중심지가 될 수 있었을 것이다.

15세기 이후 인도에 대한 동경이 신대륙 발견의 기폭제가 된 후, 장사에 일가견이 있는 유럽의 해상들은 동으로 동으로 배를 몰았다. 이 시기의 약탈과 보물함대로 일어선 나라들이 바로 에스파냐, 포르투갈 그리고 이후에는 네덜란드나 영국이었다. 이들이 동방에서 싣고 온 진귀한 물건들은 온 유럽의 귀족들을 열광시켰다. 향신료나 차 같은 식료품 외에 이국적인 물건들 중 가장 먼저 수집가들의 욕망을 자극한 것은 중국에서 온 도자기였다. 그래서 영어나 프

18세기 부셰가 그린 중국적인 프레스코화 　　　　　부셰, 〈중국식 정원〉, 1742

랑스 어로 '차이나(china)'라고 하면 지금도 도자기를 가리킨다. 지금은 르네상스 이후 자본주의로 세계의 기선을 잡은 유럽이 동양의 모든 지혜를 산업화해 오히려 앞선 도자기 기술을 자랑하지만, 17세기까지 유럽은 중국산 자기의 비밀을 풀기 위해 거의 CIA 수준의 첩보 작전을 폈던 것이 사실이다. 왜냐하면 이때까지 유럽 인들은 얇고도 강도가 높으면서 아름다운 순백색을 뿜어내는 '자기'를 만들지 못했기 때문이다. 현대에 중국이나 한국의 갑부들이 영국의 본차이나 네덜란드·프랑스의 포슬린(porcelain)를 수집하는 것을 보면, 참으로 우리가 역동적이지 못해 근세에 큰 것을 잃었구나 하는 생각이 들기도 한다. 원래 유럽 인들이 사용하던 도자기는 '파이앙스(faience)'라 하여 낮은 온도에서 갈색의 흙을 구워 위에 채색을 한 도기로, 깨지기 쉽고 완전 방수가 되지 않았다. 이들은 중국 도자기의 비밀을 풀기 위해 스파이를 보내고 도자기를 분석했으며 흙을 찾아 헤맸지만 그 비밀은 며느리도 알 수가 없었다! 그러니 풍랑의 위험이 있는 뱃길이나 화적 떼의 위험을 무릅쓴 실크로드를 통해 수입되던 중국산 도자기는 가격이 엄청날 수밖에 없었다. 그 시대에 도자기를 포장할 에어캡이 있었던 것도 아니고, 그릇을 깨지 않게 옮긴다는 것은 정말 어려운 일이었을 것이다. 도자기에 일일이 진흙을 두껍게 발라 말려 운반한 뒤 물에 씻어냈다니, 그 부피와 무게 하며 다시 씻는 과정에서 깨지는 물량 등을 감안할 때, 중국산 도자기를 소유하고 있다는 것만으로도 부의 상징이었다는 것이 이해가 간다. 유럽 각국 궁정은 중국 도자기의 비밀을 풀기 위해 혈안이 되었다. 특히 물질들을 화합하여 금을 만들고자 했던 연금술사들은 도자기 원료를 배합하는 일에 몰두하였다. 그러다가 1707년, 독일의 마이센에서 아우구스트 2세의 후원을 받던 연금술사 보트거가 마침내 중국 자기의 비밀을 푸는 데 성공하게 된다. 바로 백자의 원료인 하얀 흙 고령토(kaolin)를 발견한 것이다. 이로써 유럽 도자기의 역사는 새로이 시작되었다. 중국적인 것들에 대한 당시 귀족들의 취향을 시누아즈리(Chinoiserie)라고 하며, 왕가의 도자기나 생활 용품 등에서 중국적 요소들을 자주 만날 수 있다.

 중세의 종교화에서 벗어난 뒤, 서양미술은 르네상스 시대부터 근세까지 권력자들을 위한 장식품이 된다. 그들의 권위를 표현하기 위해 완벽한 형식을 중요시하게 된다는 의미이다. 프랑스뿐 아니라 20세기 이전까지의 유럽 예술은 고대 그리스·로마를 이상향으로 삼았다. 특히 로마 문화를 숭배했던 나폴레옹의 권위주의는 신고전주의라는 딱딱한 예술을 낳았다. 주제도 성서와 신화의 테두리를 벗어나지 못했다. 이런 틀에 박힌 형식에 최초로 반발한 그룹이

앵그르, 〈그랑 오달리스크〉, 1814, 루브르

들라크루아, 〈숙소에 있는 오달리스크들〉, 1834, 루브르

19세기 초반의 낭만주의로, 형식보다는 상상력과 극적인 감정, 비대칭과 역동적인 움직임 등을 표현하였다. 프랑스 혁명 이후 새로이 태동하기 시작한 시민계급이 공감할 수 있는 예술이 필요했던 것이다. 클래식보다는 대중가요라고 해야 할까?

낭만주의는 이름 그대로 외국의 문물에 관심이 많았다. 특히 유럽과 보스포루스 해협을 사이에 두고 마주보는 터키는 독특한 아랍의 문화로 많은 예술가들의 환상을 자극하였다. 베토벤이나 모차르트 같은 작곡가들도 〈터키 행진곡〉을 작곡했을 정도니 그 문화의 영향이 어느 정도였는지 가늠할 수 있을 것이다. 배꼽을 드러낸 채 벨리댄스를 추는 아랍 여인들은 아마도 팜므파탈의 이미지로 다가왔을 것이다. 그 중에서도 오달리스크(odalisque)라 하는 여자들은 왕의 시중을 들거나 수청을 드는 후궁이나 노예로, 하렘이라는 집단 거주 지역에 기거했다. 오직 술탄 하나를 위해 온갖 유혹의 기술을 연마하며 때를 기다리던 하렘의 여인들은 아마도 성역 안에 있어 돈으로도 살 수 없는 창녀의 이미지였을 것이다. 남성은 단 한 명도 없는 별채에서 술탄의 어머니와 부인, 딸들까지도 같은 구역에서 살았다니, 그나마 내시라도 있었던 조선시대 궁은 양반이었던 것 같다. 아무튼 왕의 눈에 들기만을 하염없이 기다리는 여인들 사이에서 일어났을 질투와 채워지지 않는 욕망, 경쟁 등은 우리가 상상도 할 수 없을 것이다. 하지만 이런 상황이 유럽의 예술가들에게는 무한한 상상력의 원천을 제공한 것 같다. 게다가 프랑스가 북아프리카의 모로코, 알제리, 튀니지의 아랍 세계로 식민지를 넓혀가면서, 이국적인 여성들에 대한 동경은 마치 폭죽이 터지듯이 예술가들의 상상력을 자극했다.

동방적 에로티시즘에 매료된 화가들은 유파를 가리지 않았다. 이전의 로코코 시대에도 부셰 같은 화가는 풍만하기 짝이 없는 오달리스크의 나체화를 그랬다. 아카데미 학파들도 동방으로 떠났다. 신고전주의 양식의 완벽한 미학을 완성한 앵그르는 동시대의 화가들로 하여금 동양의 신비에 빠져들게 했다. 뇌쇄적인 시선으로 돌아보는 여인의 뒤태와 이국적인 터번, 공작부채와 커튼 등은 오달리스크를 그린 작품 중 최고의 수작으로 꼽힐 만큼 이국적 아름다움이 가득한 그림이다. 결국 낭만주의의 수장이라 불리는 들라크루아도 북아프리카 여행길에 나선다. 훗날 피카소가 들라크루아의 〈알제의 여인들〉을 다른 시선으로 리메이크하지만, 당시 오리엔트 여인을 주제로 한 그림들은 대부분 침대와 여인의 나체, 그리고 이국적인 소품들로 에로티시즘을 짙게 나타내는 그림들이 많다. 때문에 이들이 그린 오리엔탈은 결국 그들이 '상상하는' 오리엔탈이었고, 식민지 여인들에 대한 성적 환상이라는 비판도 있다. 진정한 문화의 전달보다는 '하렘'이나 '여자 노예 시장'같이 자신들이 보고 싶은 부분만을 왜곡되게 부각시킨 면도 없지 않았던 것이다.

들라크루아는 1832년 33살에 국왕의 외교사절단과 함께 모로코와 알제리를 방문한다. 우리나라로 치면 드라마 〈이산〉에 나온 '도화서' 화원과 같은 자격으로 따라간 것이다. 1824년에 사진기가 발명되었지만 아직 실용 단계는 못 되었던 시절이다 보니(탱크만 한 사진기로 사진 한 장 찍는 데, 노출 시간이 여덟 시간이었단다!), 북아프리카의 문물을 자세히 스케치로 기록해 오는 것이 그의 임무였다. 물론 그곳에서는 스케치만 해서 돌아온 후 아틀리에에서 그린 그림들이지만, 이 여행은 들라크루아의 일생을 두고 영향을 미쳤다. 그가 여행에서 돌아와 그린 〈알제의 여인들(Femmes d'Alger dans leur Appartement)〉은 뒤에 오는 거장들이 끊임없이 리바이벌한 주제가 되었다. 야수파의 거장 마티스(Henri Matisse)도 들라크루아를 떠올리며 알제리 여행길에 올랐고 오달리스크를 그렸다. 색과 빛의 생생함이 형태를 부차적인 것으로 만들어 '추상'이라는 현대 예술의 시작을 알리고 있음에도 앵그르나 들라크루아의 오달리스크에 못지않은 나른한 관능을 느끼게 한다. 마티스는 알제 여인의 붉은 슬리퍼를 목을 타고 넘어가는 레드 와인의 맛에 비유하며 환희에 차 말하기도 했다. 그래서인지 결국 빨간 바지를 입은 오달리스크를 그렸다. 1954년 마티스가 죽자 피카소(Pablo Ruiz Picasso)는 가장 친한 친구이자 라이벌을 잃고는 큰 충격과 슬픔에 싸였다. 그리고 15점의 회화와 두 점의 판화를 그렸다. '들라크루아의 〈알제의 여인〉'이란 주제로 재해석한 그림이었다. 피카소의 〈알제의 여인〉은 또다시 1960년대에 리히텐슈타인(Roy Lichtenstein)에 의해 재해석된다.

동방에 대한 환상을 가진 것은 인상파 화가들도 예외가 아니었다. 평생을 여성의 모습에 심취해 살았던 르누아르(Auguste Renoir)가 빠질 수는 없다. 그의 것 같지 않은 초기의 작품도 있고, 르누아르의 작품임이 그대로 느껴지는 토실토실한 오달리스크도 있다.

1860년대 이후 극동 지역, 특히 이제 막 문호를 개방하기 시작한 일본은 프랑스 화가들에게 영감의 원천이 되었다 해도 과언이 아니다. 어찌 보면 미술사에 일대 혁명을 일으켰다고도 할 수 있다. 메이지 유신과 함께 프랑스와 일본의 교류가 활발해지면서 유럽 화가들이 일본의 독특한 예술 세계를 접하기 시작하였는데, 그 중에서도 런던과 파리에서 전시회를 연 우키요에[14] 화가들의 판화 작품들은 무언가 새로운 것에 목말라 있던 젊은 인상파 화가들을 매료

---

[14] 우키요에(浮世絵) | 막부 시대(1603~1867)에 에도 지역에서 흥성한 민간 풍속화. 에도는 교토나 오사카 같은 고도의 전통은 없었지만 신흥 도시로서 활력과 생기가 넘쳤는데, 그 중심은 초닌이라고 부르는 상인·장인 계층이었다. 상공업의 번영을 기반으로 한 막대한 경제력으로 물질생활의 풍요를 누리던 이들 계층의 생활 감각과 미적 욕구를 반영한 새로운 회화 장르가 우키요에이다. 가쓰시카 호쿠사이(葛飾北斎), 우타가와 히로시게(歌川広重), 기타가와 우타마로(喜多川歌麿) 등이 대표적이다.

피카소, 〈알제의 여인들〉, 1955

리히텐슈타인, 〈알제의 여인들〉, 1963

3부
빛의 도시

마티스, 〈자고 있는 오달리스크〉, 1926

르누아르의 〈오달리스크〉, 1870

앵그르의 〈노예와 함께 있는 오달리스크〉를 연상시키는 마네의 〈올랭피아〉

시켰다. 색채와 빛, 선, 구성과 원근법, 게다가 주제까지, 이는 새로운 세계였고, 여기서 그들은 그동안의 갑갑했던 아카데미적 양식을 뒤엎을 길을 찾았다. 컬렉터인 필리프 뷔르티(Philippe Burty)는 이런 혁명적인 흐름에 대해 '자포니즘(Japonisme)'이라는 이름을 붙였다. 유럽에 영향을 준 일본 예술가들은 일본에서는 잘 알려지지 않은 화가들이었는데, 그 시기 일본의 엘리트들이 게이샤, 가부키 배우, 유곽의 여인들, 일상의 풍경 따위를 다루는 이 작가들을 가볍게 여겼기 때문이다. 우리나라로 치면 판화로 대량 생산하는 민화나 춘화 같은 대중문화였던 것이다. 하지만 이 그림들이 유럽에 많이 유입될 수 있었던 것이 바로 대량 생산이 가능해 가격이 비싸지 않은 채색 목판화였기 때문이다. 어찌 보면 유럽의 예술가들이 일본에서는 묻혀버렸을 작품들을 구해냈고, 일본 문화를 유럽에 자리 잡게 하는 데 기여한 셈이다.

〈올랭피아〉에서 마네(Édouard Manet)는 고전적 주제인 나체의 여인을 오달리스크와 같은 동양적 분위기에서 그리고 있다. 1968년에 그린 〈에밀 졸라의 초상화〉에는 일본의 우키요에 그림을 벽에 걸어둔 모습도 보인다. 모네(Claude Monet)는 일본 판화 250여 점을 수집했고, 이 그림들은 현재 지베르니의 별장에 전시되어 있다. 게다가 집의 정원에는 일본식 다리를 만들어 4계절의 변화에 따른 아름다운 풍경을 화폭에 담았다. 일본에 푹 빠진 그는 타는 듯한 붉은색의 기모노를 입고 있는 부인의 초상화를 그리기도 하였다.

반 고흐(Vincent van Gogh)는 그 가난 속에서도 400여 점의 일본 판화를 수집했다. 파리와 프로방스에는 죽기 전 4년간 머물렀을 뿐인데, 아마도 자포니즘에 가장 열광적인 작가였을 것이다. 그는 동생 테오에게 이렇게 쓰고 있다.

내 작업은 일본 작가들의 작품 위에 구성되었어. (……) 일본 예술은 자기네 나라에서

3부
빛의 도시

왼쪽 위부터 시계방향으로
모네가 자신의 부인에게 기모노를 입혀 모델로 그린 그림
지베르니에 소장하고 있는 기타가와 우타마로의 판화
세잔, 〈생트빅투아르 산〉
우타가와 히로시게, 〈후지산〉
가쓰시카 호쿠사이, 〈붉은 후지〉

반 고흐가 그린 〈탕기 영감〉과 마네가 그린 〈에밀 졸라의 초상〉, 모두 뒤쪽 배경에 일본 판화 작품들이 보인다.

는 퇴폐적이라지만 인상파에게는 새로운 뿌리를 내려주었지…….

그는 파리 사무엘 빙의 갤러리에서 판화 재고 더미를 뒤적이느라 오랜 시간을 보내곤 하였다. 〈탕기 영감〉에서 뒤쪽 벽면을 가득 채운 일본 판화들이 반 고흐의 열정을 대변한다. 색과 움직임, 그리고 여기에 인간을 포함한 자연 요소들을 녹여 넣었던 반 고흐는 직관적으로 우키요에 거장들의 의도를 이해하였다. 허무하고 덧없음 속에 작열하며 지나가는 사물의 감성을 잡는 것.

드가 또한 인간의 움직임과 활동을 가장 가식적이면서도 가장 단순하게 표현한 화가이다. 머리 빗는 여인들, 다림질하는 여인들 등 일상의 평범한 제스처들로 망가(Manga: 일본어로 만화란 뜻)적 느낌을 낸 것도 일본 판화의 영향이다. 드가의 추종자 중 가장 유명한 제자는 툴루즈 로트레크(Henri de Toulouse Lautrec)

일 것이다. 다리가 불편했지만 몽마르트르의 카페와 카바레에 드나드는 예술가, 창녀, 손님들을 유심히 관찰하며 프랑스 포스터 예술에 한 획을 그은 그 역시 모네나 반 고흐와 함께 일본 판화에 감탄하였다. 로트레크는 일본 그림 위에 찍힌 도장에서 영감을 얻어 자신의 사인을 만들었다고 한다.

세잔은 프로방스에서 반 고흐를 만났을 때 프로방스의 색에 심취해 있었다. 서로 겹쳐지는 색의 터치에서 얻은 볼륨감으로 엑상프로방스(Aix-en-Provence) 근처의 생트빅투아르(Sainte-Victoire) 산[15]을 화폭에 고정하기 위해 수없이 그린 작품들은 여러 방향에서 후지산을 그렸던 우타가와 히로시게나 가쓰시카 호쿠사이의 후지산 판화 연작을 떠오르게 한다.

고갱(Paul Gauguin)은 우리가 잘 아는 바와 같이 죽을 때까지 폴리네시아의 타히티 섬에서 그림을 그렸다. 날것의 자연, 순수한 원주민 여인들의 아름다움, 강렬한 색채는 아직까지도 프랑스 미술 역사상 가장 이국적인 정취를 남긴 화가들 중 한 사람이다. 이 외에도 피카소가 입체주의 운동에 심취하게 된 데 아프리카의 조각상 등이 커다란 역할을 했다는 것은 잘 알려진 사실이다. 세계를 발견하고 마음대로 여행하기 시작하면서 유럽 인들은 문학과 마찬가지로 회화에서도 오래된 대륙에서 새로운 영감을 받았다. 모든 미술 사조들은 단절되어 하나씩 오는 것이 아니고 나란히 서로 영향을 주고받는다. 여기에 고대 그리스, 중동과 인도, 중국, 일본 그리고 아프리카 등이 새로운 영감을 주는 장소로서의 역할을 한 것이다.

---

[15] 생트빅투아르는 론 강 하류의 폭 5킬로미터, 길이 18킬로미터의 고원으로, 티라노사우루스의 공룡알 화석이 많은 것으로 유명하다.

2.
숲 속의 작은 마을
바르비종으로

    파리 남쪽의 오를리 공항에서 남동쪽으로 65킬로미터 정도 달리면 루브르, 베르사유와 함께 프랑스 국왕들이 머물던 작은 도시 퐁텐블로에 도착한다. '아름다운 물이 나오는 분수'라는 예쁜 어원을 가진 이름이다. 퐁텐블로의 왕궁은 루브르나 베르사유의 화려한 위용과는 또 다른, 왕족의 우아함을 자랑하는 듯한 짜임새 있는 자태가 방문객의 마음을 끈다. 특히 내가 이 성에서 가장 마음에 들었던 부분은 16세기 말에 만들어진 정면의 르네상스식 계단이다. 금방이라도 왕관을 쓴 왕과 왕비가 긴 망토 자락을 끌며 내려올 것만 같은 우아한 이 계단은 그 모양 때문에 '말발굽 계단(Escalier fer à Cheval)'이라고 불리며, 이를 모방한 다른 성들의 계단도 많다. 그러고 보니 미스코리아 등 미인대회 때 미녀들이 아름다운 이브닝드레스를 입고 내려오는 계단도 이것을 본떠 만든 모양이다.

    중세부터 700여 년간이나 왕가의 위엄을 지켜온 퐁텐블로 성인데, 어찌 된 일인지 이곳에서 나는 태생이 성골이었던 화려한 왕들보다 나폴레옹이 가장 먼저 생각난다. 이탈리아 땅이었던(나폴레옹이 태어나기 바로 전 해에 프랑스령이 되었지만) 작은 섬 출신의 평범한 군인이 로마에 버금가는 제국의 황제가 되기까지의 드

밀레의 아뜰리에로 돌아가는 모퉁이

라마틱한 신화와 몰락이라는 비애가 마지막으로 새겨진 계단이기 때문일까? 1814년 패전한 나폴레옹은 이 퐁텐블로 성에서 그가 지배했던 모든 제국을 포기하는 조약에 서명한다. 그에게 남은 것은 엘바 섬 자치구밖에 없었다. 그리고는 1814년 4월 20일 엘바 섬으로 떠나는 날, 퐁텐블로 성의 이 계단에서 자랑스러운 황제근위병들에게 황제로서의 마지막 인사를 고하는 의식을 치렀다. 그래서 이 계단의 앞뜰 이름은 원래 '백마의 뜰(La Cour du Cheval Blanc)'인데 나폴레옹을 기억하며 '안녕의 뜰(La Cour des Adieux)'이라고 부르기도 한다.

이 도시 주위로 11세기부터 프랑스 왕가의 영지였던, 2만8,000헥타르에 달하는 광대한 숲이 펼쳐진다. 특히 프랑수아 1세와 루이 14세 때 광범위하게 개발되었는데, 특히 레오나르도 다빈치를 프랑스로 불러들였던 프랑수아 1세는 사냥을 즐겨 퐁텐블로 숲을 좋아했다고 한다. 그들은 이 끝없는 숲 속을 말을 타고 달리며 사냥을 즐겼을 것이다. 이런 왕족들의 생활이 몸에 배지 않았던 군인 나폴레옹 1세도 이 숲의 아름다움에 매료되어 조제핀과 함께 퐁텐블로 성에 머무는 것을 즐겼다. 지금도 이 숲은 자연경관이 좋고 동식물군이 다양하기로 유명해 주말이면 파리지앵들이 가장 많이 찾는 장소이다. 순록과 멧돼지까지 있다니, 숲에서 길을 잃지 않도록 조심하시라. 현재는 퐁텐블로에서 멀지 않은 숲에 골프장도 있고 말을 타는 코스나 트레킹 코스도 마련되어 있다.

이 퐁텐블로에서 지방도로를 타고 북서쪽으로 숲을 16킬로미터쯤 달려야 바르비종에 도착한다. 버스도 하루에 두 번밖에 없고 기차역도 없는 숲 속의 외딴 마을. 이곳에서 그림을 그리고 생을 마감한 밀레(Jean François Millet)를 만날 수 있다. 그가 사용하던 아틀리에는 지금 작은 박물관이 되어 사람들을 맞이한다. 내가 이곳을 찾은 때는 점심시간이어서 아담한 문은 굳게 닫혀 있었다. 부근에 부부가 운영하는 앙증맞고 예쁜 이탈리아 레스토랑이 있기에 점심도 먹을 겸 피자와 스텔라아르투아 맥주를 시켰다. 주인 여자는 프랑스 사람인데 주인 남자가 이탈리아식 발음으로 프랑스 어를 하기에, 이 시골에서 본토식 피자를 먹나 보다 생각했지만 완전 오산이었다. 아마도 전문 요리사라기보다는 프랑스 여자랑 결혼한 이탈리아 남자가 어깨너머로 배운 솜씨로 장사를 하는 것 같았다. 하지만 유럽에서 마시는 맥주는 항상 싸고도 맛있다. 와인도 태어난 고장에서 마시면 신선도 100퍼센트라 맛이 확연히 다르지만, 맥주는 특히나 신선함이 생명인 것 같다. 독일에는 '태어난 곳에서 40킬로미터 이상 여행한 맥주는 마시지 말라'는 말까지 있다니 말이다. 다시 어슬렁어슬렁 아틀리에로 걸어가는데, 저 앞에 열쇠꾸러미를 들고 가는 아주머니 한 분이 있다. 밀레 아틀리에의 관리인이었다. 기막히게 시간이 맞아떨어졌다.

3부
빛의 도시

　밀레의 아틀리에는 관리하는 아주머니만큼이나 소박했다. 빼꼭히 쌓여 있는 물건들 사이로 한국어로 번역해 놓은 안내물(팸플릿이 아닌 A+용지에 프린트한 것이지만)도 보인다. 밀레가 유명하긴 하지만 이런 숲 속 마을에서 한국어 번역본을 만나니, 우리나라 배낭여행족들이 대단한 열정을 가지고 있다는 생각이 든다. 외국 한번 나가려면 소양 교육인가를 몇 시간 받고, 동유럽에 한 번 갔다 와서는 안기부에 들어가 보고서까지 썼던 나의 유학 시절에 비하면 요즘 젊은이들은 많은 것을 누리고 사는 것 같다. 이런 좋은 조건을 가지고 좀 더 넓은 마음으로 세계를 가슴에 안으면 좋으련만, 외모, 학벌, 취업 따위에 눌려 정말 중요한 것은 놓치고 사는 것은 아닌지 하는 생각이 든다. 가난해도 숲 속에서 그림만 그리며 살아갈 수 있는 세상은 이제 사라지고 없는 걸까? 현대 자본주의사

밀레, 〈만종〉, 1857~1859

3부
빛의 도시

회에서 그런 사람은 '보헤미안'이나 '알려지지 않은 천재'보다 '낙오자'로 더 많이 불리니 말이다.

1858년에 밀레가 이 바르비종의 들판에서 그린 〈만종(L'Angélus)〉은 아마도 레오나르도 다빈치의 〈모나리자〉 다음으로 잘 알려진 작품일 것이다. 들판에서 감자를 추수하던 부부가 멀리 교회에서 하루에 세 번 울리는 종소리에 일손을 멈추고 두 손 모아 기도를 하는 모습이다. 당시 프랑스는 가톨릭 국가로서, 각 교회에서는 매일 새벽 6시, 정오, 저녁 6시, 이렇게 세 번 종을 울려 마리아에게 기도하는 시간을 알렸다. 밀레는 사실주의와 섬세한 기법으로 자기가 살던 시대 전원의 풍경과 동시에 농민 대중의 이 경건한 신앙심을 종교적 색채 없이 담담하게 표현하고자 하였다. 이 그림은 19세기와 20세기에 많은 화가들이 자기 스타일대로 재해석하여 다시 그리곤 하였는데, 살바도르 달리(Salvador Dalí)는 특히 이 그림을 좋아해 『밀레 만종의 비극적 신화』라는 책까지 쓸 정도였다. 그는 자칭 천재답게 저서도 여러 권 썼다. 1938년에 달리는 이 그림 속 농부들이 감자를 추수하다가 만종기도를 올리는 것이 아니라 작은 관 앞에 모여 있는 것이라고 써서 논란이 되었다. 게다가 무슨 변태적 상상력인지, 몸을 굽히고 있는 여인은 뒤에 있는 수레나 남자에게 항문성교를 당할 것이라고 말해 사람들을 경악하게 하였다. 워낙 기이하고 떠들썩한 달리인지라, 모두 초현실주의자 달리가 사실주의 화가가 그리려 했던 것과는 아무 상관도 없는 망상의 나래를 펴고 있다고 일축해 버렸다. 그러나 달리는 1963년 루브르에 이 그림의 X선 촬영을 강력히 요청하였고, 그 결과 처음 밀레가 그린 밑그림에 실제로 어린아이의 관이 숨겨져 있음이 밝혀졌다. 달리는 정말 천재인 걸까? 아님 투시력이라도 있는 것인지……. 정말 미스터리하다.

우리에게 밀레나 코로의 풍경화는 가슴 따뜻한 정서를 일으키는 친

3부
빛의 도시

퐁텐블로 성 뒤쪽의 호수와 그 가운데 있는 정자

3부
빛의 도시

숙한 그림이지만, 19세기 초에 이런 그림은 대중에게 감동을 주지 못하였다. 당시 미학의 잣대는 다비드(Jacques-Louis David)를 중심으로 한 신고전주의(Neoclassisism)에 고정되어 있었고, 이러한 아카데믹한 전통 주변으로 제리코(Théodore Géricault), 들라크루아, 앵그르 등이 형식화된 낭만주의로 세를 넓혀가고 있었다. 그러던 1824년, 파리의 살롱전에 영국 화가 존 컨스터블(John Constable)의 작품이 몇 점 전시되었는데, 그의 전원적 풍경화는 젊은 화가들에게 커다란 감명을 주었다. 드라마틱한 신화적 그림에 염증을 느낀 이들은 그 시대의 형식주의를 내던지고 자연에서 받은 자신의 영감을 표현하고자 하는 열망에 사로잡힌다. 복잡하고 정세가 어지러운 파리를 떠나 이 화가들은 곧 퐁텐블로 숲의 외진 마을 바르비종에 모이기 시작하였고, 자유롭게 컨스터블의 감각의 세계로 빠져든다. 이들을 주도한 사람은 코로(Camille Corot), 밀레, 루소(Théodore Rousseau), 도비니(Charles François Daubigny) 등이었고, 뒤프레(Jules Dupré), 디아즈 드라페냐(Diaz de la Peña), 트루아용(Constant Troyon) 등도 합세하여 '바르비종의 일곱 별'이라고 불린다. 일종의 언더그라운드를 형성한 것이다. 〈세상의 시작〉이라는 누드화를 그려 유명해진 쿠르베(Gustave Courbet)도 이 그룹을 드나들었다(오르세에서 실제로 이 그림을 보면, 포르노그라피 사진 같은 클로즈업이 현대인인 내가 보아도 센세이셔널하다. 하지만 제목 자체가 엄청 철학적이라 숙연해지니, 예술과 외설은 그야말로 백지 한 장 차이다).

그러나 바르비종에 모인 화가 그룹은 대자연 속에서 그림을 그리고 서로 우정으로 교류했을 뿐 스승이나 리더가 있었던 것은 아니고, 자기의 관심에 따라 숲, 인간, 식물들을 각자 나름의 화풍으로 표현하였다. 밀레는 자연과 어우러진 소박한 인간을 주로 그렸고, 친구인 코로는 빛에 따라 변화하는 자연의 풍경을 따뜻한 시선으로 화폭에 옮겼다. 자연을 왜곡하고 이상화하여 상상화를 그려내는 낭만주의나 고대에서 빌려 온 소재로 권력을 찬양하는 신고전주의에 반해, 각자 개성이 다른 화가들이 퐁텐블로 숲에서 영감의 원천을 발견하고 자연을 그 자체로 표현하는, 사실적 자연주의를 지향한 화가들의 모임이라는 표현이 맞을 것 같다. '바르비종 파'라는 이름이 붙은 것도 프랑스보다는 오히려 영국에서였다. 스코틀랜드의 비평가 톰슨이 1890년에 'The Barbizon School of Painters'라는 제목으로 원고를 쓴 것이 시초가 되었다.

    이곳에 모여든 화가들은 아틀리에에서 작업하는 것이 아니라 화판을 들고 직접 자연 속으로 뛰어들었다. 튜브 물감의 발명도 여기에 큰 영향을 미쳤다. 그 전까지의 화가들은 돌가루를 개어 안료를 직접 만들어 작업했기 때문에 아틀리에를 떠날 수 없었다. 풍경화의 경우도 스케치만 야외에서 할 뿐 채색 작업을 위해서는 아틀리에로 돌아와야 했다. 그러나 산업 발달과 더불어 그림을 그리는 환경도 바뀌어갔고, 이 안에서 새로운 시도를 하는 젊은 화가 그룹이 생겨나게 된 것이다. 결국 모든 예술은 시대를 반영하게 마련인 것이다. 바르비종 화가들이 지향한 '들판의 공기를 마시며 자연 그 자체를 표현하는 것', 이는 바로 뒤에 올 인상주의 화가들에게 직접적으로 영향을 준다.

3.
영원한 향수,
몽마르트르 언덕

파리의 카페는 우리나라 말로 옮기면 다방이나 커피숍이 아니라 오히려 주점에 가깝다고 할 수 있다. 커피도 팔지만 간단한 알코올류도 함께 취급한다. 맥주나 와인도 있고 여러 가지 독주를 잔으로 마실 수도 있다. 담배도 슈퍼마켓이나 길거리 아무 데서나 살 수 있는 것이 아니라 카페에서만 취급하는데, 이런 카페들에는 '타바(tabac)'라는 간판이 붙어 있다. 수많은 소재와 정보가 넘쳐흐르는 풍족한 이 시대의 작가들에게는 카페가 더 이상 그다지 매력적인 장소가 아니지만, 별다른 오락이 없었던 지난 세기 세대들에게 카페는 화려한 파리의 이면을 비추는 거울과도 같은 역할을 했다. 인생의 단면들이 스쳐 지나가는 기차역 플랫폼 같다고나 할까?

특히 가난한 초짜 화가들이 많이 몰려 살던 몽마르트르는 예술사에 길이 남을 추억을 간직한 동네이다. 지금은 각종 건물들이 들어차 옛 모습을 확인할 길이 없지만, 지난 세기 초까지만 해도 전원의 모습을 간직하고 있었다. 언덕 위 듬성듬성 허름한 아틀리에와 하숙집들 사이로 풍차 방앗간들이 밀이나 포도, 또는 수공업에 필요한 재료들을 찧어주었고, 주민들은 언덕의 밀밭과 포도원 사이를 산책하곤 했다고 한다. 비교할 수는 없지만, 지금은 입시학원과 상

3부
빛의 도시

몽마르트르의 골목 사이로 보이는 사크레쾨르 성당의 돔

업의 거리가 되어버린 홍대 앞 옛 화실 거리 같다고 할까?

　80년대에 학교를 다닌 나는 미대생 친구들이 많았다. 그들이 가난하게 운영하던 창고 화실을 드나들며 그림을 배우던 나는 한동안 이들만의 독특한 4차원적 세계에 심취한 적이 있다. 지금도 산울림극장 길을 따라 걷다 보면 이 시절의 불안한 젊음, 광기 어린 열정 등이 다시 스멀스멀 기어 나오는 것만 같다. 그 옛날 몽마르트르도 이런 느낌이었을까? 생에 대한 열정은 깊지만 미래는 불투명하고 현실이 요구하는 예술은 거대한 세력에 의해 이미 결정되어 있는……. 그래서 술을 마시고 밤새워 대화를 하고, 그러다 휴학하고 군대에 가버리곤 했던? 몽마르트르를 생각하면 홍대 앞의 젊은 얼굴들이 떠오르고, 그 시절의 계단집, 예맥화실, 어둠침침했던 미대 건물들이 아련히 뇌리를 스친다.

　몽마르트르는 특히 인상파 화가들의 산실이었다. 인상파가 전통 화법에

몽마르트르의 카페 거리

반하여 새로운 흐름을 일으킨 젊은이들의 집단이라는 것은 누구나 아는 사실이다. 당시 파리의 화단이 원했던 정밀한 그림을 그리지 않고 전혀 성의 없이 툭툭 그려내는(실제로 당시 전통주의 화가들은 이들의 그림을 이렇게 표현했다. 하지만 툭툭 그리다니! 세잔은 고작 인물 한쪽 면을 완성하기 위해 모델을 여덟 시간씩 앉혀놓고 관찰해 가며 그렸다) 인상파의 그림이 잘 팔릴 리가 만무했다. 그래서 이들은 집세가 가장 싼 이 몽마르트르 산동네로 몰려들었던 것이다. 인상파의 수장이었던 마네는 당시 몽마르트르의 바티뇰(Batignolles) 가 34번지에 살고 있었는데, 아틀리에에서 불과 몇 미터 거리인 카페 게르부아(Guerbois)[16]를 아지트 삼아 매주 금요일 모임을 주관했다. 르누아르, 드가, 바지유(Jean Frédéric Bazille), 사진작가 나다르(Nadar) 그리고 지베르니에서 온 모네, 퐁투아즈에서 온 피사로(Camille Pissarro), 시슬레(Alfred Sisley) 등이 여기에 합세하였다. 인상파를 지지하던 의사 가셰 박사(Dr. Gachet), 기요맹(Armand Guillaumin) 등도 왔고, 프로방스에 있던 세잔이나 반 고흐도 파리에 올 때면 이곳에 들르곤 했다. 세잔의 친구였던 문학가 에밀 졸라(Emile Zola)는 이 모임에 열심이었는데, 자연주의 문학을 지향했던 그는 모네의 '야외학파(Ecole en Plein Air)'를 자신의 문학 세계에 비유하였다. 모든 예술 분야가 서로 연합하여 하나의 "주류"를 형성해야 한다는 것이 그의 생각이었다.

꿈에서도 본 적 없지만, 나는 이들의 모임을 마치 영화 보듯 눈에 선하게 상상할 수 있다. 말 잘하고 자기주장 강하기로 이름난 프랑스 인들인데, 예민한 데다 술까지 한잔 걸친 예술가들의 토론은 볼 만했을 것이다. 돈이나 겉치레적인 미소보다는 자기의 세계가 더 중요한 이들이 자신의 주장을 굽힐 리가 만무했다. 특히 좋은 집안의 아들이었던 마네는 누가 반론을 제기하는 데 민

---

[16] 현재 클리시 가 11번지로 바뀌었는데, 카페는 없어지고 카페의 역사를 담은 조그만 현판만 남아 있다.

감했다고 한다. 어떤 경우에는 상처를 입힐 정도의 결투도 불사했다. 물론 그 이후에 더 돈독한 우정으로 서로를 다독였지만. 1861년에서 1870년 사이 세잔은 엑상프로방스와 파리 사이를 수없이 왕복하였는데 가끔 르누아르를 따라 이곳에 왔다. 유독 숫기가 없어서 별말이 없던 그는 한구석에 앉아 사람들이 하는 이야기를 조용히 듣고만 있었다. 그러다 어떤 말에 한번 자극을 받으면 갑자기 격렬한 어조로, 그것도 강한 프로방스 사투리로 숨도 쉬지 않고 말을 쏟아냈다. 그러고는 자기 분을 못 이겨 밖으로 뛰쳐나가곤 했다고 한다. 그러나 세잔의 예민한 성격을 아는 사람들은 그를 너그러이 이해했다. 반면에 충동적이고 신경이 날카로운 데다 말이 많았던 르누아르에 대해서는 사람들의 호불호가 양분되었다.

1863년 아카데미의 살롱전에 마네가 〈풀밭 위의 식사〉를 출품했을 때 파리의 전통 미술계는 떠들썩했다. 지금 보면 별것도 아닌데, 이 작품이 외설이냐 예술이냐로 찬반양론이 갈린 것이다. 사실 그 전에도 나체화는 많았는데 유독 마네의 그림이 도마에 오른 이유는, 신사복을 입은 두 남자들과 풀밭에 앉아 식사를 하는 나체 여인의 모습이 너무도 세속적인 여성의 모습이었기 때문이다(모델은 〈올랭피아〉와 마찬가지로 당시 화가들과 동거하면서 모델이 되곤 했던 빅토린 뮐랑이다). 먼 세계인 신화나 성서에서 따온 이상적인 여성이 아니라 일상 속의 여성 나체는 너무 사실적이어서 도발적이라는 것이다. 결국 이 작품은 외설로 판정되어 낙선했고 전시되지 못했다. 같은 해에 이 전통 미술전에서 낙선한 미술가들의 원성을 진정시키기 위해 패자부활전이 열렸는데, 여기에 걸린 마네의 작품이 센세이션을 일으키게 된다. 아카데미의 전통을 싫어하는 모든 이들이 마네의 주위에 모여들었고, 그는 새로운 흐름의 수장이 되었다. 비주류의 모임이 시작된 것이다.

마네, 〈풀밭 위의 식사〉, 1863

몽마르트르의 벌집 같은 아틀리에 대신 이들은 넓은 카페에서 모임을 열었다. 각 카페를 중심으로 선생과 학생들이 모이고, 같은 예술 세계를 지향하는 사람들끼리 뭉쳤다. 일종의 동호회라고나 할까? 더욱이 전통주의자들처럼 신화나 성서에서 소재를 가져오는 것이 아니라 일상의 느낌을 그림으로 표현하는 이들에게, 많은 사람들이 드나드는 카페는 더없이 풍부한 소재를 제공했다. 화구를 싸 들고 야외(en plein air)로 나가지 않을 때는 카페를 드나드는 수많은 인간상들을 그렸다. 관능적인 무희, 미래를 꿈꾸며 고되게 일하는 웨이트리스, 혼자서 술 마시는 외로운 인간, 유혹의 순간들……

반 고흐가 초상화를 그린 그 유명한 탕기(Père Tanguy) 영감도 이 근처에 살았다. 탕기 영감은 몽마르트르 거리에서 인상주의 화가들에게 거의 아버지 같

은 존재였다. 그는 실의에 가득 찬 가난한 화가들을 격려하고, 배가 고프면 먹을 것을 나누어주고, 자신의 작은 가게에서 이들의 그림을 팔아주기도 했다. 화구나 물감에 지불할 돈이 없을 때에는 그들이 그린 그림과 바꾸어주었다. 때문에 탕기 영감은 세상을 뜰 무렵 피사로, 고갱, 반 고흐, 세잔, 쇠라, 기요맹 등의 작품을 엄청나게 많이 소장하고 있었다. 물론 당시에는 거의 시세가 없는 그림들이었지만……. 파리에서 세잔의 그림을 볼 수 있는 유일한 곳도 바로 탕기 영감의 가게였다. 세잔이 반 고흐와 공식적으로 교류하기 전 탕기 영감의 가게에서 우연히 마주쳤다고 한다. 이 만남에서 둘은 별 호감을 못 느꼈다. 까칠한 세잔은 반 고흐의 그림을 보며 너무도 솔직히 말했다. "당신은 정말 미친 사람처럼 그림을 그리는군요"라고! 정말 맞는 말이다.

사샤 기트리(Sacha Guitry)는 자신의 책에서 클로드 모네가 한 이야기를 전하고 있다.

반 고흐는 탕기 아저씨의 멋진 초상화를 완성했지. 탕기 아저씨는 마르티르(Martyrs)가의 물감 장수였어. 가게가 비좁다 보니 진열창이 너무 작아 동시에 그림 두 개를 걸 수 없었어. 우리는 거기에서부터 전시를 시작했다네. 월요일에는 시슬레, 화요일에는 르누아르, 수요일에는 피사로, 나는 목요일, 금요일에는 바지유, 그리고 토요일에는 용킨트(Johan Barthold Jongkind)가 캔버스를 걸었어. 자기 그림이 걸린 날에는 탕기 아저씨의 상점에서 하루 종일 보내는 거야. (……) 어느 목요일, 탕기 아저씨와 가게 문 앞에서 수다를 떨고 있는데, 아저씨가 저쪽 길에서 걸어 내려오는 키 작은 남자를 손가락으로 가리켰지. 바로 도미에[17]였어. 내가 그토록 찬양하는……. 그가 혹시나 내 그림 앞에 멈추지 않을까 하는 생각에 내 가슴은 마구 뛰기 시작했고, 나는 아저씨랑 얼른 가게 안으로 들어갔지. 아저씨와 나는 커튼 뒤에 숨어 그 위대한 인간을 훔쳐보았어. 도미에는 진열장 앞에 멈추었고 내 그림을 찬찬히 보았지. 그리곤 입을 비죽거리더니 한쪽 어깨를 한번 으쓱해 보이곤 이내 가버리더군. 이날은 내 생애 가장 슬픈 날이었다네.

탕기 영감은 원래 '에두아르 고티에(Edouard Gautier)'라는 상점에서 수채화 물감을 혼합하던 직공이었는데, 이 상점이 팔리면서 일터를 잃자 언덕 위 호텔에서 관리인으로 일하게 되었다. 가진 기술이 물감 섞는 일이라, 화구 가게를 운영하며 틈틈이 물감을 만들어 등에 지고는 하루에도 몇 번씩이나 주변 아틀리에를 오르내리며 팔곤 했다. 현재처럼 물감이 공업화되지 않았던 시대에 각 상점의 독특한 물감들은 나름의 고객층을 가지고 있었다. 예들 들어 마네가 엔캥(Hennequin) 상점의 물감을 주로 사용했다면 르누아르는 뮐라르(Mullard) 상점의 물감을 주로 사용하는, 그런 식이다. 반 고흐처럼 색다르고 좀 더 강렬한 물감을 원하는 화가들이 탕기 영감의 고객이었다. 반 고흐가 권총 자살로 37살의 삶을 마감한 얼마 후, 한 비평가가 몽마르트르 거리의 화방들을 전전하다 탕기 영감의 가게에서 반 고흐의 정물화를 한 점 발견했다. 얼마냐고 묻자 탕기 영감은 공책을 뒤적뒤적하더니 "42프랑이오"라고 했다. 비평가가 "왜 40프랑이나 50프랑이 아닌 42프랑을 부르는 것이오?"라고 묻자 그는 대답했다. "그 불쌍한 반 고흐가 죽기 전 내게 빚진 액수요. 42프랑… 이제 갚았구려."

지금의 몽마르트르는 언제나 관광객으로 몸살을 앓는다. 아직 남아 영업을 하고 있는 옛 카페에서는 언제부터인가 벨기에식 홍합요리와 감자튀김에 맥주를 팔고, 예술 대신 상업만이 남았다. 대부분이 일방통행인 좁은 골목엔

[17] **도미에**(Honoré Daumier, 1808~1879) | 당대의 정치를 풍자한 캐리커처로 유명했고, 조각 및 회화로도 명망 있었던 프랑스 화가.

반 고흐, 〈탕기 영감〉, 1887

주차 공간도 없고, 휴일에는 아예 경찰들이 진입로를 막아 언덕 밑에서부터 수십 개의 계단을 올라가야 한다. 그래도 차로 언덕을 빙빙 돌다 보면 거의 정상에 있는 몽마르트르 박물관이나 라팽 아질, 라본 플랑케트 등의 유서 깊은 카페 근처에서 운 좋게 자리를 발견할 수도 있다. 요즘은 언덕 아래에서부터 관광용 미니 기차가 다녀 한결 편리해졌다.

몽마르트르 언덕 위의 테르트르(Tertres) 광장은 파리에서 가장 작은 광장 중 하나인데(광장이란 이름이 무색하다), 내가 유학할 당시만 해도 무명의 화가들이 그 자리를 빼꼭히 차지하고 있었다. 그러나 세월이 지난 지금은 광장 전체가 간이 레스토랑들로 가득 차, 주변에만 몇몇 화가들이 그림을 그리고, 자리가 없는 신참들은 배회하며 관광객들과 흥정을 한다. 이곳 화가들은 이제 생존의 위협을 느낀다고 한다. 이틀에 하루씩 이들이 영업을 하는 약 1제곱미터 남짓의 자리는 공짜가 아니다. 1983년부터 1년에 80유로의 임대료를 파리 시에 지불해 왔는데, 지난 2009년 9월, 이 지역 구의회가 연간 임대료를 277유로로 346퍼센트나 인상한다는 법안을 낸 것이다. 모든 수익이 현금으로 들어와 화가들이 도무지 얼마나 버는지를 알 수 없기 때문이라는 설명이다. 이에 몽마르트르의 예술가 연합은 법원에 호소하고 서명운동을 벌이고 있다. 전 세계적 불황으로 그림 가격은 내렸고, 경쟁이 치열하니 공급은 과잉이다. 사람들도 이제는 옛날만큼 몽마르트르의 추억을 기억하지 못한다. 그저 관광차 와서 둘러보고 먹고 마시고 가는 것이다. 떠나가는 예술가들이 많아지고 있다. 예술 없는 몽마르트르는 아무 의미가 없을 텐데……. 화가들은 돈 문제를 떠나서, 옛날의 낭만은커녕 자신들이 길거리 군밤 장수나 핫도그 장수만도 못한 취급을 받는 현실에 상심하고 있다.

지난 세기의 흔적을 너무 기대하면 실망하겠지만, 그래도 나는 파리에 가면 몽마르트르를 찾는다. 그리고 그 이름만으로도 그곳은 여전히 매력적이다.

몽마르트르의 박물관

몽마르트르 박물관(Musée de Montmartre)
고문서, 그림, 판화 등 지난 세기 몽마르트르의 모습을 돌아볼 수 있는 곳. 앞의 언덕에는 몽마르트르 포도밭이 펼쳐져 있다. 해마다 열리는 재즈 페스티벌 때 음악가들을 초청해 정원에서 재즈 연주회를 하기도 한다.
주소 12, rue Cortot 전화 01 49 25 89 37

막스푸르니 예술박물관(Musée d'Art naif Max Fourny)
막스 푸르니의 다양한 색의 세계를 감상하며, 케이크와 함께 이국적인 차를 마실 수 있는 곳. 어린이를 위한 일러스트라면 안의 책방도 흥미를 끌 것이다.
주소 2, rue Ronsard 전화 01 45 58 72 89

유대인 박물관
주소 42, rue des Saules 전화 01 42 57 84 15

로맨틱 인생 박물관(Musée de la Vie Romantique)
주소 16, rue Chaptal 전화 01 48 74 95 38

에로티시즘 박물관(Musée de l'Erotisme)
주소 72, bd de Clichy 전화 01 42 58 28 73

툴루즈로트레크의 공간(Espace Toulouse-Lautrec)
주소 11, rue A. Antoine 전화 01 42 23 39 65

몽마르트르-달리 공간(Espace Montmartre-Dali)
테르트르 광장 뒤쪽에 위치. 지하에 살바도르 달리의 주요 판화와 조각 등이 전시되어 있다.
주소 11, rue Poulbot 전화 01 42 64 40 10

카바레

물랭 루주(Le Moulin Rouge)
주소 90, bd de Clichy

라팽 아질(Au Lapin Agile)
주소 22, rue des Saules 전화 01 46 06 85 87
홈페이지 http://www.au-lapin-agile.com/
공연 21:00~2:00, 음료 제공
공연 요금 성인 €24, 학생 €17(토요일은 학생할인 없음)
휴무 월요일

티르부숑(Le Tire-Bouchon)
주소 9, rue Norvins

셰 미추(Chez Michou)
주소 80, rue des Martyrs 전화 01 46 06 16 04
홈페이지 http://www.michou.com/
식사+공연 €105~130

누벨 에브(La Nouvelle Eve)
주소 25, rue Fontaine 전화 01 75 43 88 86
홈페이지 http://www.lanouvelleeveparis.com/fr/

셰 마 쿠진(Chez ma Cousine)
진짜 카바레 공연을 볼 수 있다.
주소 18, rue Norvins
식사+공연 €53~72

4.
압생트에 젖다

프렌치 캉캉과 샹송으로 유명한 물랭 루주, 샤 누아르(Le Chat Noir), 라팽 아질……. 19세기 파리의 벨 에포크(la belle époque : 아름다운 시절)를 장식하던 몽마르트르의 향수 어린 카바레 이름들이다. 이 시절, 흥청거리던 파리에는 새로운 카바레와 카페들이 많이 생겨 파리에만 3만 개 정도에 이르렀다. 카바레 하면 당연히 술을 파는 곳인데, 당시 메뉴의 주종은 무엇이었을까? 흔히 와인을 생각하겠지만, 의외로 '압생트(absinthe)'라는 우리에겐 다소 생소한 독주가 가장 인기 있었다. '초록색 여인(verte)' 또는 '초록 요정(fée verte=green fairy)'이라는 유혹적인 이름을 가진 이 초록빛의 압생트는 당시 파리의 퇴폐적 분위기에서 모든 파리지앵을 매혹시켰다. 1870년 프로이센이 프랑스를 침공하기 전까지, 나폴레옹 3세 시대는 압생트의 황금기였다. 일과가 끝나는 오후 5시를 '초록색 시간(heure verte)'이라 하였는데, 현대와는 달리 열악한 주거 시설에 살던 파리의 서민들이 너도나도 거리의 카페로 나와 달콤한 압생트에 빠져들었기 때문이다. 압생트 중독자가 늘면서 자살이나 총기 사고 등이 점점 사회문제로 대두되자 20세기 초 유럽뿐 아니라 미국에서도 "악마의 술"이라 하여 판매가 금지되었고, 지금은 정확한 제조법이 전설 속에 묻혀버렸다. 현재 금지

빅토르 올리바, 〈초록 요정〉, 19세기 말, 프라하의 카페 슬라비아

된 약초는 제외한 채로 미국이나 스위스에서 재현되고 있지만, 이 시대와 동일한 레시피는 아닌 것으로 알고 있다(프랑스는 생산은 하나 아직 국내 판매는 금지된 상태라 수출만 한다고 한다). 한국에서 쉽게 구할 수 있는 것 중 약간 비슷한 것이 페르노 리카르(Perno & Ricard) 등에서 수입되는 '파스티스(Pastisse)'인데, 우리나라 사람 입맛에는 향이 영 낯설다. 중국요리 오향장육에 들어가는 팔각 향이라고 생각하면 되겠다.

압생트는 마시는 작업부터가 매혹적이다. 일단 그 알코올 도수부터 70도가 넘어 범상치가 않다. 이 독한 압생트를 잔에 붓고는, 예술적 문양으로 구멍이 뚫린 납작한 스푼을 얹은 뒤 그 위에 각설탕을 한 조각 얹는다. 그러고는 차가운 얼음물을 한 방울씩 설탕 위에 떨어뜨리는 것이다. 마치 커피를 드립(drip)하듯, 오랜 시간을 기다린 뒤에야 마실 수 있다[18](더 자세한 과정이 궁금하다면 베를렌Paul Verlaine과 랭보Jean Rimbaud의 동성애를 다룬 영화 〈토탈 이클립스〉를 보기 바란다). 설탕물은 초록

---

[18] 스푼 위의 각설탕에 불을 붙여 녹인 후 캐러멜이 되면 이를 압생트에 넣어 저어가며 마시기도 하는데, 이는 현대에 와서 여러 가지 칵테일의 음용법을 혼합해 만든 방식이다.

색 액체 속으로 아주 천천히 떨어지며 오묘한 우윳빛으로 변해 퍼진다. 색의 변화뿐 아니라, 신부가 영성체를 준비하는 듯한 제식적 분위기는 감성을 자극하기에 충분하다. 손등에 소금을 얹어 핥아가며 마시는 데킬라의 라틴적 관능에 비하면 육감적이기보다는 뭔가 비교(秘敎)적인 신비로움이 있는 것이다. 아름다우면서도 자꾸 변화하는 초록색, 위험하고도 뭔가 유혹적인 느낌… 특히 약간의 각성제 성분이 압생트를 더욱 로맨틱하게 만들었다. 그렇게 압생트는 반 고흐, 툴루즈 로트레크, 베를렌, 랭보, 보들레르, 오스카 와일드, 에드거 앨런 포, 피카소, 헤밍웨이 등 당대 모든 예술가들의 광기 어린 보헤미안적 삶 속으로 녹아들었다.

압생트에 중독된 예술가 중 제일 극적인 인물은 아마도 로트레크와 반 고흐일 것이다. 남프랑스 알비(Albi)의 부유한 귀족 집안 출신의 툴루즈 로트레크는 돈이라면 평생 쓰고도 남을 갑부였다. 하지만 치명적인 유전병으로 어릴 때 하체의 성장이 멈추어버려, 상체는 완전한 성인이지만 하체는 거의 발달하지 못해 키가 140센티미터를 간신히 넘는 왜소증 장애인이었다. 인상주의 화가들이 풍경화를 그리기 위해 파리 근교로 노르망디로 쏘다니던 것과는 달리, 걸음걸이가 불편했던 로트레크는 밝은 햇빛의 세계와는 단절된 채로 살았다. 부유함도 그의 삶은 구원해 주지 못했고, 자신을 학대하며 몽마르트르의 어두운 밤의 세계에 갇혀 살았다. 그나마 로트레크가 가장 편안하게 생각했던 것은 피갈(Pigalle) 주변의 창녀들이었다. 자신들의 삶이 너무도 괴기스러워 남의 추악함에는 관심을 둘 여유가 없는 그녀들만이 로트레크에게 진정한 위안을 주었던 것이다. 카바레에서 매일 압생트를 마시면서 여인들의 그림을 그려주고 매음굴을 전전하던 로트레크는 매독과 알코올 중독 등으로 37살의 나이에 요절한다. 그래서 몽마르트르의 카바레를 아장아장 걸어 다니며 스케치를 하던 로

3부
빛의 도시

로트레크, 〈압생트 잔을 들고 있는 반 고흐〉, 1887

트레크의 모습은 아직도 유령처럼 이 거리를 어슬렁거리는 하나의 상징이 되어버렸다.

    1886년 반 고흐가 이곳에 오자 로트레크는 네덜란드에서 온 이 왕따를 금방 알아보았다. 반 고흐가 10살도 더 위였지만, 열등감과 외로움에 가득 찬 이 둘은 서로 모델이 되어주기도 하며 금방 친해진다. 게다가 로트레크는 반 고흐를 여기저기 데리고 다니며 압생트의 세계에 입문시킨 장본인이다. 설탕을 넣고 물을 부어가며 1대 1로 희석해서 마시는 압생트를 로트레크는 브랜디에 타서 폭탄주로 마시곤 했다고 한다. 아를(Arles)로 내려가 고갱과 함께 살던 시절 압생트를 스트레이트 원샷으로 벌컥벌컥 들이켜던 반 고흐의 음주벽은 이때 생긴 것이 확실하다. 심리적으로 허약하고 조울증이 있던 반 고흐는 알코올의 유혹에 깊이 빠져들었고, 결국 모든 화가들 중에서도 '압생트 중독' 논란의 가장 중심에 있게 된다. 저급의 압생트가 몸에 들어가 일으키는 반응은 사람마다 다양한데, 반 고흐에게 있어서는 색의 시각적 이상을 가져온 듯하다는 것이 현대 의사들의 소견이다. 즉, 이런 착란 속에서 압생트의 초록색과 황토색이 감

마네(왼쪽)와 드가의 〈압생트 마시는 사람〉

도는19 〈노란 집(Yellow House)〉이나 〈해바라기〉 등을 그렸을 것이라는 해석이 정설로 받아들여지고 있다. 고갱이 떠나자 자신의 귀를 잘라 창녀 라첼에게 보낸 사건에 관해서는 반 고흐가 홧김에 스스로 잘랐다느니 펜싱 광이었던 고갱이 잘랐다느니, 또 압생트 중독 때문이라는 둥 간질 발작이라는 둥 이야기가 분분하지만, 확실한 것은 반 고흐가 가족 병력인 우울증과 조증을 반복했다는 것, 그리고 취한 상태에서 일을 저질렀다는 것이다.

압생트는 파의 일종인 펜넬(fennel), 향쑥(grande wormwood), 그리고 오향장육의 향을 내는 향신료 아니스(anis) 등의 지중해 허브들을 원료로 하는 강한 알코올이다. 양귀비나 대마초와 마찬가지로 향쑥에는 환각 성분이 들어 있다고 한

---

19 압생트 중독이 시각에 미치는 영향은 색을 온통 노랗게 보이게 하는 '황색 증후군'이다. 반 고흐가 이 색깔을 얻기 위해 더욱 압생트에 집착했다는 분석도 있다.

다(물론 동물 실험이지만!). 어떤 텍스트에서는 이 성분이 인간에게 환상을 일으키고 성질을 포악하게 하며 눈을 멀게도 한다고 전하고 있다. 19세기 파리를 들여다보면 왜 이런 루머가 퍼졌는지 알 수 있다. 이 시기에 와인은 식사 때 마시는 반주였고, 카페나 카바레에서 예술과 문학을 논하는 자리에서는 독주인 압생트를 많이 마셨다. 게다가 당시에 필록세라(phylloxera)라는 병충해로 인해 전 세계의 포도 농업이 초토화되어 와인 구하기가 하늘의 별 따기가 되자, 압생트는 서민들에게까지 일상이 되었다. 그러다 보니 악덕 상인들이 태운 알코올과 압생트 에센스로 만든 저급품을 유통시키기 시작했다. 향쑥 자체에 들어 있는 환각 성분인 테르펜 유도체 투존[20]의 비율이 지나치게 많거나 메틸알코올의 함유량이 많은 압생트가 보급된 것이다. 그러나 현대 과학자들의 실험에 의하면, 압생트의 가장 치명적인 점은 알코올 도수가 엄청 높아 중독성이 있다는 것뿐, 술에 녹아 있는 환각 물질이 인체에 영향을 미치지는 않는다고 한다.

드가가 1876년에 그린 〈압생트〉란 작품을 보면 그 전에 그리던 아름다운 무희들의 우아한 모습과는 다른 너무나 생소한 리얼리즘에 조금 놀란다. 흐리멍덩한 시선으로 앞을 주시하며 카페 테라스의 테이블에 나란히 앉아 있는 두 남녀. 연인인지 그냥 낯모르는 사람인지는 몰라도 취해 있다는 것만은 알 수 있다. 마네 역시 1859년 작 〈압생트 마시는 사람〉에서 완전히 취한 사람을 사실적으로 묘사하였다. 피카소 역시 예외는 아니다. 청색시대(Blue Period)에 그는 압생트에 젖어 이 주제로 많은 정물을 그렸다.

---

[20] 투존(thujone) | 멘톨(menthol)에 가까운 테르펜(terpene)의 일종. 압생트 풀의 활동적인 원리로, 압생트 에센스에는 50~60퍼센트가 들어 있다. 그러나 꽃자루에 주로 있어 잎과 꽃만 써서 술을 담그면 증류하면서 대부분이 날아가 거의 남지 않는다. 인간의 뇌나 기관에 반응을 유도할 수 있지만 일반적으로 리터당 20밀리그램 정도는 인체에 아무런 해가 없다. 그러나 19세기의 분석에 의하면 당시 압생트에 들어 있는 투존은 리터당 260밀리그램이었다.

5.
바토라부아르

기억하라, 함께 지낸 행복한 나날을.

그때 태양은 훨씬 더 뜨거웠고

인생도 무척이나 아름다웠다.

마른 잎을 갈퀴로 긁어모으고 있다.

나는 그 나날을 잊을 수 없어

마른 잎을 갈퀴로 긁어모으고 있다.

북풍은 모든 추억과 뉘우침을 싣고 갔지만

망각의 춥고 추운 밤 저편으로

나는 그 모든 걸 잊을 수 없었다.

네가 불러준 그 노랫소리

그건 우리 마음 그대로의 노래였고,

너는 나를 사랑했고 나는 너를 사랑했다.

우리 둘은 늘 곁에 있었다.

그러나 남몰래 소리 없이

인생은 사랑하는 이들을 갈라놓는다.

> 그리고 모래 위에 남겨진 연인들의 발자취를
> 물결은 지우고 만다.
> —자크 프레베르 「고엽」

    내가 바토라부아르를 보겠다고 기를 쓰고 몽마르트르를 찾아간 것은 황량한 바람이 부는 어느 가을날이었다. 마로니에로 둘러싸인 에밀구도 광장에는 낙엽이 흩날리고, 중앙의 작은 분수 앞에서는 나이 든 악사가 홀로 기타를 연주하고 있었다. 벤치에는 각자 신문을 읽거나 우두커니 음악을 듣는 노인들만 있을 뿐, 언덕에 고립된 작은 광장에는 메아리치는 기타 소리가 쓸쓸한 가을을 더욱 짙게 물들이고 있었다. 멀리 입맞춤을 하는 연인들만이 정지된 시간에 생명을 주는 것 같다. 어디나 가을은 쓸쓸하지만 유럽의 가을은 회색빛 도시와 어우러져 일상에 묻혀 있던 인간의 본질적인 외로움을 들추어낸다. 파리가 좋은 건 이렇게 혼자 앉아 있어도 청승맞아 보이질 않는다는 거다. 파리지앵들은 쓸쓸함이 몸에 배어 있어서 그런 것 같다. 혼자 살며 혼자 밥을 먹고 혼자 죽어가는 사람들이 많은 탓이다. 가족이라는 사회 시스템이 빠르게 해체되고 외국인들이 많아지면서 생기는 도시의 어두운 일면이다.
    자크 프레베르의 시를 노래한 샹송 〈고엽〉을 연주하는 악사. 이브 몽탕도 불렀고 에디트 피아프도, 자크 브렐도 불렀던 이 가사는 언제 들어도 가슴 한 구석이 저려온다. 학창 시절 좋아했던 박인희의 〈세월이 가면〉이라는 노래와 흡사한 멜로디를 들으며 나도 한참 동안 벤치에 앉아 있었다. 이런 인생의 무상함을 평소에도 느낀다면 매일을 온 힘을 다해 살 텐데, 어느 특정한 순간에만 깨달음으로 다가오곤 또 잊어버린다. 신이 인간에게 준 망각이라는 선물인지, 아니면 대도시의 바쁜 삶이 지워버린 것인지 알 수 없는 일이다. 대자연 속

에밀구도 광장의 악사(왼쪽)와 바토라부아르 입구

에 몸을 맡기고 살았던 문명 이전의 사람들은 이런 무상의 느낌을 항상 온몸으로 느끼며 살았던 걸까? 마치 아메리칸 인디언들처럼 말이다.

    이 광장 13번지에 20세기 초의 기념비적 예술 사조가 태동한 추억의 건물이 있다. 바로 이름만으로도 가슴을 두근거리게 하는 바토라부아르(Bateau Lavoir)이다. 1979년에 화재가 발생해 지금은 외벽만이 옛 모습을 간직하고 있지만 20세기 초 수많은 예술가와 문학가들이 이곳에 머물며 무명 시절을 보냈다. 무너져 내린 채석장 중턱에 지었다는 허름한 건물인데, 언덕 끝에 서 있어서 에밀구도 광장 쪽에서는 입구가 1층이지만 뒷길로 돌아가서 보면 3층이 된다. 처음엔 쓰러져가는 선술집이었는데, 1880년에 주인이 아틀리에로 개조하여 예술가들에게 싼값으로 세를 주기 시작하였다. 당시에는 예술가들이 아틀

3부
빛의 도시

리에를 자주 바꾸던 시절이었다. 월세를 못 내게 되면 더 싼 곳을 찾아 떠나야 했기 때문이다. 찾다가 꾸역꾸역 모여든 곳이 바로 이곳이었다.

바토라부아르는 '세탁선'이라는 뜻으로, 초창기 멤버인 시인 막스 자코브(Max Jacob)가 이 이름을 처음 붙였다고 한다. 센 강변에는 개조하여 세탁소로 운영하는 배가 여러 척 떠 있었는데, 그 시절 물이 귀했던 옛 마을의 공동 빨래터의 일종이었다. 이 건물의 내부가 가운데 복도를 중심으로 양쪽에 한 칸짜리 방들이 일렬로 쭉 늘어선 것이 마치 여객선을 연상케 하는 데다(우리나라로 치면 고시원 정도랄까?), 수도가 통틀어 한 군데밖에 없는 것을 약간 비꼬아 이런 별명을 붙인 것이다. 게다가 허름한 건물은 비가 오면 센 강변의 강둑에 떠 있는 세탁선처럼 마구 흔들리기까지 하였다니…….

1950년 2차 세계대전 직후까지만 해도 이런 도시형 건물(아파트)에는 상하

몽마르트르에서 바토라부아르로 내려가는 언덕

수도가 없는 집이 많았다. 화장실은 아래층에 하나, 목욕탕도 공중목욕탕에 가야 했다. 파리의 대부분 건물들이 2차 세계대전 이후 시간이 지나며 개조된 것이다. 우리도 70년대까지는 집에서보다는 동네 공중목욕탕을 많이 이용했던 것 같다. 유럽이라고 하면 찬란한 문명의 결정체라고만 생각하지만, 문화나 정치적인 발달사가 아닌 일상생활에 있어 선진국과 후진국의 차이는 많아야 30년일 뿐이다.

처음 바토라부아르에 들어온 예술가는 브르타뉴에서 오랜 기간 살다가 돌아온 막심 모프라(Maxime Maufra)였다. 곧이어 폴 고갱이 합류했다. 1900년에는 네덜란드 출신 반 동겐(Kees van Dongen)이 자리를 잡았고, 피카소가 1904년에 정착했다. 그는 꽤 오래 이곳에 머물렀는데, 1909년까지는 여기서 숙식을 하며 그림을 그렸고, 이사를 간 후에도 1912년까지 아틀리에로 사용했다. 청색시대를 막 끝내고 파리에 온 피카소는 오자마자 20세기 그래픽 아트의 걸작 중 하나로 여겨지는 〈간소한 식사(Le Repas Frugal)〉를 제작해 몽마르트르 예술가들의 허름한 생활상을 표현하였고, 이어 몽마르트르의 생활에 익숙해지며 우울한 주제를 주로 그리던 청색시대에서 벗어나 핑크시대를 연다. 몽마르트르 시절의 피카소는 친구들과 메드라노(Medrano) 서커스단의 공연을 많이 보러 다녔는데, 여기에 나오는 어릿광대, 마술사, 곡예사들이 좀 더 밝은 색조로 화면을 채우게 된다.

1907년 가을 그는 가까운 친구들에게 서양 미술사에 큰 획을 긋는 작품을 한 점 보여준다. 바로 큐비즘(Cubism)의 시작을 알리는 〈아비뇽의 처녀들(Des Demoiselles d'Avignon)〉이었다. 당시 피카소와 브라크(Georges Braque)는 거의 매일 만나 새로운 예술 세계를 논했고, 피카소의 고향 에스파냐에서 온 후안 그리스(Juan Gris)가 1906년에 합류하여 큐비즘의 태동에 참여하였다. 르네상스 이래

피카소, 〈아비뇽의 처녀들〉, 1906~1907

의 가장 혁명적 조형 운동이라는 큐비즘이 이곳에서 새로운 미학으로 정립된 것이다. 피카소와는 둘도 없는 친구가 되어 평생 동반자가 되었던 시인 기욤 아폴리네르(Guillaume Apollinaire)는 이 화가 친구들을 위해 기사를 출판하기도 하였다. 피카소가 이곳에 머물자 마티스, 브라크, 드랭(André Derain), 반 동겐, 모딜리아니, 위트릴로 등의 화가들과 앙드레 살몽, 막스 자코브 같은 시인들도 지하 아틀리에로 들어왔고, 장 콕토, 아폴리네르를 비롯해 20세기 예술의 거장들은 모두 이곳을 드나들었다. 1908년에는 두아니에 루소(Henri Rousseau)가 오면서 두고두고 회자되는 파티도 열렸다. 이들 모두가 '피카소 라인'이 되었다. 그래서 한동안 이곳은 이탈리아 예술가들과 에스파냐 예술가들로 이루어진 두 개의 그룹이 건물을 장악하기도 하였다. 그러나 제1차 세계대전이 터진 후에 이 예술가들은 각자의 길을 찾아 떠났고 예술사의 위대한 한 페이지가 넘

르누아르, 〈물랭 드라갈레트의 무도회〉, 1876

어갔다. 이들 중 많은 이들이 '현대 예술의 빌라 메디치'라는 별명을 가진 몽파르나스의 라뤼슈로 옮겨가 아방가르드 시대를 열게 된다.

근처 언덕에 위치한 현재의 몽마르트르 박물관 건물(12 rue Cortot)도 몽마르트르 초창기에 많은 예술가들이 세 들어 살던 건물이다. 르누아르도 여기에서 그의 유명한 그림 〈물랭 드라갈레트의 무도회〉를 그렸다. 특이한 매력이 있어 당시 몽마르트르 예술가들의 시선을 한 몸에 받던 수잔 발라동도 아들 모리스 위트릴로(Maurice Utrillo)와 함께 이 건물 1층에서 살며 그림을 그렸고, 위트릴로는 이 산동네에서 성장하며 보고 배운 대로 화가가 되었다. 바르비종이나 노르망디, 네덜란드 화가들도 파리에 오면 이 언덕에 머물렀다. 반 고흐가 동생 테오를 찾아 파리에 온 곳도, 툴루즈 로트레크가 화구를 챙겨 들고 카페 문을 열고 아장아장 걸어 다니던 곳도 이 언덕이었다. 그런 몽마르트르 박물관이 현재 문을 닫을 처지에 있다고 한다. 적자가 계속되어 건물 소유주인 파리 시에 임대료를 내지 못하고 있기 때문. 안타까운 일이다. 한편 아직 이곳에는 파리 시가 예술가들의 후원을 위해 운영하는 몽마르트르 예술인촌(Montmartre aux Artistes)이 있다. 지난 세기의 쓰러져가는 세탁선과는 비교도 되지 않게 창문이 큼지막한 아틀리에들이 들어 있어 유럽 곳곳에서 온 예술가들을 받는다.

6.
노르망디를 화폭에

 대상의 본질이란 무엇일까? 진실은 눈에 보이지 않는 것일까? 아니면 인상주의자들 말대로 보이는 것이 진실일까?

 노르망디와 프로방스. 아마도 프랑스에서 잔뼈가 굵은 지난 세기의 화가들이 가장 사랑했던 지방이 아닐까 싶다. 나는 프랑스 중에서도 노르망디를 가장 사랑한다. 오랜 유학 생활에 고향 같은 마음 푸근함을 주기 때문일 것이다. 파리의 화려한 왕궁들 사이를 흐르며 귀부인의 고고한 자태를 뽐내던 센 강은, 바다를 향해 넓게 열린 평화로운 북쪽 대지를 흐르며 천천히 옷을 갈아입는다. 같은 강이라는 것이 믿어지지 않을 정도로 소박한 노르망디의 촌부로 모습이 바뀌는 것이다. 외부 광선 아래 풍경화를 그리던 인상주의 화가들이 이런 센 강의 유혹을 거부하기는 어려웠을 것이다. 게다가 19세기, 철도의 발달과 튜브 물감의 발명은 화가들에겐 일대 혁명이었다. 좁은 아틀리에에서 상상 속의 인물들을 그리는 것에 싫증 난 이들은 손에 들 수 있는 작은 캔버스와 화구들을 챙겨 센 강이 바다 끝으로 사라지는 곳까지 떠났다. 그리곤 눈에 보이는 모습만을 그렸다. 인상주의 화가들뿐만 아니라 노르망디는 프랑스 문화를 빛낸 많은 문학가들의 고향이기도 하다. 음악가 에릭 사티도 노르망디 출신이다.

부댕, 〈트루빌〉, 1964

프로방스의 빛이 수직으로 지상에 부딪쳐 튀어 오르는 알갱이들 같다면, 노르망디의 빛은 몽환적으로 둥둥 떠다니는 수증기 같다. 그래서 따가운 지중해의 빛과 달리, 노르망디의 빛은 끝없이 드리워진 커튼 사이를 걷는 느낌이 든다. 비스듬히 비치는 빛 사이로 어느새 비가 내리는가 하면 다시 구름 사이로 천국의 빛이 쏟아진다. 그래서인지 프랑스 인들은 우산을 잘 쓰지 않는다. 요즘은 이상 기온이라 이곳도 풍경이 많이 달라졌지만, 기본적으로 한국의 시원한 빗줄기와는 차원이 다르다. 얇은 머리털을 지닌 이곳 사람들은 부슬부슬 떨어지다 마는 비를 전혀 개의치 않는다. 우리처럼 정성껏 드라이를 해보았자 한 시간도 되지 않아 떡머리가 되기 십상이니 부스스한 머리가 일상이다. 비가 많고 날씨가 우중충해서인지 노르망디 인들은 북구인들과 닮았다. 조상이 노르만 바이킹인 때문이기도 하지만, 날씨 탓에 사람들이 좀 과묵하다고 할까?

3부
빛의 도시

그래서 우스갯소리로 친구들에게 내가 프로방스에서 유학했다면 프랑스 사람하고 연애하고 결혼했을지도 모른다고 했다. 이탈리아나 에스파냐적 기질을 가진 남프랑스 남자들은 정열적이면서 화술이 좋다. 즉, 로맨틱한 작업남 기질이 많다. 반면에 북쪽 남성들은 우직하고 무뚝뚝해서(여자들도 마찬가지지만) 마음을 여는 데 시간이 오래 걸리고 쑥스러워한다. 도대체 프렌치 러버(French lover)라는 말이 어디서 생겨났는지 이해가 가질 않는 것이다. 아마 남프랑스 쪽 이야기가 아닌가 싶다. 하지만 이곳에선 한번 친구가 되면 평생을 가는 것 같다. 나 역시 실제로 마음을 교류하는 데 시간이 걸리는 편이라, 노르망디에서 만난 친구들과는 25년이 다 되어가는 세월 동안 연락이 끊긴 적이 없다.

요즘은 보통 고속도로를 타고 달리는데, 학생 때는 네댓 번 지나며 내는 통행료를 아끼기 위해 국도를 주로 타곤 했다. 멀리 보이는 밀밭과 목초지, 아마밭이 서로 어우러지며 색깔이 그러데이션을 이루는 모습, 한가로이 거니는 소 떼와 풀을 뜯고 있는 말들……. 어른이 되어 편한 걸 찾다 보니 참 많은 것을 놓치는 것 같다. 그러고 보니 노르망디가 사과주나 치즈로만 유명한 것이 아니다. 이 지방의 경주용 말은 세계 최고를 자랑한다. 전 세계에서 1등을 휩쓰는 말들은 모두 노르망디산인데, 이곳의 풀이 독특한 성분을 함유하고 있어 이 풀을 먹고 자란 말은 근육에 힘이 넘쳐난다고 한다. 아마도 기후와 토양이 원인이리라. 그래서 전 세계의 부호들이 이곳에서 자신의 말을 사육하고 있다.

파리에서 센 강이 떠나고 75킬로미터, 오른쪽 연안 노르망디의 초입에 지베르니가 있다. 1883년 어느 날, 기차를 타고 가던 모네의 눈에 저 멀리 아름다운 마을 하나가 들어왔다. 경치에 반한 모네는 곧 이곳에 큰 집을 한 채 빌렸고, 새로 맞이한 아내 알리스와 양쪽 아이들 여덟 명과 함께 이곳에 정착했다. 처음 정착한 집은 과수원이 딸린 1헥타르가량의 농가였다. 지베르니에 점점 더 애착을 가지게 된 모네는 1890년 이 농가를 사들였고, 수십만 그루의 나무와 꽃들, 연못, 일본식 다리 등으로 집과 정원을 아름답게 개조하기 시작하였다. 처음 이곳에 왔을 때는 주변의 전원적 풍경에서 영감을 받았으나, 점점 그는 자신이 가꾼 정원의 풍경만을 집중적으로 그리기 시작하였다.

모네가 지베르니에 정착하자 많은 인상파 화가들이 이곳을 드나들었고, 지베르니의 아름다움에 매료된 외국 화가들도 이곳에 정착하기 시작하였다. 이 시절 수천 명의 미국 미술 학도들이 프랑스의 자유로운 화풍에 매료되어 유학을 오기 시작했는데, 이들은 파리의 자유로운 사고에 매료되는 동시에 프랑스의 시골 풍경과 목가적 생활에 넋을 잃었다. 메트캐프(Willard Metcalf), 리터(Louis Ritter), 웬델(Theodore Wendel), 브레크(John Leslie Breck) 등을 필두로 다른 화가들도 속속 정착하기 시작하였다. 모네도 파리와 미국에서 전시회를 통해 이들을 알고 있었다. 모네가 이들의 수장으로 나선 적은 없지만, 그가 지베르니에 있다는 존재감만으로도 모여드는 화가는 점점 늘어났다. 이들을 반갑게 맞이했던 처음과는 달리 점차 피곤함을 느끼기 시작했지만, 그가 이들의 화풍에 풍부한 색채와 새로운 빛의 유희를 제공한 것은 틀림없다. 모네는 1926년 12월 5일에 지베르니의 교회 안에 잠들었다.

지베르니에서 센 강을 따라 북서쪽으로 파리에서 온 만큼 더 달리다 보면 잔 다르크의 화형이라는 역사적 사건으로 유명한 루앙(Rouen)을 지난다. 여기에서 잠시 센 강과 안녕을 하고 북쪽을 향해 한 시간쯤 더 달리다 보면 해변의 작은 도시 에트르타(Etretat)에 도달하는데, 바다 끝에서 우리 눈에 아주 익숙한 절벽을 만나게 된다. 쿠르베, 부댕(Eugène Boudin), 모네 등 인상주의자들이 수없이 그렸고, 플로베르나 모파상, 『괴도 뤼팽』을 쓴 모리스 르블랑도 작품에 등장시킨 바로 그 풍경… 알바트로스(Albatros) 언덕이다. 기암절벽이 아치를 만들며

3부
빛의 도시

에트르타 언덕 아래의 마을 풍경

바다에 잠긴 모습이 마치 코끼리 같기도 하고 거인의 팔 같기도 하다.

해변은 특이하게도 모래가 아닌 하얀 조약돌이 끝없이 깔려 있다. 언젠가 갔던 거제도 몽돌해수욕장의 까만 돌들이 생각난다. 수영복을 챙겨 오지 않아 아쉬운 대로 신발을 벗고 바다에 발을 담가본다. 한국에선 나이 먹은 것이 큰 죄인 양 비키니는 절대로 입을 수 없어서, 아주 오랫동안 햇빛을 본 적이 없는 배를 이 기회에 슬쩍 내놓아 본다. 누워서 하늘을 보았다. 좀 변태 같았지만 구름 한 점 없는 하늘을 무념무상으로 마주본다는 것은 기분 좋은 일이었다. 그런데 저쪽에 있던 갈매기 두 마리가 겁도 없이 가까이 다가든다. 저 녀석들 설마 저 부리로 내 배꼽을 쪼는 것은 아니겠지?

에트르타 언덕은 산책로로 되어 있어 30분 정도 걸으면 정상에 올라갈 수 있다. 70미터 이상 되는 높은 절벽에는 별다른 안전장치도 없다. 한국 같으면 나무나 철조망으로 전부 울타리를 쳐놓았을 텐데, 이곳은 너무 광활해서 그런지 몇 군데의 경고판 외에는 그냥 바다를 향해 열려 있다. 그래서인지 에트르타는 장엄한 대자연을 바라보며 비장한 죽음을 택하는, 성공 확률이 100퍼센트에 가까운 자살 사고가 많기로 유명하다. 얼마 전에도 젊은 여인이 20개월 된 아이를 안고 뛰어내렸는데, 여인은 당연히 즉사하였으나 아이는 그야말로 기적처럼 타박상만 입고 구조되었다. 절벽 위에는 골프장이 내륙 쪽을 향해 펼쳐진다. 1908년에 문을 열었다니 프랑스에서 가장 오래된 골프장 중 하나이다. 인공으로 막아놓지 않았으니 바다를 향해 샷을 날리는 기분은 삼삼할 듯하다. 반대편 언덕에는 오래된 성당이 있는데 내려갔다가 똑같은 높이의 언덕길을 다시 올라갈 용기가 없어 나는 한 번도 가보질 않았다. 이곳에 올 때마다 다음엔 저 성당엘 가봐야지 하고 결심하지만, 언제나 코끼리 바위 언덕 쪽을 먼저 올라오고는 더 이상 엄두를 못 낸다. 어딘가 들어가서 따뜻한 핫초코를 마시고 싶어지는 것이다.

　　에트르타에서 다시 센 강을 만나러 남쪽으로 조금 내려오면 유럽 5대 항구 중 하나인 르아브르(Le Havre)를 만난다. 별다른 흔적은 찾을 길이 없지만 모네가 태어난 도시이다. 이곳에서 센 강은 안녕을 고하며 영국해로 흘러간다. 초대형 화물선, 영국해협을 오가는 페리 호, 여객선, 대형 크레인과 컨테이너, 바쁘게 움직이는 부두의 노동자들……. 도시 한가운데까지 들어온 운하 위로 산책용 구름다리가 걸쳐 있다. 르아브르가 아주 현대적인 항구도시로 발전해왔다면, 그 건너편의 옹플뢰르(Honfleur)는 역사적인 위용과는 달리 그 자체로 인상주의 화가들이 캔버스에 그린 그림이다. 로마 시대의 군항이었고, 캐나다에 퀘벡 시를 건설한 사뮈엘 샹플랭이 1608년 이곳에서 배를 출발했다는 것이 믿어지지 않을 만큼 예쁜 모습 그대로이다. 부두에는 부호들의 요트가 가득 정박해 있고, 주변에는 17세기에 지은 건물을 개조한 레스토랑들이 넘친다. 조금 안쪽으로 들어가 꼬불꼬불한 옛 거리를 걷다 보면 아무 데서나 셔터를 눌러도 그림엽서가 된다.

　　트루빌(Trouville)과 도빌(Deauville)은 서로 붙어 있는데, 트루빌이 조용한 별장지라면, 도빌은 외국 부호들이 많이 드나드는 곳이라 좀 더 럭셔리하면서 시끌벅적한 휴양지이다. 남쪽에 모나코가 있다면 북쪽은 도빌이 밤세계의 검은 돈을 주름잡는다고 할 만큼 카지노로 유명한 곳이다. 나는 도박이나 잡기에 흥미가 없는데, 우연한 기회에 몬테카를로와 도빌의 VIP 카지노룸을 한 번씩 가본 기억이 있다. 시끄러운 빠찡꼬 홀과는 별도로 정장을 입어야 입장이 가능한 게임룸에서는 밤새 룰렛과 바카라, 블랙 잭이 펼쳐진다. 정말 영화에서 보던 대로 드레스에 수천만 원짜리 다이아몬드 목걸이를 한 귀부인과 턱시도를 입은 신사, 그리고 제복을 입고 영어와 불어를 섞어가며 외치는 딜러가 인상적이었다. 워커힐이나 제주도 등은 어떤지 모르겠고, 강원랜드(지금 5,000원을 내고 한 번 입장해 본 것이 전부이다 보니 비교할 수는 없지만)는 빠찡꼬와 게임 테이블이 한 공간에 있어 관광객과 선수들이 뒤섞여 공기도 나쁘고 어수선했던 기억이 난다. 몬테카를로에서 룰렛 한 방에 가진 칩 다 잃고는 도무지 할 마음이 들지 않는 나로서는 왜 도박 중독에 빠진다는 것인지 도무지 이해할 수가 없다.

해변가의 산책로는 1966년에 클로드 를루슈(Claude Lelouch)가 제작·감독하고, 신비한 아름다움을 지닌 아누크 에메(Anouk Aimée)가 칸 영화제 여우주연상을 수상했던 〈남과 여(Un Homme et Une Femme)〉의 배경이 된 곳이다. 참으로 드문 일인데, 내가 유학할 당시인 1980년 후반, 20여 년 만에 같은 감독에 같은 남녀 주연의 〈남과 여, 20년 후(Un Homme et Une Femme: Vingt Ans Déjà)〉가 개봉하였다. 본편에서는 각자 남편과 아내와 사별한 장과 안이 아이들의 학교가 있는 도빌에서 우연히 만나 서로에게 이끌려 사랑을 하지만, 안은 죽은 남편과의 추억을 잊지 못해 결국 기차를 타고 파리로 떠난다. 그러나 안을 그대로 보낼 수 없었던 장은 그 길로 차를 몰아 안이 기차를 갈아타는 에브뢰(Evreux) 역으로 달려간다. 기차에서 내려 걸어오는 안과 장은 플랫폼에서 긴 포옹을 하며 설명도 없이 영화는 끝난다. 지금 보면 다소 신파 같지만 두 주인공의 분위기와 아름다운 도빌의 영상이 전형적인 프랑스의 감성을 보여주는 영화였다. 속편은 역시 모든 영화들이 그렇듯 본편의 느낌을 여러 면에서 충분히 살리지 못했는데(주인공들이 너무 늙어버려 몰입이 어려웠던 이유도 있겠지만), 헤어진 후 20년이 지나 중년에 접어든 두 주인공이 다시 만나게 된다. 남자 주인공 장은 당시 젊은 연인이 있었는데, 추억 속의 연인을 다시 만난 것이다. 젊은 연인과 나이 든 옛 연인과의 사이에서 장은 결국 옛 연인을 선택한다. 천하의 아누크 에메라지만 50줄에 접어든 그녀였으니, 사실 많은 남성들이 이해를 못 했을 것이다. 사실 나도

인상파 화가들이 즐겨 그린 옹플뢰르의 항구

옹플뢰르 마을 풍경

영화 〈남과 여〉의 배경이 된 도빌의 해변

젊은 시절에는 잘 공감이 가지 않았다. 그런데 나이가 들어가니 녹아내릴 듯한 정열보다는 잔잔하지만 오래 타오를 수 있는 정신적 사랑에 더 무게를 두게 되는 것 같다.

영화 속 해변을 따라 니스(Nice)나 생트로페(Saint-Tropez)의 언덕처럼 부호들의 별장이 쭉 늘어서 있는데, 지중해변이 세계적으로 유명한 스타들의 별장 때문인지 화려한 맛을 지닌다면, 이곳은 어딘가 북프랑스적 고풍스러움이 있다. 눈에 띄기 싫어하는 오래된 파리 상류층 소유가 많아서 그런가 보다. 도빌에서 다시 파리로 오는 고속도로를 타기 위해 퐁레베크(Pont-l'Evêque) 쪽으로 오다 보면 칼바도스의 고장 페이도주(Pays d'Auge)의 한가운데로 들어오게 된다. 좁은 도로를 사이에 두고 칼바도스(calvados) 농장들이 여기저기 눈에 뜨인다. 농장은 오픈되어 있어 시중보다 40퍼센트 정도 싸게 구입할 수 있으며, 미리 예약을 하면 친절한 설명과 함께 양조장을 견학할 수도 있다. 꼬냑이 포도주를 증류하는 거라면, 칼바도스는 사과주를 증류한 후 오크통에서 숙성시키는데, 세계적으로 유명해져서 대기업으로 성장한 꼬냑 회사들과 달리, 칼바도스 회사는 대부분 가족 단위의 소규모 양조장이라 정감 있는 노르망디의 정취를 느낄 수가 있다.

에트르타 절벽 코끼리 바위

인상주의라는 이름의 시초

19세기 프랑스의 성공한 작가이자 비평가인 루이 르루아(Louis Leroy)가 일간지 『르샤리바리(Le Charivari)』에 냉소적으로 쓴 칼럼에서 비롯되었다. 르루아는 1874년 4월 25일자에 인상주의화가전에 관한 리뷰를 썼는데, 클로드 모네가 그린 〈인상: 해돋이〉에서 따온 용어를 사용해서 "벽지 밑작업보다도 마무리가 안 되다니, 작업을 편하고 자유롭게 해서 인상 깊다"며 비꼬는 기사를 썼다. 이 용어는 곧 피사로, 모네, 시슬레, 드가, 르누아르, 세잔, 기요맹, 베르트 모리조로 구성된 인상주의자들 모임에서 스스로 쓰기 시작했다.

쿠르베, 〈폭풍이 지나간 에트르타 절벽〉, 1870

7.
달과 6펜스

별이 총총한 밤

파랑, 회색으로 팔레트를 물들이고

여름날을 올려다보세요.

내 영혼의 어둠을 바라보는 눈으로

(……)

난 이제 알 것 같아요.

당신이 뭘 말하려 했는지.

당신이 얼마나 고통스러워했는지.

또 얼마나 자유로워지려 했는지.

—돈 매클린, 〈빈센트(Vincent)〉

    세상을 향해 고독한 손을 내미는 소년이 있었다. 사람들을 향해 자신을 알아달라고, 자신을 사랑해 달라고 속으로 끊임없이 울부짖지만 아무도 그 소리에 귀를 기울이지 않는다. 그 갈망은 불덩이가 되어 방 한구석에 웅크린 소년의 가슴속에 응어리졌다. 언어로 표출되지 못한 그 불덩이는 색으로 채워진 형

3부
빛의 도시

반 고흐, 〈별이 빛나는 밤〉, 1889

태를 빌려 태양처럼 터져 나왔다. 한 작가의 일생이 반 고흐만큼 정신분석학자들이나 심리학자들의 관심을 끌었던 예는 없을 것이다. 프로이트적 모든 상징에 이처럼 들어맞는 경우를 찾기도 쉽지 않으니 말이다. 어린 형의 죽음, 그 형의 죽음으로 인한 어머니의 우울증, 목사였던 근엄한 아버지와 오이디푸스 콤플렉스, 사랑받지 못한 어린 시절, 내부에 억압된 욕구, 이로 인한 세상과의 단절, 양성애적 성향과 권총 자살 등등.

사랑받지 못해 상처받은 미숙한 소년으로 남아 있던 반 고흐는 세상과 소통하는 데 어려움이 있었다. 이해받지 못한다는 느낌은 그의 내면을 더욱 불같이 끓어오르게 했다. 자신을 사랑하고 이해해 줄 영혼의 쌍둥이를 찾아 헤매다 자살로 마감한 인생이었다. 이런 유형의 인간이 흔히 자신과 닮은 모습의 동성을 상대로 선택한다는 것은 잘 알려져 있다. 이성은 본질적으로 쌍둥이가 되기에는 모습이나 정신 구조가 너무 다르기 때문이다. 같은 화성인과도 교류가 힘든데, 하물며 언어 자체가 다른 금성인과의 소통이라니… 상처만 남기기 때문

아를 시내로 들어가는 입구의 성곽, 반 고흐의 노란 집은 없고, 대신 노란 염소인지 기린인지 큰 포스터가 눈에 들어왔다.

아를의 작은 갤러리 입구, 반 고흐에 관한 포스터를 전시하고 있었다.

이다. 하지만 반 고흐는 동성과의 소통조차 어려웠던 것 같다. 여성이건 남성이건 인간관계에서 실패를 거듭한 반 고흐가 마지막으로 만나 집착한 사람이 고갱이었다. 그러나 그들이 함께한 프로방스에서의 짧은 시간은 두 사람의 불안정한 정신 상태만큼이나 평탄치 못했다.

 1888년 프로방스의 아를(비제의 〈아를의 여인〉으로 유명한 바로 그 도시이다)로 내려간 고갱은 그곳에 있던 반 고흐와 라마르틴 광장(place de Lamartine) 2번지의 '노란 집(La Maison Jaune)'에서 9주 동안 함께 살며 작업했다. 각기 개성이 강한 이 둘의 동거가 평탄할 리 만무했다. 이들의 동거 이야기는 1991년에 칸 영화제와 세자르 영화제를 모두를 휩쓸었던 모리스 피알라(Maurice Pialat)의 〈반 고흐(Van Gogh)〉에 사실적으로 잘 묘사되어 있다. 작품을 그릴 때마다 매 순간 부딪치고 화해하고 또 싸우는 이 둘의 광기 어린 삶과 예술은 감독상뿐 아니라 반 고흐 역을 맡은 자크 뒤트롱(Jacques Dutronc)에게 남우주연상을 안겨준다. 샹송 가수 프랑수아즈 아르디(Françoise Hardy)의 남편으로도 유명한 뒤트롱 역시 배우이자 뮤지션인데, TV에서 그의 인터뷰 장면을 보고 왜 감독이 기꺼이 그를 캐스팅했는지를 알 것 같았다. 엄숙한 TV 대담 프로그램에 선글라스를 쓰고 나오는 그는 언제나 손에는 시가를 들고, 때로는 방송 중에 피우기도 한다. 게다가 불안정한 시선과 목소리 등등, 실제로도 반 고흐만큼이나 아주 특이한 사람이었다.

 1888년 고갱이 내려와 있던 어느 날, 반 고흐는 동생 테오에게 편지를 썼다.

 오늘 저녁에 가스등이 들어오면 아마도 나는 세 들어 살고 있는 카페의 실내를 그릴 거야. 카페 이름은 '밤의 카페(Café de Nuit)'란다.

 이날 고갱도 함께 카페의 내부를 그렸다. 집 주인 내외가 모델도 해주었다.

이 말을 철석같이 믿고 반 고흐를 찾아 아를에 갔던 나는 곧 이곳에서 반 고흐의 흔적을 찾는다는 것이 무의미함을 깨달았다. '노란 집'이 있었던 라마르틴 광장 주변의 집들은 이미 한 블록이 모두 철거되고, 현재는 그 주변에 노란 집 대신 빨간색 차양의 피자·그릴·카페 등이 들어와 있었다. 게다가 애틋한 마음으로 반 고흐를 만나러 이곳을 찾는 사람들이면 모두가 한번씩 들러서 물어보는 데 지쳤는지, 세상 풍파에 한껏 찌든 얼굴의 여주인은 대답도 잘 하지 않는다. 마디 굵은 손가락으로 타고 있는 꽁초를 들고는 쉰 목소리로, "반 고흐는 여기 없어!"라며 손가락으로 광장 중앙을 가리킬 뿐이다. "내가 언제 반 고흐 여기 있냐고 물었느냐?"며 다시 물어물어 찾아낸 반 고흐의 흔적, 그걸 붙들고 기막힌 마음에 하염없이 하늘만 보던 기억……. Starry starry night……. 전 세계에서 가장 사랑받는 화가의 흔적치고는 너무도 저렴하다. 그 자리에 반 고흐가 그린 노란 집이 있었다는 짤막한 한마디와 그의 그림이 새겨진 돌덩어리……. 그래, 반 고흐는 가난했구나. 그래서 한 칸의 소유지도 남기지 못하고 죽었던 게지. 세월이 흘러 이렇게 흔적도 없어진 거다. 아를의 로마 시대 유적지인 콜로세움 근처에서 발견한 '노란 집(Yellow House)'이라는 카페를 보니 왜 그렇게 반갑던지! 마치 반 고흐가 살았던 집을 만난 것 같은 기분이 들었었다.

어머니가 페루의 귀족 출신인 고갱은 해군을 제대하고 선원으로 남미와 남태평양, 인도 등을 방랑한다. 이후 증권회사 직원으로 변신, 덴마크 여자와 결혼에서 아이도 낳고 안정된 삶을 살았다. 그러나 중년이 되어가던 35살 나이에 아내도 자식도 버리고 화가의 길로 들어선다. 현대인의 눈으로 보면 참으로 책임감 없는 최악의 남편이자 아버지였던 셈이다. 하지만 아이를 모두 고아원에 내다 버린 루소 같은 인물도 그 활동 영역과 사생활을 연관시키지 않는 프랑스적 지적 전통에서, 고갱은 그저 흡인력 있고 매력적인 인간이었다. 자신

3부
밤의 도시

반 고흐, 〈밤의 카페〉, 1888

고갱, 〈밤의 카페〉, 1888

반 고흐, 〈노란 집〉, 1888

의 감정 속에 갇혀 울부짖는 반 고흐와는 달리 매 순간 자신이 원하는 쪽을 선택하는, 극히 자기중심적인 사람이었을 뿐이다. 게다가 자아도취적인 면이 있어 남이 인정해 주건 아니건 자신을 최고로 여겼다. 그래서 자화상을 그릴 때 자신을 성인처럼 머리에 아우라를 입혀 표현하기도 하고, 십자가에 못 박힌 예수의 얼굴에 자신을 그려 넣기도 했다. 타히티에서 원주민 처녀와 살면서도, 자기가 버린 덴마크의 아내에게 계속 연락하고 그림을 보내며 경제적 지원도 받았다니……. 고갱이 살아생전에 좀 더 성공을 하고 오래 살았더라면, 아마도 살바도르 달리처럼 거침없이 자신을 천재라 우기며 살지 않았을까?

영국의 소설가 서머싯 몸(William Somerset Maugham)은 고갱으로부터 영감을 받아 『달과 6펜스』를 쓰게 된다. 35살의 나이에 가족과 안정된 직장을 박차고 화가의 길로 들어서, 여러 여자를 전전하다 먼 남태평양의 섬까지 흘러 들어가는 이야기는 고갱의 삶 그 자체이다. 소설에서도 주인공은 이 섬에서 열정적으로 그림을 그리다 불치병에 걸려 생을 마감한다. 서머싯 몸이 너무 고갱에 매료된 나머지 이 소설에서 반 고흐는 한낱 우매하고 예술적 자질이 부족한 화가로만 묘사되어 있어 유감이긴 하다(당시 반 고흐의 위치가 사실 그러했다). 고갱은 서머싯 몸만을 매료시킨 것이 아니다. 내가 좋아하는 당시의 정신분석학자이자 철학자인 가스통 바슐라르(Gaston Bachelard)도 "예술 평론을 쓴다면 고갱을 선택하겠다"고 했을 정도이니 말이다.

고갱과 아를에서 결별한 반 고흐는 정신이상 증세를 보인다. 자신의 귀를 잘라 평소 드나들던 창녀에게 보낸 것이다. 이유와 과정에 대해서는 지금까지도 말이 많다. 그러나 그런 것이 다 무에 중요하겠는가? 인간의 심리란 복잡하면서도 단순한 것이다. 그 모든 것이 이유일 수도 있지만 그저 한순간의 허망한 결정일 경우도 있는 것이다.

반 고흐를 이해했던 단 한 사람 동생 테오는 1890년 5월 17일 반 고흐를 파리로 데려온다. 그러나 프로방스의 드넓은 자연 속에서 그림을 그리던 반 고흐가 복잡한 파리를 견딜 리 만무했다. 테오는 친분이 있던 피사로와 의논하여 파리 근교의 오베르쉬루아즈(Aubers-sur-Oise)로 반 고흐를 보냈다. 이곳에 의사이자 인상파 애호가였던 가셰 박사가 있었기 때문이다(박사는 반 고흐가 자살했을 때 그 마지막 얼굴을 관화로 남겼다). 그는 박사가 주선해 준 작은 여관 '오베르주 라부(Auberge Ravoux)'에서 그의 인생 마지막 70일을 머물렀다. 짧은 기간이었지만 세잔, 피사로와도 함께 작업했다. 70일간 70여 점의 그림과 30여 점의 데생을 그렸으니, 하루에 한 작품 이상을 그리며 자신 속에 남아 있던 모든 열정을 뱉어낸 것이다. 북프랑스의 하늘에는 프로방스처럼 작열하는 해바라기는 없지만, 〈까마귀가 있는 밀밭〉, 〈오베르의 성당〉, 〈가셰 박사의 초상화〉 등이 자신의 마지막을 알리듯 암울한 잿빛의 터치로 표현되었다.

반 고흐는 테오에게 이렇게 쓰고 있다.

이번 주에 너 아마 가셰 박사를 볼 거야. 피사르의 멋진 그림 한 점을 가지고 있어. 흰 눈 속에 빨간 집이 한 채 있는 있는 겨울 풍경이란다. 그리고 세잔이 그린 꽃다발 그림도 두 점 가지고 있지. 마을 그림도 한 점 있고……

파리에서 한 시간가량 기차를 타고 가면, 오베르쉬루아즈이다. 이곳에 가면 그래도 아를보다는 따듯하게 반 고흐의 흔적을 더듬을 수 있다. 작은 마을 안에 바로 반 고흐가 그렸던 그 장면들이 파노라마처럼 펼쳐진다. 변화가 거의 없는 오래된 도시라 130년이 흐른 지금도 그 자리를 찾을 수가 있다. 로마 스타일의 소박한 성당도 여관도 밀밭도, 모두 반 고흐와의 아름다운 추억을 그대로 간직하고 있다. 단지 사람들만이 바뀌었을 뿐. 그의 인생에서 가장 사랑했고 마지막까지 그의 편이었던 동생 테오와 나란히 누운 반 고흐의 무덤가에는 누군가가 가져다놓은 꽃다발이 놓여 있다. 무덤이 있는 공동묘지를 나오면 바로 누런 들판이 끝없이 펼쳐진다. 오늘도 그 벌판에는 까마귀가 날고, 한 켠에는 상념에 잠긴 젊은이도 보인다.

그토록 사랑받기를 갈구하다 스스로 생을 마감했던 여리디여린 영혼. 지금 이토록 사랑받고 있다는 사실을 그는 알고나 있을까?

3부
빛의 도시

지중해의 느낌이 묻어나는 아를 시내 모습

남프랑스에는 로마 시대의 유적이 많이 남아 있는데, 아를의 콜로세움(원형경기장)도 잘 보존되어 있다.

3부
빛의 도시

오베르쉬루아즈 찾아가기

반 고흐가 묻힌 묘지

자동차로 (라데팡스에서 25km, 30분 소요)
A15고속도로를 타고 젠느빌리에(Gennevilliers) 다리 이후 세르지–퐁투아즈 방면으로 5km → A115로 접어들어 아미앵 보베(Amiens Beauvais) 방향 → 고속도로 끝에서 Mery/Auvers-sur-Oise 출구(Sortie)로 나감

기차로 (한 시간가량 소요)
생라자르(Saint-Lazare)나 북역(Gare du Nord)에서 퐁투아즈행 기차 → 퐁투아즈에서 페르상–보몽(Persan-Beaumont) 방향으로 가는 기차 → 오베르 역에서 하차
열차 시간표 http://www.transilien.com

메종 드 반 고흐(Maison de Van Gogh)

반 고흐가 세를 들었던 여관 오베르주 라부(Auberge Ravoux)는 지금 '반 고흐의 집'으로 불린다. 3층 지붕 밑의 작은 방은 반 고흐가 자살한 이후 아무도 살지 않았다.
http://www.maisondevangogh.fr
주소 Place de la Mairie, 95430 Auvers-sur-Oise
전화 01 30 36 60 60
개관 10:00~17:00 휴관 월·화요일 입장료 2인 €10

반 고흐의 무덤

가셰 박사의 집

주소 Maison du docteur Gachet, 78, rue du Docteur-Gachet, 95430 Auvers-sur-Oise
전화 01 30 36 81 27
개관 10:30~18:00 휴관 월·화요일
입장료 €4
할인 €3.5(25세 이하, 실업자, 장애인, 10명 이상 그룹)
무료 입장 18세 이하의 학생·어린이 동반 가족

반 고흐가 살던 집 '오베르주 라부'

오베르쉬루아즈 관광 오피스

주소 Manoir des Colombières, rue de Sansonne 95430 Auvers-sur-Oise
전화 01 30 36 10 06

반 고흐가 그렸던 오베르쉬루아즈 성당

8.
세잔을 찾아가는 길

그는 우리 모두의 아버지이다. —앙리 마티스

나는 파리 근처의 퐁투아즈(Pontoise)에서도 피사로나 세잔의 흔적을 찾고 싶었다. 그러나 아를에서 반 고흐의 흔적을 찾는 것만큼이나 퐁투아즈에서 피사로나 세잔의 발자취를 더듬는 일은 무의미하다. 이미 사적 공간이 된 집들은 멀리서 바라보아야 할 뿐이고, 퐁투아즈 성에 있는 피사로 박물관에 실제 가 보면 널찍한 방에 피사로의 작품은 하나만 걸려 있고 두 아들의 그림과 동시대 외국인 화가들이 그린 퐁투아즈 풍경화들만이 전시되어 있을 뿐이다. 하루 종일 심심했을 법한 젊은 관리인만이 친절하게 사람들을 맞고 있을 뿐. 그래서 세잔을 찾으려면 프로방스로 떠나는 수밖에 없다.

프로방스는 언제나 마음을 설레게 하는 마법을 지닌 곳이다. 곳곳에 묻어 있는 미술가들의 발자취나 호화로운 생트로페의 별장, 축제와 로제 와인, 사시사철 파티로 흥청거릴 것만 같은 도시들, 그러면서도 포푸리 향 가득한 고급스러운 시골 냄새(프로방스의 시골 냄새는 정말 고급스럽다)……. 세잔이야 프로방스 태생이지만, 피카소도 마티스도 반 고흐도 고갱도 모두 프로방스로 떠난 이유는 이

3부
빛의 도시

세잔을 찾아 여덟 시간 동안 자동차로 프랑스를 종단하던 도중, 중세 요새 유적 모르나스(Mornas)에서 찍었다.

프로방스의 풍취가 그대로 묻어나는 세잔의 아틀리에

3부
빛의 도시

지방이 주는 특별한 영감 때문일 것이다. 특히 빛의 움직임에 민감한 화가들은 작열하는 프로방스의 태양에 매료되었다. 마치 사물이 빛 속에 둥둥 떠다니는 듯한 느낌을 주는 이 지중해의 도시들은 가끔 세상을 비현실적으로 보이게 하는 것이다. 학창 시절에도 그랬지만 지금도 언제나 프랑스에 가면 일을 만들어서라도 한 번씩 들르고 싶은 곳인데, 파리에서부터 850여 킬로미터로 차로 가기엔 참 멀었다. 프랑스의 도로가 아우토반보다도 좋다지만, 파리-리옹-마르세유를 잇는 프랑스의 젖줄기를 종단하는 일은 쉽지가 않았다. 항상 다니던 노르망디의 한산하고 럭셔리한 도로와는 비교도 안 된다. 몇 배는 많은 통행량, 게다가 산업도로라 덤프트럭들이 줄지어 다녀 노면도 울퉁불퉁하다. 하지만 언제나 남프랑스로 내려오는 길가에는 많은 유혹들이 있어 쉽게 차를 포기하기가 어렵다. 프랑스 최고의 와인 명산지 부르고뉴(Bourgogne)와 론(Rhône) 강 유역을 쭉 따라 내려오기 때문이다. 시간적 여유가 있을 때는 그림 같은 포도원 사이에서 와인과 함께 토속 요리를 맛보거나, 프랑스 제2의 도시이자 미식의 도시 리옹(Lyon)의 정취를 맛보며 다시 길을 가는 것도 좋다.

그 중에서도 세잔의 추억이 넘치는 엑상프로방스는 프로방스의 중심 도시이다. 남프랑스에서도 빼어나게 아름다운 경관으로 연중 내내 관광객이 몰려드는 곳이기도 하다. 파리의 자유가 관념적이라면 이곳의 자유는 물리적인 것에 가깝다. 뭔가 일상으로부터 멀어진 느낌이랄까? 모든 사회적 속박으로부터의 자유 말이다. 문득 차창 너머 지중해의 냄새가 물씬 풍기는 이들의 일상에 숨어들어 보고 싶다는 생각이 들었다. 이 아름다운 도시에서도 우리처럼 사랑하고 싸우고 화해하기를 반복하며 살아가고 있는지 확인해 보고 싶었다. 20여 년 전에 이곳에 와 프랑스 사람과 결혼해서 살고 있던 선배 P가 생각났다. 유학 시절에는 프로방스에 올 때면 그 선배 집에서 묵기도 했고 역시 유학을 왔

3부
빛의 도시

던 여동생은 그곳에서 하숙을 하기도 했건만, 세월에 떠밀려 살다 보니 연락이 끊어진 지 오래였다. 선배는 잘 살고 있을까? 아름답지만 내 것이 아닌 곳에서 내 것인 양 믿으며 살아가는 것은 어떤 삶이었을까, 조금은 궁금해졌다.

부유한 은행가의 아들이었던 세잔은 별 어려움 없는 편안한 일생을 보냈다. 워낙 예민하기도 했지만, 뼛속까지 프로방스 인이었던 그는 젊은 시절 파리의 인상파 화가들 사이에서도 겉돌기만 할 뿐 적응을 못 하고 결국 다시 고향으로 돌아오곤 했다. 고속도로에서 엑스로 진입하다 보면 큰길가에서 제일 처음 마주치는 세잔의 추억이 바로 자 드부팡(Jas de Bouffan)이다. 프로방스 사투리로 '바람의 집'이라는 뜻인데, 세잔의 아버지가 소유했던 별장이다. 높은 담으로 둘러싸인 넓은 대지에는 몇 백 년은 되었음 직한 큰 나무들이 서 있고 한편에는 올리브 나무들이 자라고 있다. 건물 내부는 그룹으로만 방문객을 받지만 넓은 정원은 항상 개방되어 있어서, 미술 학도들이 세잔이 그렸던 시점에서 크로키를 하거나 수채화를 그리는 모습을 볼 수 있다. 젊은 시절에는 아버지가 내어준 지붕 밑 방 작은 아틀리에에서 습작을 했고, 1859년부터 1899년까지는 '사계(Four Seasons)'라는 주제로 벽화를 그리는 등 많은 작업을 했던 곳이다.

세잔은 성마르고 까칠한 데다 폐쇄적인 성격이어서 친구가 별로 없었다. 그러다 부르봉 중학교(Collège de Bourbons)에 입학하며 훗날의 그 유명한 작가 에밀 졸라를 알게 된다. 이탈리아에서 파리로 이민 온 졸라의 아버지는 공공 건설 현장의 엔지니어였다. 엑상프로방스의 운하 건설 책임자가 된 그는 에밀이 세 살 때 온 가족을 데리고 엑스로 이주한다. 그러나 공사 프로젝트를 채 진행하지도 못하고 에밀 졸라가 10살이 되던 해에 세상을 뜨고 만다. 보수적인 지방 사람들에게 졸라의 남겨진 가족은 형편이 어려운 이탈리아 이민이자 파리에서 온 '외지인'이었다. 소외감 속에 중학교에 들어간 졸라는 아웃사이더로 겉

세잔의 별장 자 드부팡의 올리브 나무들

도는 세잔과 곧 단짝이 된다.

세잔은 아버지의 권유로 별 흥미도 없는 법대에 진학했지만, 데생학교에서 미술 공부도 계속한다. 법조계 일에 염증을 느껴 모든 것을 떨치고 파리로 올라온 세잔은 국립미술대학(Ecole des Beaux-Arts) 진학을 위한 준비 기관 '아카데미 쉬스(Académie Suisse)'에서 본격적으로 그림 공부를 시작한다. 시테 섬의 센 강변에 있던 이 학원은 1815년에 창설되어 다비드, 그로, 들라로슈(Paul Delaroche) 등이 이끌었던 명성 있는 아틀리에였다. 1844년 이래로 스위스의 화가 샤를 글레르가 경영하고 있었는데, 미술 학도들을 지원하기 위한 시설이었다. 정규 코스를 개설한 것이 아니라, 젊은 화가들이 혼자서 모델을 쓰기에는 비용이 너무 벅차기 때문에 공동으로 모델을 사서 누드를 연습하도록 배려해 주었던 것이다. 여기서 세잔은 모네, 피사로, 르누아르, 시슬레, 기요맹 등과 알게 된다.

엑상프로방스의 로마 유적지

3부
꽃의 도시

지중해적인 밝음이 가득한 엑상프로방스 거리

그러나 좀 과도한 기질을 가진 세잔을 보수적인 국립미술대학에서 받아들일 리가 만무했다. 까칠한 세잔의 성격을 가장 잘 이해하고 보듬어준 사람은 피사로였던 것 같다. 그는 세잔보다 아홉 살이 많았지만, 둘은 서로의 작품 세계를 발전시켜 나가는 데 많은 도움을 주었다. 인상파의 선봉에 선 피사로는 세잔이 파리에 도착해 정착하도록 자신이 살던 퐁투아즈로 오게 하였다. 세잔은 피사로의 인상주의 기법에 심취했고, 피사로 또한 세잔의 사진화법(picturalité autonome)적 구성을 많이 받아들였다. 이 시절 고갱, 아르망 기요맹 등도 피사로 휘하에 있으면서 서로의 미술적 감성을 나누었다. 잠시 퐁투아즈에 머물던 세잔은 1873년 가셰 박사의 주선으로 오베르쉬르우아즈로 거처를 옮기고, 여기서 반 고흐와 친분을 쌓게 된다. 인상주의 애호가 가셰 박사는 반 고흐를 알아보았듯이 세잔의 천재성도 알아보았다. 훗날 가셰가 아무도 사지 않는 이들의

엑상프로방스에서는 여기저기서 세잔의 얼굴을 만날 수 있다.

작품을(반 고흐는 살아생전 화랑을 통해서는 작품을 딱 한 점 팔았을 뿐이다) 많이 소장하고 있었던 것은 우연이 아니다.

그러던 1886년의 어느 날, 세잔의 인생에 아주 슬픈 일이 일어났다. 어릴 때부터 단짝이던 에밀 졸라와의 갑작스러운 절교였다! 당시 졸라도 파리에 올라와 큰 출판사 아셰트(Hachette)의 편집장을 맡아 작가로서 명성을 날리던 때였다. 졸라는 세잔을 너무 잘 알고 있었던 것 같다. 천재라기에는(현재는 세잔의 천재성을 의심하는 사람이 아무도 없지만) 자신의 그림에 확신을 지니지 못하고 언제나 자신이 이룩한 것에 의문부호를 찍는 세잔의 작가성에 항상 2퍼센트 부족함을 느꼈던 것 같다. 그는 심혈을 기울인 소설 『작품(L'Oeuvre)』을 출간하였고, 친구 세잔에게도 한 권을 보내왔다. 그러나 이 책을 읽은 세잔은 분노로 파랗게 질렸고, 그 후 졸라와 다시는 만나지 않았다. 그 책의 내용은 '어쩌면 천재성을 지녔을지도 모르는 화가지만, 결코 천재가 될 재능은 지니지 못한 화가'의 이야기를 그리고 있었기 때문이다. 이 소설의 주인공 클로드 랑티에는 화가로서 실패하고 자살로 생을 마감한다. 어쩌면 졸라기 세잔만을 지목했다기보다는 1863년 국전인 파리 살롱에서 낙선한 화가들의 전시회에서 스캔들을 일으켰던 마네를 모델로 했을 수도 있고, 인상파 화가들 전체를 싸잡아 희화했을 수도 있다. 그러나 문제는 세잔이 이 책을 읽자마자 작품의 주인공이 자신이라 믿고 상처를 받았다는 것이다. 그는 졸라에게 우정이 끝났음을 알리는 차가운 편지를 보냈다. 그러고는 몹시 괴로워했다. 1902년 졸라가 죽었다는 사실을 통보받았을 때, 그는 며칠간 꼼짝도 않고 어두운 작업실에 틀어박혀 있었다.

성격이 급하면서도 외로움 많은 성격의 세잔은 그림 외에는 도통 인생의 낙이 없는 인물이었다. 대중은 아직 인상파 화가들의 그림을 잘 이해하지 못했고, 극단적인 그의 그림은 1874년 최초의 인상파 그룹 전시회 때조차 스캔들을 일으킬 정도였다. 세심하고 관대한 성격의 피사로는 세잔이 여러 가지 규칙과 원칙으로부터 벗어나 자기 자신을 찾아가도록 도와주었다. 세잔은 시간이 가면서 도드라지는 넓은 붓 터치로 빛에 의해 구조화되고 덩어리가 된 형태를 표현하기 시작했고, 이내 인상주의와 멀어졌다. 1901년 세잔은 로브(Lauves) 언덕의 시골집을 사들인다. 이곳에 아틀리에를 마련한 그는 화구를 챙겨 매일 로브를 올랐고, 로브에서 바라보는 생트빅투아르 산의 다양한 모습과 주변 풍경을 화폭에 담았다. 그의 마지막 유화들은 규칙적인 터치로 펼쳐진 넓은 구성, 합성되는 힘, 섬세한 색채들로 곧 이어질 입체파에게 영향을 주었다. 뿐만 아니라 야수파나 추상파도 자신들 세계의 첫걸음을 세잔에게서 찾았다. 피카소가 세잔의 고향에서 멀지 않은 보브나르그(Vauvenargues)에 성을 사서 그곳에서 생을 마감한 것은 우연이 아니다. 피카소가 가장 사랑한 지역이 프로방스였다. 엑상프로방스에 가면 세잔과 피카소를 함께 묶어 여는 기획 전시가 끊임없이 열린다. 피카소의 성에서, 세잔의 아틀리에에서, 또는 지역 도립미술관에서도 항상 이들의 연관성을 이야기하고 많은 기사들이 쏟아져 나온다.

하지만 개별적으로 세잔의 발자취를 돌아보려면 시간적으로 부담이 많다. 관광사무국에서 주관하는 프로그램을 이용하는 것이 좋다.

퐁투아즈 가는 길

기차 파리 북역과 생라자르 역에서 출발하는 기차로 40분가량 소요.
지하철 고속전철(RER) A3로 세르지 도청(Cergy Préfecture)에서 버스로 갈아타거나 RER-C로 직행할 수 있다.
자동차 라데팡스에 고속도로 A86을 타고 달리다 A15 세르지–퐁투아즈(Cergy-Pontoise) 방향으로 바꾸어 타고 9번 출구 퐁투아즈–상트르(Pontoise-Centre)로 나온다. 약 30분 소요.

퐁투아즈에서 반 고흐의 집이 있는 오베르쉬르아즈까지는 약 5.5㎞.

피사로 박물관
주소 17, rue du Château F, 95300 Pontoise 전화 01 30 38 02 40
개관 14:00～18:00 **휴관** 월·화요일, 공휴일 **입장료** 무료

퐁투아즈 동굴
퐁투아즈는 피사로나 세잔의 발자취 외에 석회암 동굴로도 유명하다. 자연 동굴을 이용해 발달한 중세의 지하 교회 및 은신처 등을 볼 수 있다. 퐁투아즈 관광사무국에서 주관하는 방문 코스를 따라 관람할 수 있다.

퐁투아즈 관광사무국(l'Office du Tourisme de Pontoise)
주소 6 place du Petit Martroy, 95300 Pontoise 전화 01 30 38 24 45

9.
몽파르나스가 떠오르다

몽파르나스(Montparnasse)는 투르, 낭트, 보르도 등 프랑스 남서쪽으로 떠나는 기차가 출발하는 곳이다. 바르셀로나를 거쳐 에스파냐로 갈 때도 이곳에서 기차를 탄다. 이 역은 증기기관차가 한창 발전하던 시기에 발생한 어이없는 사고로 더욱 유명해진 곳이다. 1895년 10월 22일에 브르타뉴의 그랑빌(Granville)과 파리 사이를 달리던 기관차가 8분 정도 도착 시간이 지연되자 전속력으로 가속을 하였다. 그런데 종단역인 몽파르나스 역에 들어오면서 브레이크가 작동하지 않았다. 결국 기차는 정지하지 못했고, 그대로 플랫폼과 테라스를 가로질러 역사 창문을 뚫고 길가로 떨어져 내렸다. 다행히도 기관차와 바로 뒤의 짐칸들만 건물 밖으로 떨어지고 승객들로 가득 찬 객차는 역 안에 남아 있어 다섯 명 정도만 부상을 입었지만, 불행하게도 역 근처의 가판대에서 장사를 하던 한 여인이 날아오는 대리석 조각에 맞아 숨지고 말았다. 워낙 큰 이슈가 되었던 사건이라 아직도 몽파르나스 하면 이야기를 하게 되는 사건이다.

내가 프랑스에 처음 발을 디딘 곳은 파리가 아닌, 남서쪽 대서양변의 낭트(Nantes)였다. 낭트 칙령으로 유명한 도시이다. 그곳에서 몇 개월간 머무르며 가끔씩 수도를 구경하러 올라오면 도착하는 곳이 바로 몽파르나스 역이었다. 그

3부
빛의 도시

1895년 몽파르나스 역의 기차 사고

래서 몽파르나스는 지루한 낭트에서의 생활 속에서 나를 대도시의 활기로 이끌어주는 마법의 문 같은 곳이었다. 바로 이 역을 중심으로 주변 거리는 20세기 초 기라성 같은 예술의 대가들이 유럽 문화사에 한 획을 그었던 보금자리이다. 지금은 모든 것이 추억 속으로 사라지고, 행여나 하고 모여드는 여행객과 카페에서 일상을 보내는 파리지앵들로 가득하지만, 그래도 파리가 예술의 도시로 한 시대를 풍미했던 흔적을 찾기 위해서는 이곳을 빼놓을 수 없다.

파리의 전경을 감상하기에 가장 좋은 곳을 찾는다면 어디일까? 아마 에펠탑 꼭대기와 몽파르나스 타워를 꼽을 수 있겠다. 포토그래퍼들이 파리의 야경을 찍고 싶은 장소로 가장 먼저 선택하는 곳도 바로 이곳이다. 시내를 아무리 돌아봐도 6층을 넘어서는 고층 빌딩이 없는 파리에서는 에펠탑 다음으로 높은 건물이다. 학생들의 거리 생미셸과 생제르맹데프레에서 그리 멀지 않은 14구의 59층짜리 이 유리 건물은 타워(tower)라기엔 좀 평범해 보인다. 아니, 오히려 고만고만한 건물들 사이에 혼자만 시커멓게 튀어나와 있어 눈에 거슬린다는 표현이 낫겠다. 서울에서 하늘이 낮다고 으스대며 솟아 있는 빌딩들 사이에서 살아온 내가 몽파르나스 타워를 보며 눈쌀을 찌푸리다니, 그사이 파리지앵이 되기라도 한 걸까? 시각의 간사함에 새삼 놀라게 된다. 이 타워는 비상하는 미국 문화에 관심을 갖기 시작한 프랑스가 파리 시를 재개발하며 뉴욕과 같은 마천루를 세우고자 1973년에 완공한 것이다. 당연히 이때도 보수적인 파리지앵들은 에펠탑을 올릴 때처럼 거세게 반대하였다. 오래된 석조건물에 눈높이가 맞추어져 있는 파리 시민들이 시커먼 59층짜리 건물에 선뜻 마음 내켰을 리가 만무하다. 하지만 반대한들 별 뾰족한 수가 있었겠는가? 특별히 시민의 삶에 해를 끼치지 않는 한 모든 것은 경제 원리에 따라 진행되는 것을. 결국 타워는 세워졌고 지금은 그럭저럭 명소로 자리 잡았지만, 파리 시는 주변 경관과 어울리지 않는다는 교훈을 얻었는지 이후로 더 이상의 고층 건물은 세우지 않았다. 이 안에는 각 기관들, 기업 사무실들과 쇼핑센터가 들어차 있고, 한국관광공사 파리 지사를 비롯해 한국 기업 사무실도 많이 들어 있다. 몇 년 전엔가는 이 건물 전 층에 발암 물질 석면이 다양한 수준으로 내장돼 있어 대책이 시급하다는 언론 보도가 나와 떠들썩하기도 하였고, 2006년에는 이 건물에 폭발물을 설치했다는 장난 전화로 온 시내가 발칵 뒤집힌 적도 있었다. 원, 200층이 되는 것도 아니고, 바람 잘 날이 없는 건물이다. 하지만 옥상에서 내려다보는 파리는 거칠 것이 없어 그야말로 장관이다. 56층의 스카이라운지에서 파리의 야경을 바라보며 연인과 와인을 한잔 마실 수 있다면, 그야말로 '파리의 연인' 아니고 무엇이랴……

몽파르나스의 몽(Mont)은 산(montagne)의 약자이다. 그리스 신화에서 아폴론에게 바친 섬 이름에서 유래했다고 한다. 이런 이름이 괜히 붙은 것이 아니라 실제 이곳에는 정말 산이 있었다. 여러 세기 동안 채굴해 온 채석장 폐허의 잔해와 쓰레기 더미, 고철 등으로 뒤덮인 작은 언덕이었다. 아폴론과 뮤즈들이 신성한 날을 보낸 곳이라는 의미로 17세기의 대학생들이 파르나스 산(Mont Parnasse)이라는 이름을 붙였던 것이다. 아마도 약간은 조롱 섞인 이름이었겠지만. 그러나 파리 시는 1725년 도시 개발 와중에 이 언덕을 깎아버렸다.

몽마르트르가 한창 떠들썩하던 19세기 중반부터 몽파르나스 지역에도 1,500여 명의 화가, 조각가들이 몰려 살았다. 그래서 20세기 초의 파리는 센 강을 중심으로 우안(Rive Droit)과 좌안(Rive Gauche)에 이상한 대칭성이 존재했다. 당시 채소밭이며 쓰러져가는 외양간, 작은 집들이 있는 교외였던 이 지역이 특히 매력적이었던 이유는 국립미술대학에서 그리 멀지 않으면서도 집세가 싸서

뤽상부르 공원에서 멀리 보이는 몽파르나스 타워

사설 스쿨들이 밀집해 있었기 때문이다. 사설 스쿨에서는 공식적인 예술로부터 해방되어 살아 있는 모델을 놓고 그림을 연습할 수 있었는데, 들라크루아, 쿠르베, 마네, 모네, 피사로, 세잔 등이 이 스쿨들을 드나들었다. 게다가 이 지역 북쪽인 몽루주(Montrouge)는 아직 수도권에 편입되지 않았던 시절이라 파리시의 세금이 적용되지 않았다. 즉, 반입 세금이 붙지 않아 술 값부터 모든 물품 값이 파리 시내에 속한 지역보다 쌌다. 리브 고슈의 파리 사람들은 1760년에 완성된 불르바르 몽파르나스(boulevard Montparnasse)를 따라 느긋하게 산책을 즐기고 값싼 선술집에서 축제를 벌였다. 이때부터 있던 선술집들 중 10여 개가 20세기 초까지 남아, 예술가들은 이곳에서 즐기고 노래하고 춤을 추며 인생을 논했다. 애석하게도 오스만의 파리 시 정비 정책으로 수도에 편입되었지만 '라 게테(La Gaité: '즐거움'이라는 뜻)'라는 길의 이름으로도 알 수 있듯이 오늘날까지도 이 거리에는 웃고 즐기던 축제의 흔적이 남아 있다.

    1900년경부터 몽마르트르 언덕은 관광객들로 붐비기 시작했다. 덩달아 물가도 올랐고 그곳에 살던 인상파를 비롯한 예술가들은 좀 더 저렴한 아틀리에를 찾아야 했다. 그래서 개발이 덜 된 남쪽의 몽파르나스로 줄지어 이주하기 시작했다. 게다가 1911년에 지하철 12번선이 피갈(Pigalle)까지 연장되자 막 새로이 떠오르던 바뱅(Vavin)에도 쉽게 갈 수 있게 되었다. 이제 몽마르트르는 서서히 쇠퇴하고 이 지역이 예술 활동의 중심지로 떠오른다. 인상주의가 몽마르트르에 속한다면, 몽마르트르 언덕에서 태어난 큐비즘은 몽파르나스에서 비상하는 셈이다. 아폴리네르의 그 유명한 시「미라보 다리 아래」는 바로 이 시대의 사랑과 낭만, 그리고 인생의 덧없음을 이야기하고 있다.

라뤼슈(La Ruche)

파리에서 제일 긴 도로 보지라르(Vaugirard) 가에서 움푹 들어간 단지그(Dantzig) 골목 안에 철책으로 반쯤 가려진 커다란 건물이 숨어 있다. 아이비로 건물 전체가 뒤덮인 이 운치 있는 건물은 20세기의 가장 위대한 예술가들이 탄생한 곳이다. 바토라부아르(Bateau Lavoir)가 피아노를 만들던 공장을 개조한 허름한 건물인 데 비해 이 둥그런 4층짜리 건물은 나름 쾌적해 보인다. 게다가 이곳에는 아직도 60개의 아틀리에가 있어 많은 예술가들이 입주해 있다. 원래는 1900년의 세계박람회 때 보르도의 와인을 보관하기 위해 에펠 팀이 시공한 것을 1902년에 성공한 조각가 알프레드 부셰가 다시 사들인다. 그는 자신의 어렵던 시절을 회상하며 가난한 예술가들을 위한 공동의 생활 터전을 마련해 주고자 건물을 아틀리에로 개조하였다. 숙소뿐 아니라 헛간을 개조한 극장과 전시관, 공동 모델을 써서 작업하는 화실까지 마련했다. '라뤼슈(La Ruche: '벌집'이라는 뜻)'라는 이름은 부셰가 직접 지은 것으로, 마치 벌집처럼 모여 있는 140여 개 아틀리에 사이를 꿀벌처럼 왔다 갔다 하는 예술가들의 모습에서 영감을 얻었다고 한다.

라뤼슈는 국적을 불문하고 예술가들을 받았다. 저렴한 숙박비에 아무런 제약이나 조건 없이 작품에 몰두할 수 있었기 때문에, 그야말로 예술가들의 공동체를 이루었다. 빈털터리로 도착하는 이들은 돈을 내지 않고도 잠자리를 얻을 수 있었다. 물론 이들 중 경제적 여유가 있는 사람들은 돌로 지어진 쪽의 따뜻한 방에서 지내고, 가난한 예술가들은 철과 유리로 지어진 쪽 방을 쓰며 추운 겨울을 보내야 했지만 말이다. 중부 유럽에서 시작해 샤갈이나 브랑쿠시(Constantin Brancusi) 등 러시아나 발칸에서 온 작가들도 이곳에 둥지를 틀었다. 피카소와 모딜리아니, 마리 로랑생도 왔다. 네 개 층 중 아래층에는 조각가들

라뤼슈로 가는 단지그 골목

3부
빛의 도시

라뤼슈 건물의 무성한 담쟁이 넝쿨

의 아틀리에가 있었고 2, 3층은 화가들의 아틀리에가 있었다.

　　1912년과 1913년경 텅 빈 채 한 시대의 막을 내린 바토라부아르는 1972년 화재로 소실되어 현재 입구 한 면만이 남아 있다. 반면 라뤼슈는 전쟁을 치르는 동안 난민 수용소가 되기도 하였지만 아직도 예술을 창조하는 공간으로 살아 숨쉬고 있다. 애석하게도 외부에 개방은 되지 않는다.

몽파르나스 카페 거리

몽파르나스 타워에서 몽파르나스 거리로 나와 오른쪽으로 내려오면 유명한 카페들이 모여 있는 브래스리(Brasserie) 거리가 있다. 이 구역이 바로 바뱅 교차로(carrefour Vavin) 부근이다. 이곳은 두 번의 세계대전 사이에 많은 문인과 예술가들이 몽파르나스 거리에 모여들면서 유명해진 카페들이 남아 있는 곳으로, 지금도 파리 사람들은 물론 안내 책자를 본 관광객들이 들르는 곳이다. 로댕(Auguste Rodin)도 이 지역에서 긴 습작 시절을 보냈다. 그래서 바뱅 역 교차로에는 로댕이 제작한 조각상 〈발자크〉가 있다. 몇몇 비평가들이 발자크를 추하게 표현했다고 비난하기도 했지만, 영화 〈아메데오 모딜리아니〉에서 모딜리아니가 술에 취해 동상을 돌며 춤을 추는 장면은 뭔가 허전한 감동을 주는 아름다움이 있었다.

　　이 거리의 카페들은 예전에는 카페+레스토랑+시낭송 등 문화 행사가 복합된 공간으로 문인들에게 많은 사랑을 받는 곳이었다. 그러나 몽파르나스가 예전의 분위기를 잃어버리면서 문닫은 곳이 많고 지금은 몇몇 카페들만 명맥을 유지하고 있는데, 르돔, 라로통드, 라쿠폴, 레셀렉트 등이 바로 광란의 몽파르나스 전설 속에 회자되는 카페들이다. 이곳은 적은 돈으로 일품요리를 먹을 수 있어, 근처 아틀리에에서 작업하는 가난한 화가들이 끼니를 해결하는 장소가 되었다. 그들이 와인이나 맥주를 마시고는 종종 그림으로 값을 지불했기에 카페의 벽은 이들의 그림으로 가득 찼다.

당시 카페의 주인들은 지금의 상업적인 오너들과는 다른 낭만적 감성이 있었다. 지금은 생각할 수 없는 개념이지만, 이 시기의 카페 주인들은 감각도 뛰어나서, 일종의 메세나(mécénat)와 같은 역할을 하고 있었다. 가끔 한잔 사기도 하고, 예술가들과 어울려 토론하며 카페를 자유와 탈출의 환상을 주는 장소로 만들었다. 예를 들어 카페 라로통드의 주인이었던 빌토르 리비옹은 성격 괴팍하고 제멋대로인 모딜리아니를 진정시킬 수 있는 유일한 사람이었다고 한다. 세계 각지에서 온 예술가들의 친구였던 그는 매상 같은 데는 신경 쓰지 않았다. 피카소나 드랭, 브라크와 같은 패거리들이 큐비즘의 이론을 발전시킬 수 있도록 기꺼이 테라스를 내주었고, 궁핍한 예술가들이 테이블 위에 머리를 대고 잠들면 방해되지 않도록 주변을 정돈해 주었다.

예술가들뿐 아니라 시인, 망명자, 혁명가들도 모여들었다. 큐비즘과 초현실주의, 모든 실험적 예술들, 부조리한 시와 소설, 아방가르드한 사진들은 이 동네에서 부화한 것이다.

에콜 드파리(Ecole de Paris)

특히 외국에서 온 젊은 화가들은 불어가 서툴러 카페에 모여 모국어로 소통하며 의지하고 정보를 얻곤 했다. 그래서 이곳은 이국적인 예술가촌을 이루고 있었다. 여기에 프랑스의 아방가르드한 예술가들이 가세하면서, 파리의 화단과 좀 동떨어진 아웃사이더라는 공통점이 있으면서도 개성이 강해 서로 간의 동질성은 없는, '그러나 하나인' 특이한 문화를 형성했다. 이렇듯 다양한 인종과 문화가 혼합된 이 시절의 몽파르나스 그룹을 '에콜 드파리(Ecole de Paris)'라고 총

칭한다. 좁은 의미에서는 이탈리아에서 온 모딜리아니, 러시아 인 샤갈, 폴란드 인 키슬링, 리투아니아의 수틴(Chaim Soutine)을 비롯한 유대인 그룹과 독일, 스칸디나비아 등에서 온 외국인 그룹으로, 야수파나 입체주의 화가들과 같이 일관된 이론은 없었지만 1880년에서 1900년 사이에 태어나 청년 시기를 파리에서 프랑스 모더니즘의 분위기 속에 보낸 동시대의 화가들이었다. 화가로서의 스타일이나 재능은 서로 달랐지만 외국인이라는 멜랑콜리한 정서와 주류에 대한 반항적 기질, 자신들이 태어난 조국의 뿌리를 지킨다는 데에 일치감을 느꼈다. 그들은 프랑스 화단의 주류를 이루는 입체파나 야수파 등과도 교류하며 친분을 유지하였지만 이들의 이론과는 다른 정서를 나타낸다.

에콜 드 파리는 다양성을 있는 그대로 수용하는 프랑스적 감수성과 톨레랑스 속에 각 작가들의 타향살이가 녹아든 하나의 흐름이라고 할 수 있다. 이방인으로서의 외로움과 미래의 불안, 인생에 대한 고뇌… 이것이 몽파르나스 예술촌의 분위기를 형성하고, 여기에 매료된 지식인들을 끌어들였다. 그래서 에콜 드 파리는 이런 분위기에 젖은 아방가르드한 문학가, 시인, 작곡가, 가수, 망명객, 그리고 상류층의 따분한 생활에 지겨움을 느껴 이들의 주변을 서성이며 작업할 기회를 노리는 귀부인들까지도 포함하는 개념으로 확대되었다. 여기에 모인 사람들은 파리의 위선적인 부르주아 사회와는 달리 생명력 넘치는 다양한 문화 속에서 공통의 것들을 교감하고 있었다. 이런 하나의 움직임을 통틀어 에콜 드 파리, 즉 '파리 파'라고 할 수 있는데, 이는 몽마르트르의 개인주의적이면서 세기말적인 퇴폐적·몽환적 분위기와는 확연히 구분되었다.

제2차 세계대전으로 인한 독일의 점령은 몽파르나스의 이러한 광기에 단절을 가져온다. 이어 해방이 되자 생제르맹데프레가 새로운 예술가들의 거리로 떠오르게 된다.

몽파르나스 타워와
이 지역의 유명한 카페

몽파르나스 타워(La Tour Montparnasse)
주소 rue de l'Arrivé, 75015 Paris
지하철 몽파르나스비엥비뉘(Montparnasse-Bienvenue) 역
개관 09:30~22:30(여름철 23:00)

르돔(Le Dôme)
주소 108, boulevard Montparnasse, 75014 Paris 지하철 바뱅(Vavin) 역
전화 01 43 35 25 81

라로통드(La Rotonde)
주소 105, boulevard Montparnasse, 75006 Paris 지하철 바뱅 역
전화 01 43 26 48 26

라쿠폴(La Coupole)
주소 102, boulevard du Montparnasse, 75014 Paris 지하철 바뱅 역
전화 01 43 20 14 20

르셀렉트(Le Select)
주소 99, boulevard du Montparnasse, 75006 Paris 지하철 바뱅 역
전화 01 45 48 38 24

10.
미술관이 된 기차역

당신이 천사를 보여준다면 내가 그려보겠다. —쿠르베

　쿠르베의 이 말보다 19세기 미술을 더 잘 표현한 말이 있을까?
　센 강 좌안의 케 도르세(Quai d'Orsay)에 위치한 오르세 미술관(Musée d'Orsay)은 아마도 전 세계에서 가장 많은 사람들이 찾는 곳이 아닐까 싶다. 루브르에 전시된 먼 시대의 작품들이 현실성이 떨어진다면, 이곳은 우리 집에 있던 그림이 왜 여기 와 있나 싶을 정도로 친숙하다. 어릴 때부터 미술책이나 달력에서, 포스터에서 항상 보아온 때문이다.
　오르세 미술관은 원래 기차역이었다. 1900년 파리에서 세계박람회를 유치하면서, 내·외국의 관람객들을 좀 더 편리하고 안락하게 파리 시내까지 들어오게 하기 위해 루브르 박물관 맞은편에 역을 만든 것이다. 처음 계획은 철골구조물이었다. 그러나 아름다운 파리에 산업혁명의 상징인 철제 건물이 들어선다는 말에 토론 좋아하는 파리지앵들이 들고일어났다. 에펠탑 건설 때만큼이나 큰 소동이 일어나자 철도회사는 주변의 아름다운 건물들과 조화를 이루기에 모자람이 없는 건물을 짓는다고 공표하였다. 입찰 경쟁으로 건축가를 선발했다. 당시 가장 잘나가던 건축가 중 한 명인 빅토르 랄루가 선정되었고,

3부
빛의 도시

쿠르베의 〈화가의 아틀리에〉 앞에 다정히 서 있는 동성애 커플

2년여에 걸쳐 건물을 완성하였다. 철골구조물을 대리석으로 감싸고, 대형 돔으로 역의 천장을 덮고, 역사와 연결된 370여 개의 객실을 갖춘 호텔은 화려한 장식과 그림, 석고상 등으로 도배했다. 각종 양식에서 좋은 것은 다 따온, 말 그대로 절충주의 양식의 건축물이 탄생한 것이다. 그러나 한동안 프랑스의 남 - 서를 연결하는 기능을 하던 오르세는 철도가 점점 광역화되면서 무용지물이 되어 1939년에 폐쇄된다. 그러다 보니 세련된 파리지앵들에게 이 건물은 눈엣가시가 되었다. 여러 가지가 마구 뒤섞여 깊이가 부족한 추한 모습에다 퇴폐적인 세기말의 상징으로 여겨져, 강 건너편 중심가의 시장 레알(Les Halles)과 함께 헐릴 위기에 처했다. 그러나 지나온 발자취를 소중히 하는 또 다른 파리지앵의 주도로 여론은 '역사의 보존' 쪽으로 돌아섰다. 19세기 산업혁명의 도화선이 되었던 철도의 상징 오르세 역을 헌다는 것은 역사의 매장이라는 것이

3부
빛의 도시

장 바티스트 카르포, 〈세계의 4부분〉, 1872년경. 오스만 남작이 뤽상부르 공원의 분수대를 위해 주문한 것으로, 지구를 받치고 있는 유럽, 아메리카, 아시아, 아프리카의 네 대륙을 상징한다.

다. 추한 것도 역사의 일부분이니 말이다.

당시에 루브르 박물관은 각종 예술품으로 넘쳐났기 때문에, 조르주 퐁피두 대통령 때부터 이 역을 19세기 작품들만 모아놓은 미술관으로 만들자는 말이 있었다. 결국 낡아 쓰러져가던 건물이 1973년 문화재로 지정되고, 지스카르 데스탱 대통령 때 와서야 21세기를 위한 미술의 전당으로 탈바꿈하기 시작했다. 1979년 설계 공모전을 통해 외장은 ACT스튜디오가 최종 선정되었고, 내부 장식은 이탈리아의 가에 아울렌티가 맡게 되었다. 그리하여 오르세 역의 플랫폼은 미술품 전시장으로, 호텔은 레스토랑 및 연회장으로 개조되었다. 지스카르 데스탱은 개관을 하지 못한 채 권좌를 물려주었고, 프랑수아 미테랑이 1986년 멋진 개관식을 치른다. 캉에서 학교를 다니던 나도 TV로 개관식을 지켜보았던 기억이 난다. 당시 총리이던 자크 시라크, 이 프로젝트를 수립했던 전 대통령 지스카르 데스탱, 퐁피두 대통령의 미망인 클로드 퐁피두 등이 함께 개관식 테이프를 끊었다. 좌파와 우파 정부가 동거(cohabitation)를 이루고 있던 시기에, 오르세에서 함께 거닐며 작품을 감상하는 그들의 모습에 언론은 진정한 정치적 동거를 이루었다며 난리들이었다.

입장하기 전 밖에서 볼 수 있는 커다란 시계는 마치 서울역처럼 지금도 기차역 시절 모습 그대로다. 꼭대기 층에 올라가면 이 커다란 시계를 바로 앞에서 볼 수 있고, 베란다로 나가면 루브르를 건너다볼 수도 있다. 매표소를 지나 들어가자마자 우선 마주하게 되는 탁 트인 정경에 박물관 맞나 하는 느낌이 든다. 높은 천장에 미지의 세계로 열린 듯한 넓은 홀은 선로만 없지 플랫폼의 모습을 그대로 간직하고 있다. 거대한 천창에서 들어오는 빛의 유희는 자유랄까… 시간이 멈추어 선 듯한 느낌을 주는 것이, 인상파의 미술관답다. 그리고 그 아래로 관람객과 함께 어우러져 있는 조각상들은 그들이 전시된 것인지, 그

오르세 미술관 1층의 옛 기차역 시절부터 있었던 대형 벽시계

3부
빛의 도시

로댕, 〈지옥의 문〉, 1880~1917

사이를 지나는 내가 전시된 것인지를 자문하게 한다. 광대함에 지레 지쳐버리는 루브르 박물관의 압박감과는 확연히 다르다. 전체가 눈에 들어오니 만만하다고나 할까?

오르세를 왜 인상주의 미술관이라고 하는지를 보려면 우선 맨 꼭대기 5층부터 올라간다. 1층에는 조각상들과 더불어 전기 인상파적인 쿠르베, 밀레, 마네 등의 그림, 그리고 앵그르, 토마 쿠튀르(Thomas Couture) 등의 아카데미적인 작품들이 함께 전시되어 비교하며 감상할 수 있다. 만일 오후에 갈 경우 1층에서 너무 감탄하며 서성거리다가는 금방 폐관 시간인 5시가 되어버릴 테니 조심하자. 그리고 5층 전시실부터 닫는다는 것을 꼭 기억하자. 3층에는 아르누보관, 기획전시실 등이 있다. 프랑스 문학 책에서 보던 푸르스트의 초상화나 과학 책에서 보던 루이 파스퇴르의 초상화도 여기서 만날 수 있다. 요즘은 한국어로 된 안내서도 있으니 각 방에 전시된 작품들을 확인하며 찾아가면 된다. 참, 그림에 홀려 로댕의 〈지옥의 문〉을 놓치지는 말 것!

3부
빛의 도시

11.
인상주의 미술관

나는 다른 사람들이 보고 즐거워할 그림이 아니라 내가 보는 것을 그린다. – 마네

　　5층에서 각 화가의 방을 돌다 보면, 왜 인상파가 초창기에 스캔들을 일으켰는지 알 수 있을 것 같다. 새로운 화풍이나 소재도 놀라웠겠지만, 인간의 감정이 고스란히 그림에 나타나는 것에 사람들은 불편했을 것이다. 당시에는 생소했던 느낌이니 말이다. 이들의 그림은 그리는 순간에 느꼈던 화가의 마음이다. 이런 마음의 상태를 전통적인 작가들의 그림에서는 읽을 수가 없다. 그들은 마음을 표현하기보다는 정해진 주제를 가지고 철저하게 계산된 구도와 테크닉으로 최대한 아름답게 표현하기 때문이다. 그림 안에는 감정이 배제된 채, 그들이 추구하는 절대미(絕對美)만이 있을 뿐이다. 그 작가가 행복했는지, 누굴 사랑하고 있었는지, 아니면 좌절로 점철된 삶이었는지 따위는 그들의 전기를 읽지 않는 한 알 수가 없다. 반면에 인상주의 화가들의 그림은 그들의 삶이 즉각적으로 전해진다. 반 고흐나 로트레크의 그림을 보면 이상하게 심장 저쪽이 저려오며 마음이 아프고, 드가나 르누아르의 그림을 보면 마음이 포근해진다. 동시대인들이 이들의 그림을 이해하고 익숙해지는 데 30여 년이 걸렸다. 사실

르누아르, 〈그네에서〉, 1876

모네, 〈양산을 든 여인〉, 1886

3부
빛의 도시

난해한 현대미술 작품을 보고 있노라면 그래도 형체가 있는 인상주의 그림들은 오히려 고전 쪽에 한쪽 발을 담그고 있다는 느낌마저 드는데도 말이다.

르네상스 시대부터 나폴레옹의 신고전주의까지, 예술은 왕과 권력 집단만의 소유물 또는 교회의 장식이나 교리를 설명하는 도구에 지나지 않았다. 그래서 소재는 당연히 그들의 필요에 따라 성서나 신화, 또는 귀족들의 초상화 등이었고, 표현 방법 역시 정확한 황금비와 구도에 따른 절대적인 미를 기준으로 이상화하는 것이었다. 당시 제2제정의 문화 정책은 왕의 영광을 찬양하기 위해 역사나 신화를 그리는 고전적 미술을 적극 후원하고 있었다. 메소니에, 카바넬, 부그로 등 국립예술원을 중심으로 보수적인 아카데미 학파가 자리를 잡았다. 이들은 르네상스 시대를 이상으로 삼아 투시도법과 해부학적 분석 등을 가르치며, 자신들의 아틀리에를 중심으로 철저한 도제제도를 형성하고 있었다.

이런 전통에 최초로 의문을 제기한 젊은 화가들의 움직임을 통틀어 '인상주의'라고 하는 것이다. 그러나 인상주의 운동이 시작되기 이전부터 이미 이런 움직임은 태동하고 있었다. 고전적 그림과 달리 소재를 미화하지 않고 표현한 제리코와 들라크루아를 중심으로 한 낭만주의 혁명, 쿠르베와 밀레 등 사실주의 움직임, 도비니·루소·코로 등 바르비종 파의 풍경화 들이 그것이다. 특히 들라크루아와 코로, 쿠르베는 19세기 프랑스 미술의 아방가르드를 대표하고 있고, 인상주의 화가들이 초기에 영감을 얻었던 멘토의 역할을 하였다. 젊은 화가들은 신화나 성서보다 자연의 아름다움과 일상의 모습을 표현하고 싶어 했다. 게다가 '민중'이라는 새로운 계층은 더 이상 예술이 귀족들의 전유물이 아니라는 것을 말해 주고 있었다. 게다가 1860년대 사진 기술의 발달로 이제 더 이상 초상화나 정밀한 대상 표현이 의미가 없어졌다. 이제 정밀 묘사의 기능은 사진이 담당하는 시기가 온 것이다. 즉, 그림의 사회적 위상이나 시장이 변화하고 있었던 것이다. 이제 화가들은 소소한 일상을 주제로 자신의 시점에서 빛의 변화에 따라 사물을 그려냈다. 선을 마음대로 사용하고 색으로 윤곽을 잡거나 어두운 톤을 다양하게 사용한 붓 터치로 볼륨을 주고 빛과 어둠을 대비시키기도 했다. 주어진 조건하에 순간적으로 대상을 포착해 표현하다 보니, 자연히 주변 상황의 변화에 맞추어 스케치하듯 단시간에 그림을 그리게 되었다.

바르비종 파와 부댕·용킨트·뒤부르 등 옹플뢰르의 풍경화가들이 앞서 개척하기 시작한 새로운 회화의 영역이 구체화된 계기는 마네 스캔들이었다. 이 시기 파리에서는 공식 국전인 파리 살롱전(Salon de Paris)이 열려 여기에서 예술 작품의 성패와 시세가 결정되곤 하였다. 전시 작품의 자격을 심사하는 심사위원은 보수주의 예술원 회원 중에서도 국전 입상 경력이 있는 단원들로 구성되어 있었다. 1863년부터는 이 국전이 해마다 열렸는데 이해에만 3,000명의 예술가들이 5,000점을 출품하였고, 여기에서 3,000점 이상이 낙선하였다. 바로 이 전시에서 카바넬은 〈비너스의 탄생〉으로 심사위원들의 갈채를 받았고, 나폴레옹 3세가 이 그림을 구입하였다. 하지만 떨어진 작가들의 반발이 거셌다. 당대 최고의 명성을 누리던 카바넬보다 아홉살이나 적었지만 철천지 앙숙지간이던 마네는 거의 미쳐버릴 지경이었을 것이다. 오죽하면 그는 병으로 죽음을 앞둔 순간에도 "카바넬 저 인간은 아직도 건강하군" 하고 말했을까? 결국 나폴레옹 3세는 이례적으로 패자부활전을 개최한다. 즉, '낙선전(Salon des Refusé)'을 열어 국전에서 떨어진 작품들도 대중과 만날 기회를 준 것이다. 여기에 마네는 〈풀밭 위의 식사〉를 걸었고 센세이션을 일으켰다. 이로써 그는 신·구세대 갈등의 최전방에 서게 되었고, 코로와 쿠르베의 뒤를 이어 미래 인상파들에게 새로운 화법과 주제의 지침이 되었다. 그의 주위로 젊은 화가들이 모이기 시작했

3부
빛의 도시

로트레크, 〈침대〉, 1892, 오르세

세잔, 〈정물〉, 1895~1900, 오르세

민혜련의 파리 예술 기행 : 미술·건축

고, 서로 교류하며 친분을 쌓아갔다.

　　오르세 미술관 5층에 전시된 인상파 화가들 모두가 마네 주변에서 동아리를 형성하던 친구들이다. 마네가 카리스마 있는 수장이었다면, 피사로는 인상파들의 총무 역할을 했다. 피사로는 스위스 사람이 운영하던 아틀리에 아카데미 쉬스에서 모네와 기요맹, 세잔을 알게 되었고, 보자르(미술 아카데미)에 들어간 모네는 1862년에 르누아르, 바지유, 시슬레와 친구가 된다. 마네를 통해 드가도 모네, 르누아르와 알게 되어, 거의 20~30대였던 이들 모두는 정기적으로 카페에서 모임을 갖게 된다. 이 중에서도 보자르에서 함께 공부한 노르망디 출신 모네, 중부 지역 출신 르누아르, 남프랑스 출신 바지유 그리고 파리에서 태어났지만 부모가 영국인인 시슬레는 이 운동의 행동대장이 되었다. 1873년에 카유보트도 합류했고, 결국 이들이 함께 출자하여 1874년 제1회 인상주의전을 출범한다(이는 1886년 8회까지 12년간 지속하였다). 이윽고 고갱이 아마추어 화가로서 1875년에 피사로를 만나고, 1886년 네덜란드에서 온 반 고흐까지 이들과 합세해 아주 짧은 기간이지만 인상주의 운동을 스쳐 갔다.

　　그러나 인상주의는 거대한 흐름일 뿐, 하나의 화풍으로 정의하기에는 너무 방대하다. 5층의 예술가들은 모두 각자 독자적인 영역을 구축하고 개별적으로 발전해 갔다. 결국 인상주의는 근대와 현대를 나누는 분수령이고, 개인주의가 태동하는 시기를 말한다고 볼 수 있다. 자본주의가 정착하고 민주주의가 완성되어 개인이 국가의 이상만큼이나 중요해지는 모더니즘(Modernism)의 시기 말이다. 이는 문학에서도 음악에서도 마찬가지다. 그래서 현대의 평론가들은 인상주의를 논하면서 20세기까지도 막대한 영향을 미친 드가나 세잔이 정말 인상주의였는가에 의문을 제기하기도 한다.

　　나는 마네가 죽기 얼마 전에 한 말이 특히 '인상적'이다.

이 그룹 대부분이 인상주의와는 별 상관이 없는데, 내가 그 이름을 갖다 붙인 것이 좀 미안한걸.

지금 이 나이까지도 박물관에 진열된 옛 거장들의 그림들을 보노라면, 그저 '모든 예술은 아름답다'는 생각을 한다. 그것이 신성에서 오건 악마성에서 오건, 인간적이건 비인간적이건, 물리적 현실 이외의 무언가를 추구하는 행위 자체는 아름답다. 세상에는 존재하지 않는 앵그르의 '절대미'나 고전의 교본대로 완벽한 구도를 구현한 토마 쿠튀르, 그리고 이와는 대조적으로 소시민, 노동자, 전원에 부는 바람, 밤의 여인 등 다양한 삶의 단편을 그렸던 인상파 화가들, 혹은 형태는 모두 사라지고 색채만 남은 현대의 그림들… 나는 어느 것이 옳은 것인지는 알지 못한다. 다만 루브르에 있는 그림들도, 오르세의 작품들도, 그리고 퐁피두의 현대미술들도 모두 아름답다는 것만을 알겠다. 우리가 먹고만 산다면 무슨 재미가 있을까? 그래서 예술은 아름다운 것이다.

오르세 관람하기

오르세 박물관 입구. 친구 Palagret가 촬영

입장료 €8.00, 학생 €5.50
티켓을 구입하려는 개인 관람자는 입구A, 뮤지엄 패스 소지자는 입구C로, 줄을 서지 않고 입장한다.
건물 지하에 구 오르세 역의 시설을 이용한 RER-C선의 오르세미술관역이 있다.
요즈음 파리에서는 서울에선 한물간 지 오래인 인라인 스케이트가 유행이라, 박물관 광장 앞에는 다양한 얼굴색의 사람들이 섞여 기술을 뽐내며 시선을 끈다. 시간 여유가 있을 때는 바로 앞의 나선형 계단을 타고 센 강가로 내려가 걸어보거나, 레오폴드 다리(La passerelle Léopold Sédar Senghor)를 통해 튈르리 공원 또는 대각선 방향의 루브르로 건너갈 수도 있다.

# 12.
피카소,
〈모나리자〉를 훔치다

> 예술에는 과거도 미래도 존재하지 않는다. 하나의 예술 작품이 현재에도 생생하게 살아 있지 않는다면 더 이상 이 작품은 생각할 가치도 없는 것이다. ―피카소

루브르 박물관이 지금처럼 잘 정비된 것은 얼마 되지 않는다. 20세기 초반 박물관 소장품들이 갑자기 두 배로 증가했다. 각계의 명사들이나 귀족들이 잇달아 작품을 기증했기 때문이다. 그러나 공간은 한정되어 있었으니 고대의 유물부터 중세, 르네상스, 게다가 생존해 있는 인상주의 화가들의 그림까지, 작품 목록조차 제대로 파악이 안 되고 여기저기 쌓여 있는 실정이었다. 그래서 이 시절에는 그림이나 조각품들의 도난이 빈번했다.

그런 루브르 박물관에 가면 가장 사람들이 많이 몰리는 작품 중 하나가 프랑스 어로 '라 조콩드(La Joconde)'라고 하는, 바로 레오나르도 다빈치의 〈모나리자〉이다. 피라미드를 내려가 줄을 서서 기다려 드디어 박물관에 입장하고, 다리에 쥐가 날 때까지 조각과 미술이 전시된 여러 개의 회랑을 건너 고대하던 〈모나리자〉에 도착하면, 아마도 실망을 금치 못했던 기억들이 있을 것이다. 일단 상상했던 것보다 엄청 작다. 도판에서 항상 보고 캔버스 크기까지 알

고 있던 작품인데, 왜 나는 〈모나리자〉를 그보다 크게 상상하는지 모르겠다. 아마도, 위대한 작품의 이미지가 머릿속에 각인되어 그런 것 같다. 작아서 약간 실망하고 있는데 더욱 답답한 것은 유리관 속에 들어 있다는 것이다. 1907년에 앵그르의 그림이 공격받은 이후로 〈모나리자〉도 두꺼운 유리창 안에 갇히는 신세가 된 것이다. 그림의 생명력을 뺏어버리는 저 유리창을 뚫고 들어가 내가 왔다고 인사라도 하고 싶지만 이는 불가항력이다. 마치 여고 시절, 수학여행 도중에 길가에서 첨성대를 보고는 너무 작아서 실망하고, 엄청 다리 아프게 토함산에 올라 기대하던 석굴암에 가니 석가여래상께서 유리방 안에 갇혀 계셔서 답답했던 때와 느낌이 흡사하다. 루브르 박물관이나 석굴암 당국이라고 〈모나리자〉나 부처님을 유리 너머에 가두고 싶어서 가두는 것은 아닐 것이다. 인류의 귀중한 예술품을 보존하는 차원에서 하는 일이니 멀리서 눈인사로 실루엣만 보고 오는 수밖에는 없다. 이렇듯 유리창 속에 들어 있는 〈모나리자〉도 도난당한 적이 있다는 사실, 게다가 그 사건이 피카소와 연관이 있었다는 사실은 많이 알려져 있지 않다.

    루브르 박물관에는 화구를 챙겨 와 역사적인 명화를 모사하는 화가나 학생들이 많다. 이러한 풍경은 루브르뿐 아니라 명화가 있는 곳이면 어디서나 발견할 수 있는데, 박물관의 허가증을 받아야 출입할 수 있다. 피카소가 처음 파리에 도착해서 습작을 시작한 곳도 루브르의 고전들 앞이었다. 피카소는 일생을 통해 지나간 세기의 거장들을 연구하고 재해석하였는데, 들라크루아, 마네, 푸생, 쿠르베, 다비드 등은 피카소 예술의 원천이었다. 〈모나리자〉 도난 사건의 발단인 루이 베루(Louis Béroud)도 허가증을 받은 화가로, 루브르에서 아름다운 〈모나리자〉를 모사하곤 하였다. 1911년 8월 22일, 그날도 〈모나리자〉를 그리고 싶은 열망에 루이 베루는 화구를 챙겨 들고 루브르로 갔다. 그런데

〈모나리자〉에 도착해 보니, 유리창 안에 보여야 할 여인이 없는 것이다! 유리창 안은 텅 비어 있었고, 붉은 바탕의 벽에 걸려 있는 것이라고는 그림을 걸었던 네 개의 받침뿐이었다. 눈을 다시 씻고 보아도 영원한 미스터리의 여인은 사라지고 없었다. 루이 베루는 곧 관리인에게 달려갔다. 그러나 돌아온 것은, '아마도(아마도라니!) 사진을 찍기 위해 아래로 가지고 내려갔을 것'이라는 대답이었다. 지금이야 어림도 없지만 그 시절에는 사진작가가 작품을 스튜디오로 가져가 찍는 일이 다반사였기 때문이다. 그러나 시간이 지나도 〈모나리자〉는 돌아오지 않았다. 관리인은 사진작가의 스튜디오에 가보았다. 그러나 거기에도 〈모나리자〉는 없었다. 그제서야 사태의 심각성을 인식한 관리팀은 루브르 전체에 경보령을 내리고 정신없이 찾아 다니기 시작했다. 그러나 찾은 것이라고는 계단에 버려진 프레임뿐이었다. 멀지 않은 곳에 스핑크스의 뜰로 가는 유리문의 자물쇠가 억지로 열려 있는 것을 발견했다. 〈모나리자〉를 도난당한 것이다! 수사 당국이 버려진 프레임에서 희미한 지문을 채취하였는데, 바로 얼마 전에 루브르를 수리하는 동안 들어와서 일했던 인부의 지문이었다. 루브르에서 일하는 모든 사람들의 출입을 통제하고 그들 모두를 조사했지만 아무런 단서도 잡을 수 없었다. 프랑스와 사이가 나쁜 독일의 짓이라는 소문까지 떠돌아 국제사회의 분위기마저 싸늘해졌다.

8월 29일, 사건은 새로운 국면을 맞는다. 『파리 저널(Paris Journal)』이 1907년에 도난 당한 페니키아의 작은 조각상을 가지고 있다는 도둑의 자백을 실은 것이다. 〈모나리자〉 도난 사건 조사 중에 이 사건에 휘말릴까 두려워 전전긍긍하던 도둑이 신문사에 조각상을 돌려보낸 것이다. 그런데 이 익명의 도둑은 바로 당시 「미라보 다리 아래」로 유명했던 상징주의 시인 아폴리네르였다. 조각상을 훔친 사람이 다름 아니라 아폴리네르의 개인 비서 일을 보았던 게리 피에레

(Géry Piéret)였던 것이다. 벨기에 사람 게리 피에레는 잠시 아폴리네르의 집에 기거하기도 했었고, 그 집에 자주 드나들던 아폴리네르 평생의 베스트 프렌드 피카소와도 친분이 있었다. 당시의 피카소는 이베리아와 아프리카 조각에 심취해, 이 이국적 조각상들의 영향을 받은 〈아비뇽의 처녀들〉을 기점으로 큐비즘의 서막을 알리던 시절이었다. 그런데 피에레가 피카소에게 루브르에서 도둑질한 조각상들을 판 것이 화근이었다. 자신도 모르게 장물을 취득한 피카소는 잔뜩 겁을 집어먹었다. 〈모나리자〉 도난 사건으로 나라가 잔뜩 어수선해 있는데, 외국인인 자기네들이 장물을 가지고 있다는 것이 발각되면 문제가 커져 추방당할 것이라 생각한 피카소는 야밤에 아폴리네르와 함께 조각상들을 넣은 트렁크를 센 강에 던져버리려고 파리를 배회하였다. 그러나 그들은 차마 던지지 못하고 익명으로 신문사에 트렁크를 보낸 것이다. 이 사건으로 아폴리네르는 그로(Gros) 가의 자택에서 조사를 받은 흐 상테(Santé) 형무소에 5일 동안 구금되었고, 피에레가 그의 무죄를 입증한 편지를 쓴 후에나 풀려나게 된다.

 그런데 이상한 일이 벌어진 것은 2년 후인 1913년 겨울이다. 프랑스에서도 멀리 떨어진 이탈리아 피렌체에서 골동품상을 운영하는 알프레도는 이상한 편지를 한 통 받았다. "레오나르도"라고 사인을 한 편지의 주인은 '조국 이탈리아에 레오나르도 다빈치의 걸작을 대가 없이 돌려주겠다'고 제의하고 있었던 것이다. 믿기지 않았지만 알프레도는 편지의 주인공 빈센초 페루자를 만나러 그의 숙소로 갔다. 그런데 페루자가 침대 밑에서 주섬주섬 꺼낸 상자 속 그림을 본 알프레도는 자신의 눈을 의심했다. 바로 2년 전 감쪽같이 사라진 〈모나리자〉였던 것이다! 루브르에서 수리공으로 일하던 빈센초 페루자는 〈모나리자〉를 보자 열렬한 애국심에 불타올랐다. 자신의 조국에 그 예술품을 돌려주겠다는 일념으로 그림을 훔친 그는 침대 밑에 〈모나리자〉를 2년간이나 처박아

말년의 피카소

두었던 것이다. 어쨌든 태어난 조국에 돌아갔던 〈모나리자〉는 이탈리아에서 화려한 전시회를 가진 후 기차로 파리에 돌아왔다. 엄연히 그림은 레오나르도 다빈치가 프랑스 국왕 프랑수아 1세에게 헌정한 것이므로 프랑스 소유가 정당했기 때문이다. 돌아온 모나리자 여사는 헌병과 군인들에 둘러싸여 왕이나 대통령이 받을 법한 경호를 받았다고 한다.

피카소는 이처럼 화가이지만 열렬한 미술품 수집가이기도 했다. 아마 다빈치의 〈모나리자〉가 정말 장물로 나왔다면 틀림없이 사고도 남았을 것이다. 젊고 이름없던 시절에는 다른 화가들과 그림을 교환해 갖기도 하였고, 부를 축적한 뒤에는 전 세계의 훌륭한 예술품을 수집하는 데 공을 들였다. 결국 피카소 사후, 그가 남긴 예술품의 상속세를 감당할 수 없었던 유족들은 작품들을 국가에 기증했고, 1973년 피카소 박물관이 개관되었다. 피카소 박물관에 그의 그림 외에도 수집한 작품들이 많이 전시되어 있는 이유이다.

13.
옴므파탈,
아름다운 이탈리아 청년

내가 추구하는 것은 현실도 아니고 그렇다고 비현실도 아니다. 나는 무의식, 즉 인간의 본능이라는 신비를 알고 싶다. ─도리스 크리스토프, 『아메데오 모딜리아니』

몽파르나스 예술가들의 삶을 이야기할 때 빠지지 않고 등장하는 사람이 있다. 피카소, 마티스와 함께 현대미술에 큰 획을 그은 위대한 화가, 아메데오 모딜리아니(Amedeo Mogdiliani). 마치 음악과도 같은 리듬을 갖는 이 이름은 나에게 옴므파탈(Homme Fatal)이라는 의미에 가장 가까운 이미지로 다가온다. 팜므파탈의 남자 버전 정도 되겠다. 요즘은 언론 플레이로 유명 인사들의 이미지가 만들어져 실상을 알게 되면 실소를 금치 못하는 일이 다반사이지만, 물질이 만능화되기 이전까지 인간은 자기 감정과 생활의 방식에 충실했던 것 같다. 물질에 영혼을 파는 일이 시작되기 전, 인간에게 영혼이 남아 있고 신이 아직 지구를 떠나지는 않았던 세기였으니까. 그래서 우리는 더욱 반 고흐를, 모딜리아니를 그리워하며 전설을 만들고 있는지도 모른다. 역시 그래서인지, 이 이탈리아 미소년의 이름은 묘하게 여성들의 마음을 울리는 힘을 갖는다. 그의 삶이 그만큼 시적이어서 그럴까? 친구들은 그의 이름을 줄여 '모디(Modi)'라는 애칭으로

3부
빛의 도시

이탈리아에서 온 꽃미남으로 소문이 자자했던 모딜리아니

불렀는데, 애석하게도 이 발음은 프랑스 어로 '저주하는, 저주받은, 나쁘게 말하는' 등등의 의미를 가진 단어 'Maudit'와 같은 음이다. 말이 씨가 된다고 했는데, 모딜리아니는 20세기 초 파리의 데카당스한 분위기 속에 절제를 모르고 보헤미안적 삶을 살았다. 미술계의 랭보라고나 할까?

모딜리아니는 36세의 젊은 나이에 생을 마감했다. 37세에 권총으로 자살한 반 고흐만큼 강렬한 인상은 없지만, 라틴적 열정이 뒤범벅된 그의 삶은 관능적인 살 냄새가 난다. 반 고흐의 삶이 자기 안에 웅크린 차가운 광기의 불꽃이었다면, 모딜리아니는 그 무엇에도 개의치 않고 자신을 태운 뜨거운 불꽃과도 같다. 삶의 방식이 그러했듯 그림에서 받는 느낌도 이 둘은 완벽히 대비된다. 반 고흐의 폐쇄적이고도 단절된 삶, 외로움……. 모든 것은 자신의 내면으로 향해 있다. 오직 그림으로만 외부와의 소통이 가능했던 그는, 표현할 길 없는 열정이 광기가 되어 색채와 함께 화폭의 세계에서 폭발한다. 반면에 모딜리아니는 친구와 여자에 둘러싸여 먹고 마시며 모든 것을 소진하는 성격이었다. 때문에 그의 감정은 생활 속에서 불꽃처럼 타버리고 그림에는 시적인 여운만이 남는다. 색채도 형태도 모두 정적이며 절제되어 있다. 당대에 피카소나 달리처럼 비즈니스 마인드로 무장해 성공한 예술가들보다 요절한 이들의 작품이 더 가슴에 와 닿는 이유는, 아마도 그림에서 느껴지는 이런 진실과 절박함 때문일 것이다. 자본주의적 삶의 광야로 내몰리고 있는 현대인들에게 모딜리아니나 반 고흐는 자기 삶의 방식에 충실했던 마지막 보헤미안들에 대한 향수로 다가온다.

　모딜리아니는 이탈리아 토스카나 해변의 아름다운 항구 리보르노(Livorno)에서 출생했다. 우리에겐 축구단 리보르노칼초(Livorno Calcio)나 피사(Pisa)의 사탑, 메디치 궁전 등으로 더 잘 알려진 지방이다. 토스카나의 유명한 와인 키안티(Chianti)도 이 항구에서 선적되어 전 세계로 수출된다. 모딜리아니가 태어날 무렵에는 큰 사업을 하던 집안이 거의 파산 직전이어서 생활이 어려웠지만, 그의 부모는 훌륭한 사람들이었다. 특히 어머니는 학식이 높아 병약한 모딜리아니가 청년 시절까지 자아를 형성하는 데에 큰 기여를 했다. 1902년 피렌체에서 미술학교를 다닌 후 북부 베네치아의 미술학교에 들어간 모딜리아니는 이곳에서 예술가 지망생들의 방탕한 삶과 만난다. 보들레르의 시를 읽으며 퇴폐적 삶에 빠져든 그는 평생을 이어간 술과 마약에 젖은 생활을 시작한 것이다.

　피렌체와 베네치아 등에서 미술사를 공부하던 모딜리아니가 파리에 온 것은 1906년이었다. 원래 이탈리아 남자들이 매력적이라고는 하지만, 예술적 감성을 둘둘 감은 모딜리아니는 거부할 수 없는 매력을 지녔던 것 같다. 아름다운 외모와 화술로 그는 곧 예술가들뿐 아니라 삶에 지친 거리 여성들의 인기를 독차지하게 된다. 19세기 세기말적 데카당스가 그대로 유지되던 20세기 초의 파리는 유혹이 많았다. 아름다운 여인들, 술, 마약… 무엇이건 허용되는 블랙홀과 같은 이 도시의 분위기는 곧 자유를 갈망하던 모딜리아니의 삶의 방식과 융합되었다. 천성적으로 병약한 몸이 불규칙한 생활로 더욱 황폐해져 갔음은

3부
빛의 도시

모딜리아니, 〈누드〉, 1917

말할 것도 없다. 수많은 여성들과의 염문, 마약, 알코올……. 어느 한 곳에 닻을 내리지 못하는 그의 보헤미안적 기질은 결국 몸을 망쳐 죽음으로 내몰게 된다. 모딜리아니가 오래도록 머물다 죽은 몽파르나스 거리에는 술값 대신 그림을 그려주던 모딜리아니의 기억을 지닌 카페가 많다. 실제 몽파르나스에는 그를 기억하는 노인들이 남아 있어 가끔 TV에서 그를 회상하는 인터뷰가 방송되기도 했다. "크지도 작지도 않은 키에 멋진 스타일, 꿈꾸는 듯한 아름다운 눈을 가진 미남"이 모딜리아니를 표현하는 말이었다.

모딜리아니는 파리 시절 초기에는 콩스탕탱 브랑쿠시와 친교를 맺으며 많은 영향을 받아 화가로서보다는 조각에 많이 전념했다. 흑인 예술과 캄보디아의 조각품들에 심취해 아몬드처럼 찢어진 눈, 작고 섬세한 코, 긴 목 등의 영향을 받아 브랑쿠시풍의 작품을 만들었지만, 체력이 약한 그가 흙을 덧붙이는 것도 아닌, 돌을 쪼아 만드는 조각을 오래 할 수는 없었다. 그래서 그는 그림에 전념하였고, 이런 조각의 세계가 그대로 반영되기 시작하였다. 인간에 관심을 가진 모딜리아니는 주로 인물을 그렸다. 나체의 여성을 그려도 관능성은 정제되어 끈적임이 전혀 느껴지지 않는다. 오히려 공허하게 텅 빈 눈에서 느껴지는 것은 '차가운 관능성'이라고 할까? 그녀들은 사랑을 할 때도 소리를 내지 않을 것만 같다. 감정이 배제된 차가운 세계는 모딜리아니의 관능과 고뇌, 열정이 일상에서 모두 소진된 후 정화되어 나온 결정체 같은 느낌이다. 정말 모든 것을 초월한 것일까? 믹 데이비스(Mick Davis) 감독의 영화 〈모딜리아니〉에서 주연을 맡은 앤디 가르시아(Andy Garcia: 〈언터처블〉에서 인상적이었던 바로 그 남자)는 모딜리아니를 "아름다운 광기"라고 표현하고 있다.

　　차갑고 귀족적인 피카소가 모딜리아니를 부러워했던 것도 이런 부분이었을 것이라 추측해 본다. 당대에 이미 큐비즘의 선두 주자로 미술계에 확고한 자리를 차지하고 있던 피카소에게는 천적이 하나 있었는데, 다름 아닌 모딜리아니였다. 주위를 아랑곳하지 않고 자기 감정 다 표현하며 좌중을 좌지우지하던 모딜리아니를 이지적인 피카소는 이겨낼 재간이 없었을지도 모르겠다. 완벽하게 자아도취적인 인간인 동시에 미적 아름다움을 지닌 사람은 거부할 수 없는 마력을 뿜어낸다. 피카소는 모딜리아니의 천재성을 알고 있었고, 그의 옴므파탈적인 아름다움에 매료되었다. 자신은 부와 명예를 얻었지만 분석적 큐비즘으로는 도달할 수 없는 모딜리아니의 '신'적인 부분을 인정했다. 영화가 완벽한 사실을 말해 주지는 않더라도, 피카소가 자신의 많은 부분을 모딜리아니의 열정에 투사했던 것만은 사실인 것 같다. 부와 명성으로는 넘어서지 못할 그 범접할 수 없는 열정이 갖고 싶었으리라.

　　인물값 한다고, 모딜리아니를 이야기할 때 빼놓을 수 없는 것이 그를 거쳐

간 수많은 여인들이다. 거침없는 태도와 방랑자 같은 모습의 모딜리아니는 몽파르나스를 드나들던 많은 여성들에게 당대 최고의 인기남이었다. 술과 마약과 난잡한 생활에 찌든 그에게 예술처럼 다가온 첫사랑은 영국 여류 시인 비어트리스 헤이스팅스였다. 그녀는 자신만의 감수성으로 모딜리아니 내면의 예술성을 끌어내는 재주가 있었다. 그러나 모딜리아니의 방탕한 삶은 사랑을 지키지 못했다. 술독에 빠져 사는 일상을 견디지 못한 비어트리스는 2년여 동안의 동거 끝에 떠나버리고, 모딜리아니는 또다시 밤의 세계에 빠져든다. 몸과 마음이 황폐해진 그에게 또 하나의 운명적 사랑이 찾아왔는데, 바로 18세의 미술학도 잔 에뷔테른(Jeanne Hébuterne)이었다. 1917년 몽파르나스의 한 카페에서 그녀를 본 모딜리아니는 첫눈에 반했고, 두 사람은 프로방스로 떠나 동거를 시작했다. 잔의 헌신적이고 순결한 사랑은 모딜리아니의 모든 내면적 불안을 감싸 안았고, 이 기간 동안 정신적 안정 속에 많은 작품을 남겼다. 그러나 이들은 너무도 가난했고, 평범한 일상의 기쁨조차 누리기 어려웠다. 게다가 가톨릭 집안인 잔의 부모는 유대계인 모딜리아니와의 결혼을 반대하고 있었다. 첫딸을 낳은 후 둘째 아이를 임신한 잔이 생활이 너무 힘들어 친정에 쉬러 간 동안 모딜리아니는 병이 심해졌고, 잔의 부모는 찾아온 그를 냉정하게 거절한다. 1920년 모딜리아니가 결핵으로 36세의 나이에 세상을 떠나자, 잔은 아이를 임신한 채 6층에서 뛰어내려 생을 마감했다. 그야말로 처절한 이 사랑 이야기는 두고두고 드라마나 소설에 거론되는 전설이 된 것이다.

14.
샤갈의 눈 내리는 마을

인생은 피할 수 없이 끝을 향해 가지만, 우리는 그 항해 동안을 사랑과 희망으로 채색해야만 한다. ―마르크 샤갈

샤갈의 마을에는 3월에 눈이 온다.

봄을 바라고 섰는 사나이의 관자놀이에

새로 돋은 정맥(靜脈)이

바르르 떤다.

바르르 떠는 사나이의 관자놀이에

새로 돋은 정맥을 어루만지며

눈은 수천수만의 날개를 달고

하늘에서 내려와 샤갈의 마을의

지붕과 굴뚝을 덮는다.

3월에 눈이 오면

샤갈의 마을의 쥐똥만 한 겨울 열매들은

다시 올리브빛으로 물이 들고

3부
빛의 도시

밤에 아낙들은

그해의 제일 아름다운 불을

아궁이에 지핀다.

—김춘수 「샤갈의 마을에 내리는 눈」

    내가 대학 다닐 때 홍대 정문 앞에 '샤갈의 눈 내리는 마을'이라는 카페가 있었다. 샤갈의 그림에 이런 제목은 없었던 것 같은데, 아마도 김춘수의 시에서 따온 이름이었던 것 같다. 하긴, 샤갈이 태어난 러시아의 비텝스크(Vitebsk)는 상트페테르부르크에서 680여 킬로미터 떨어진 리투아니아 국경 부근의 눈 많은 고장이었다. 어쨌든 이 카페는 홍대 정문 건너편의 작은 공원 옆길에 운치 있는 나무문을 열고 들어갔었다. 이름과 달리 샤갈의 그림이 크게 인상에 남거나 하진 않았는데, 그냥 분위기가 좋아서 가곤 했던 것 같다. 얼마 전 500년 만에 홍대 앞에 갈 일이 있었는데, 불현듯 이 카페가 생각났다. 하지만 동네가 바뀌어도 이만저만 바뀐 것이 아니다. 무슨 파리 라데팡스의 신개선문(Grande Arche) 비슷하게 지은 홍대 정문부터 낯설더니, 아무리 근방을 기웃거리며 찾아보아도 '샤갈의 눈 내리는 마을'은 사라지고 없었고 큰 건물들만 즐비했다. 골목마다 거의 헐벗은 인파들이 가득 메우고 있는 이 거리에선 내가 옷을 너무 많이 입어서 미안하게 느껴지니 참 신기할 따름이었다.

    나에게 있어 샤갈(Marc Chagall)은 이렇게 불현듯 그리움을 주는 화가이다. 그림을 잘 몰라도 그의 그림을 보고 있노라면 어딘가 환상의 세계로 함께 날아가고 있는 듯한 느낌을 받으니 말이다. 잊었던 어린 시절의 애틋한 기억들이 현실로 돌아오는 순간이다. 목장을 하던 외삼촌이 태워주던 커다란 소의 등과 어느 날 태어난 어린 송아지의 모습, 유치원 시절 사랑 비스름한 애틋한 가슴

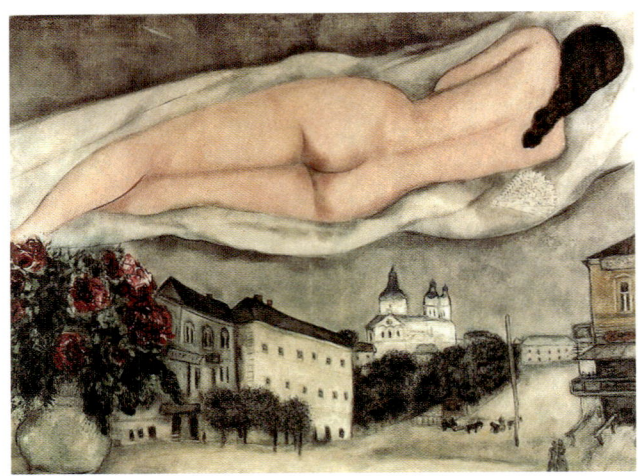

샤갈, 〈비텝스크 위의 누드〉, 1933

샤갈, 〈생일〉, 1915

앓이의 기억들……. 그때는 하늘 같던 내 어머니의 모습이 지금의 나보다 20년은 젊은 모습이었다니 놀라울 뿐이다. 샤갈의 그림은 우리를 무의식에 가려진 추억의 세계로 데려간다. 도대체 그 오만 방자한 달리는 왜 샤갈을 가장 무능력한 화가라고 했는지 모르겠다.

    샤갈은 프랑스에서 프랑스 인으로 생을 마감했지만 마음은 언제나 러시아 인이었다. 또한 동시에 유대인으로서의 엄격한 자기절제와 미덕 속에 살았다. 당시의 러시아는 유대인 거주지를 정해 놓고 마음대로 옮기지도 여행하지도 못하게 하던 시대였기 때문에 샤갈의 어린 시절 풍경은 그가 태어난 비텝스크의 유대인 집단 거주촌의 모습이다. 샤갈의 가족은 유대교 중에서도 이단에 속하는 명상적 신비주의 교파 하시디즘(Hasidism) 파였는데, 형상으로 나타난 모든 것을 우상숭배로 금지하는 유대교 율법은 그림 그리는 것을 금지하는 분위기였다. 이 때문에 샤갈은 마음껏 자신의 기량을 펼칠 수 없었지만 그의 몽환적 세계는 이 시절에 무의식 속에 농축된 것 같다. 나에게도 러시아라고 하면 〈닥터 지바고〉에서 보았던 음울한 시베리아의 풍경이 떠오르는데(아, 그 얼음집과 오마 샤리프의 눈은 잊을 수가 없다!), 이런 풍경이 아마도 샤갈의 정신세계를 지배하고 있었을 것이다. 차이콥스키나 라흐마니노프의 협주곡에서 연상되는 광활한 대지, 1년의 대부분이 눈보라 치는 툰드라의 나라……. 눈이 오지 않는 파리에서(지금이야 이상기온으로 파리도 눈 때문에 몸살을 앓지만) 대부분의 생을 보낸 이방인이 어찌 그 땅을 잊을 수 있었겠는가.

    1910년 한 유대인 변호사의 후원으로 파리에 온 샤갈은 드디어 인간의 모든 예술적 감성을 허락하는 도시에서 그 천재성을 서서히 발휘하기 시작한다. 몽파르나스 예술가 단지인 라뤼슈(La Ruche)에 작업실을 마련한 그는 이곳에 5년간 머무르며 그의 예술 세계에 영향을 미치는 친구들을 만나는데, 바로 아

파리 오페라 가르니에를 장식한 샤갈의 천장화

메데오 모딜리아니, 카임 수틴 등이다. 이들은 서로 국적은 다르지만 같은 유대계라는 공통분모로 예술적 감성이 통하여 훗날 한 평론가가 명명한 '에콜 드 파리'라는 그룹을 형성하게 된다. 게다가 몽파르나스의 카페들에는 파리의 아방가르드한 작가들과 수많은 외국인 예술가들이 모여들었다. 피카소, 헤밍웨이, 장 콕토, 아폴리네르 등, 이들은 자신들이 20세기를 어떻게 변화시키고 있는지 의식하지 못한 채 거리의 카페에 모여 예술과 개똥철학을 논하고, 타국 생활의 고단함을 서로 위로하였다. 당시 이곳에는 샤갈과 같은 유대계 혁명가 레닌과 트로츠키도 망명하여 새로운 세상을 이룰 혁명을 모의하고 있었다. 이때 레닌(Vladimir Il'ich Lenin)과 교류한 샤갈은 1917년 러시아 혁명 당시 그의 열렬한 지지자가 되었고, "내가 그림을 뒤집어놓은 것처럼 레닌이 러시아를 거꾸로 뒤집어놓았다"고 기록했다. 실제로 이 시기 샤갈의 작품은 말 그대로 그

3부
빛의 도시

림이 뒤집혀 있다. 벨로루시아의 풍경, 농민들의 생활 정경, 유대인의 의식 등 그의 어린 시절에 대한 추억, 특히 1915년에 그와 결혼한 비텝스크 출신의 젊은 여인 벨라 로젠펠드에 대한 사랑, 딸 이다의 모습 등을 주제로 기존의 사실주의 작품과는 좀 다른 전위적인 작품들을 그렸다. 그는 입체주의나 야수파 등 어떤 주의에도 동참하지 않은 아웃사이더였지만, 같은 지역에서 교류하던 피카소나 마티스의 영향을 받지 않을 수는 없었을 것이다.

온 유럽이 나치즘의 공포에 떨던 1937년, 샤갈은 나치가 점령한 프랑스에서 시민권을 박탈당하는 수모를 겪는다. 샤갈이 러시아 혁명 당시 비텝스크에서 인민위원직을 맡았던 것이 이유였다. 독일 정부가 소장하고 있던 그의 작품들은 나치에게 모두 몰수당했고, 이 중 몇 점은 히틀러가 퇴폐적인 화가들로 지목한 예술가들의 작품을 모아 탄압했던 "퇴폐 예술전"에 보내 샤갈에게 상처를 남겼다. 이 모두가 샤갈이 유대인이라는 사실이 더 근본적인 원인이었다. 러시아도 프랑스도 진저리가 난 샤갈은 제2차 세계대전이 일어나자 미국으로 망명한다. 그러나 이는 최악의 선택이었다. 같은 마을에서 자라 애틋한 사랑을 키워온 첫사랑이자 부인이 된 벨라가 이곳에서 적응하지 못한 채 전염병으로 48세의 생을 마감한 것이다. 슬픔에 젖은 그는 1948년 파리로 돌아왔다.

2년 후 그는 파리의 추억들을 뒤로한 채 빛의 나라, 모든 예술가들의 이상향 프로방스의 생폴 드방스로 이주하여 남은 생을 보낸다. 이곳에서 일생의 두 번째의 사랑을 만나고, 샤갈의 가장 위대한 작업들이 이루어진다. 샤갈도 피카소나 달리처럼 살아생전에 누릴 영광을 모두 누렸다. 그는 말년에는 스테인드글라스나 벽화 등에 심취하였다. 1964년에 그는 대통령 샤를 드골과 문화부장관이던 앙드레 말로의 요청으로 파리 오페라극장의 천장을 장식하기도 하였고, 뉴욕 메트로폴리탄 오페라극장에 거대한 벽화를 제작하기도 했다. 이 기간 동안 샤갈은 석판공 샤를솔리에와 도자기 전문가 샤를 마르크 같은 장인들의 도움으로 다양한 기법과 매체를 실험할 수 있었다. 1985년 98세의 나이로 생을 마감하기까지, 그의 인생 후반부는 끊임없는 경의의 대상이 되었고, 프랑스 최고 영예 레지옹 도뇌르[21]의 최고 등급 그랑 크루아(Grand Croix)도 받았다. 1973년 니스의 '마르크 샤갈 성서 미술관'에 장치된 〈성경의 메시지〉 연작은 그의 이런 열정의 집합체이다.

 샤갈과 에콜 드파리 이야기를 하다 보니 유대인들에 대한 유럽 인의 시각에 대해 느꼈던 사건이 생각났다. 호랑이 담배 피우던 아주 옛날, 유학에서 갓 돌아온 나는 프랑스와 한국의 합자회사인 V사에서 잠깐 근무했었다. 이때 함께 일하던 디디에(Didier)는 정말 똑똑한 친구였다. 지금은 머리도 희끗희끗하고 콧수염도 난 중년의 가장이 되어 만날 때마다 반갑게 맞이해 주는 멋진 친구이다. 나중에 알았지만 그는 전형적인 유대인 부유층의 아들이었다. 뛰어난 수재에 프랑스 최고의 명문 그랑제콜 출신으로 승승장구하고 있던 디디에는 프랑스에서 태어나 프랑스 어가 모국어이고, 누구보다 조국 프랑스에 대한 열렬한 사랑을 지닌 사람이었다. 그런데 어느 날 프랑스의 모회사가 합병되며 한국 합자회사에도 손을 뻗기 시작했다. 인수회사의 임원들이 한국에 출장을 와 회의를 하는 도중 언성이 높아지는 일이 생겼고, 그 와중에 원리 원칙에 굽힘이 없는 디디에는 논쟁의 최전방에 있었다. 그런 디디에에게 인수회사의 이사 라핀

---

[21] **레지옹 도뇌르**(Légion d'Honneur) | 레지옹 도뇌르 훈장은 프랑스의 정치·문화·경제 분야에서 큰 공적이 있는 내·외국인에게 프랑스 대통령이 수여하는 최고 권위의 훈장으로, 1802년 나폴레옹 1세가 제정하였다. 프랑스 인들이 가장 영예롭게 생각하는 훈장이며, 그동안 우리나라에서는 이건희 삼성그룹 회장, 이창동 전 문화관광부장관, 나도선 한국과학문화재단 이사장 등 각 분야 저명인사들에게 수여된 바 있다.

씨(세상을 떠났다는 소식을 얼마 전에 들었다)가 "이 유대인 새끼가!"라는 엄청난 발언을 해 버린 것이다. 그때까지도 난 디디에가 성이 약간 특이하다고만 생각했을 뿐 유대인이라는 사실은 그때 처음 알았다. 그리고 프랑스 인들의 뿌리 깊은 유대인에 대한 편견을 느끼게 되었다. 어느 날 우연히 디디에의 이력서를 보니, 고등학교 여름방학 때마다 이스라엘의 키브츠 협동농장에서 연수를 했던 기록이 있었다. 그러자 그의 정체성은 도대체 무엇일까 하는 의문이 들었다. 그의 조국은 프랑스인가? 그렇다. 그러면 이스라엘은? 아마도 마음속에서는 '둘 다'일 것이다. 미국에 이민 간 한국인 3세들도 이런 딜레마를 겪는다지만 이건 수천 년이 된 이야기가 아닌가? 하지만 그 결속력이 우리보다 훨씬 더 뿌리 깊고 단단한 데다, 선민의식으로 똘똘 뭉쳐 있었다. 당연히 디디에는 같은 유대인 여성과 결혼했다. 이들은 결코 피를 섞지 않는다. 예수를 동족으로 가진 민족. 마르크스도 스탈린도 레닌도 유대인이었다. 그뿐인가? 스피노자, 애덤 스미스, 아인슈타인, 프로이트… 지구를 쥐락펴락하는 인물이 끝도 없다. 이들은 진정 선민이란 말인가? 이러한 유대인에 관한 눈길은 지금도 유럽에서 현실이다. 두려움과 존경 그러면서도 의혹에 가득 찬……. 겉으로 드러나지는 않는다 해도 말이다.

4부 | 인간의 도시

1. 걷고 싶은 도시, 사람 중심의 도시
2. 안과 밖을 뒤집은 퐁피두센터
3. 프랑스인의 생활 양식
4. 파리의 맨해튼
5. 미래공원 라빌레트
6. 파리의 뉴타운

파리는 곳곳에서 섬세한 감각이 묻어난다.
가로수, 분수대, 함께 숨을 쉬는 것 같은 돌로 만든 건물들,
곳곳을 장식한 풍성한 꽃바구니들, 그리고 하늘은 아주 낮게 걸려 있어 고개를 들지 않아도 보인다.
그 안에서 인간들은 기계나 간판에 위협당하지 않고 자유롭게 보행한다.
빛의 속도로 현대화되어 가는 지구에서 파리는 끝까지 아날로그를 주장했었다.
현대화가 분출해 내는 엔트로피(entropy)의 증가를 두려워했으리라.
그러던 파리가 조심스레 하늘로 오른다. 하지만 파리가 아직도 매력적인 것은
도시의 주인이 인간이라는 것을 항상 잊지 않는 까닭이다.

1.
걷고 싶은 도시, 사람 중심의 도시

　　파리는 녹색의 공원과 가로수가 많아서인지 눈이 피로하지 않다. 게다가 건물의 발코니에 아기자기하게 걸어놓은 화분들과 가로등 중간쯤에 걸린 커다란 꽃바구니들이 화사함을 더해준다. 거리의 간판이나 표지판 등도 전체적인 색채가 통일되고 정돈되어 시야를 어지럽히지 않는다. 한마디로 걷는 것이 피곤하지 않은 도시이다. 도시 전체가 그냥 공원 같다. 우리가 영등포 로터리에 주저앉아 책을 읽고 있다면 담박에 사람들은 '미친 거 아냐?'라는 눈길을 보낼 것이다. 그런데 파리에서는 변두리 길가에 털퍼덕 주저앉아 책을 읽어도 전혀 어색하지가 않다. 하루아침에 이런 도시가 이루어지지는 않는다. 오랜 기간의 노력과 정부의 방침 등이 이들의 생활 양식과 어우러져 도시 전체에서 아우라처럼 뿜어 나오고 있는 것이다.

　　간판은 한 도시의 전체 인상을 좌지우지하는 중요한 요소다. 한국의 거리에서 건물의 한 면, 그것도 모자라 지붕 꼭대기와 측면까지 가득 채운 간판들을 보면 아쉽다 못해 화가 나기까지 한다. 허가해 준 공무원을 만나 따지고 싶을 정도일 때도 있다. 그런데 얼마 전 한국의 이 난립하는 간판들이 멋있다고 사진을 찍어 간 예술가도 있다니, 우리는 지금 모든 것이 개성인 시대에 살고

파리의 가로등과 간판

있음을 실감하게 된다. 파리 시내를 다니다 보면 문득 느껴지는 것이 간판이 간소하다는 것이다. 정부가 까다롭게 규제하고 있기 때문이다. 전 세계적으로 동일한 원색 간판을 사용하는 패스트푸드 체인 업체들도 프랑스에서는 예외가 아니다. 색이나 크기가 도시의 이미지에 맞지 않을 경우 변형해야 한다. 게다가 아름다운 건물 발코니나 창틀을 가리지 않도록 2, 3층 위로는 간판이 거의 없고 튀는 색도 금지되어 있다. 나무에 직접 그리거나 철의 곡선을 이용한 아름다운 간판들은 전체 파사드와 조화되어 거의 예술품에 가깝다. 게다가 레스토랑은 합법적으로 보도에 차양을 치고 테이블을 놓을 수 있어 차양을 간판 대용으로 쓰는 곳이 많다. 거리에서 가장 크게 눈에 뜨이는 간판은 도로표지판, 집의 번지수, 길 이름 등이다. 그래서 파리에서는 간판보다는 길 이름과 번지수로 목적지를 찾는 것이 훨씬 쉽다.

파리에서 가장 부러운 것이 공무원들이 도시 전체를 디자인한다는 개념을 가지고 있다는 점이다. 간판부터 가로등, 벤치, 랜드마크, 위험 표지판이나 공사장의 울타리까지 도시의 미적인 한 부분으로 간주한다. 특히 프랑스 녹색당은 입김이 거세서, 광고판이나 간판 등을 시각적 공해로 단정해 까다롭게 따지고 나온다. 간판을 달기 위해서는 시청의 건축·도시설계·문화예술 관련 부서의 허가를 받아야 하는데, 위치에서부터 크기, 재질, 색까지 자세하게 제출해야 한다. 심사 기간만 3~4개월이나 걸리는데, 허가를 받는다고 끝나는 것이 아니라 지역 자치단체가 이의를 제기하면 설치가 불가능하다. 규제를 어길 경우 벌금도 엄청나다. 또한 간판 한 개당 별도의 세금을 내야 하므로 웬만해서는 여러 개를 달 수도 없다. 파리 시내에서는 상업 시설물들도 마찬가지이다. 도시 순환도로(Périphérique) 근처나 도시 외곽 지역에는 커다란 모니터의 전광판

파리 시내

광장에서 연주하는 거리의 악사들(위)과 파리 지하철

이나 옥외 설치물들이 보이지만(공항에서 파리로 들어오는 고속도로변에서 삼성이나 현대 등의 간판도 많이 볼 수 있다), 파리 시내에서는 이것이 금지되어 있다. 게다가 몽마르트르 같이 유서 깊은 구역은 길거리 광고판도 설치할 수 없다. 2007년 파리 시내에서 4×3미터, 즉 12제곱미터짜리 대형 광고판을 없애기로 하였고, 2017년까지는 8제곱미터짜리 광고판도 사라질 전망이다.

하지만 공사나 리모델링 시에 시민의 안전과 미관을 위해 설치하는 공사용 가림막에는 광고를 할 수 있는데, 이 경우에도 광고 대행은 불가능하고 입주자 자신의 것이어야 한다. 하지만 면이 크기 때문에 주변 환경과의 조화는 필수이다. 몇 년 전 이 가림막 광고법을 200퍼센트 활용했던 예가 생각난다. 샹젤리제의 루이뷔통 본사 매장이 거의 2년여에 걸친 리노베이션에 들어갔는데, 영업을 못 함에도 불구하고 그 기간이 아깝지 않을 정도로 강렬한 마케팅 기간이 되었다. 공사장 앞에 대형 루이뷔통 모노그램의 여행가방 모형으로 가림막을 만든 것이다. 그 자체로 루이뷔통의 존재를 너무도 확실하게 전달해 주던 설치미술 수준의 가방 가림막……. 조명까지 설치했던 이 가림막은 홍콩이나 일본, 중국 등의 루이뷔통 매장에도 사용하며, 이제는 공사중에도 루이뷔통의 존재를 더욱 확실하게 알리는 하나의 상징이 되었다. 상업과 예술이 합법적인 선에서 줄다리기하는 이들의 기지에 혀를 찼다. 그리고 부러웠다.

간판만 간단할 뿐 아니라 도로의 차선도 초간단이다. 일단, 두 줄의 짙은 노란색 중앙선과 흰색의 차선에 익숙한 우리로서는 파리 길바닥은 당황스럽다. 노면이 블록으로 되어 울퉁불퉁한 것도 신경 쓰이는데, 차선이 잘 안 보이니 혹시 역주행하고 있는 건 아닌지 깜짝깜짝 놀랄 때가 한두 번이 아니다. 좌회전이나 유턴도 보행 신호가 켜지면 눈치 보고 적당히 한다. 게다가 신호등도 정면 높은 곳에 달려 있는 것이 아니라 양 옆 보도에 서 있어서 자칫하면 지나

치기 일쑤다. 그런데 이런 불편함은 교통사고를 예방하고 보행자를 보호하기 위해서라고 한다. 울퉁불퉁한 석재 포장과 함께 차선이 없는 것은 도심에서의 차량 속도를 늦추기 위한 장치란다. 이렇게 해두면 차량은 시속 40~50킬로미터 이상의 속도를 내기 어려울 뿐만 아니라, 노면의 선이나 신호등에 너무 집중하지 않고 보행자들의 움직임에 신경을 쓰게 되므로 자기도 모르게 안전운전을 할 수 있는 것이다. 같은 개념으로 시행한 것이 도시의 노면전차이다. 자동차 통행을 최대한 불편하게 해서 차가 도시를 점유하지 않도록 도로 한가운데에 전차가 다니게 하는 것이다. 전차는 전기로 다니므로 매연 발생이 줄어 환경도 좋아지니 일석이조인 것이다. 지금은 나도 익숙해졌지만, 몇 년 전 오랜만에 내가 살던 캉(Caen)에 갔더니 이곳에도 가장 중심의 도로에 노면전차가 설치되어 있었다. 이 때문에 전체 도로의 순환이 완전히 바뀌고, 대로들도 모두 일방통행이 되어 뱅뱅 돌았던 기억이 난다. 자동차 이용을 불편하게 하여 보행자를 편리하게 한다는 이런 발상이 운전자 입장에서는 화가 날지도 모르지만, 조금만 관점을 달리해서 보면 운전자도 그 가족도 결국은 보행자 아닌가? 모든 시민이 최대한 만족할 수 있는 도로를 만드는 과정에서 누군가가 최소한의 불편을 감수해야 한다면 그것이 승용차 운전자라는 것이 프랑스 정부의 결론이다.

걷기 좋은 도시를 만들려는 파리 시의 노력은 이에 그치지 않는다. 파리 시내 곳곳에 전철역만큼이나 촘촘히 자전거 전용 주차장이 눈에 뜨이는데, 지금 이 자전거가 온 나라에 돌풍을 일으키고 있다. 바로 2007년부터 운영하고 있는 벨리브(Vélib)라는 무인 자전거대여 시스템이다. 벨리브란 자전거(vélo)와 자유(liberté)라는 단어의 합성어인데, 말 그대로 자전거를 타고 자유롭게 파리를 활보할 수 있다는 뜻이다. 시내 750여 곳에 1만600여 대 이상의 자전거를

파리의 간판과 상점

비치하여 누구나 사용할 수 있도록 했는데, 기획과 운영 모두가 성공한 케이스이다. 나는 아직 한 번도 타보지 않았지만, 관광객들에게 인기라고 한다. 요금도 거의 공짜에 가까울 정도로 저렴해서, 처음 30분은 무료이고, 매 30분마다 1유로(1,600원) 정도이다. 장기 대여도 가능한데, 1주일은 5유로, 1년 대여료는 29유로로 이 사용 기간을 넘기면 비상벨이 울린다. 성공 요인은 가격만이 아니다. 자전거를 빌린 곳까지 반납하러 되돌아갈 필요가 없다는 것이 또 하나의 장점이다. 사실 대여를 하면 반납하러 되돌아가야 한다는 것이 가장 큰 부담인데 이 문제를 말끔히 해결한 것이다. 타고 다니다 아무 데고 가장 가까운 지역의 전용 주차장에 갖다 놓으면 끝난다. 그래서 처음 30분이 무료인 것을 이용해 하루 종일 공짜로 타는 얌체족도 생겨났다. 타고 가다가 30분이 되기 전에 반납하고 다시 빌려서 타는 식이다. 아무 데서나 차를 빌려 돌아다니다 원하는 장소에서 돌려줄 수 있는 자동차 대여와 같은 시스템이다(물론 자동차는 빌린 곳에서부터의 거리에 따라 별도의 대금이 붙지만 자전거는 그렇지 않다).

실업자 수가 급증하고 지지부진한 정책으로 지지율이 뚝 떨어졌던 프랑스 정부에 이 정책은 단비와도 같았다. 베르트랑 들라노에(Bertrand Delanoë) 파리 시장의 지지도가 10퍼센트 이상 증가했다니, 대박 난 정책이다. 그만큼 편리함보다는 불편함을 감수하고라도 환경을 먼저 생각할 정도로 파리지앵들의 시민의식이 성숙했다는 말도 되겠다. 자전거 정책과 더불어 파리 시는 2020년까지 교통량을 대폭 줄이는 것이 목표라고 한다. 이의 실현을 위해 꾸준히 자전거 도로를 확보해 왔고, 지금도 계속 늘리는 중이다. 덕분에 자전거는 마르세유와 엑상프로방스는 물론 파리를 벤치마킹한 런던과 빈 등 유럽의 다른 도시들로도 확산되고 있다.

요즘 서울도 자전거 도로가 조금씩 생기고 있는데, 다니다 보면 아직도 멀

4부
인간의 도시

까페의 테라스에서 나른한 오후를 즐기는 파리지앵들

파리는 그래피티라고 하는 벽낙서로 몸살을 앓는다.
이를 지우는 데 드는 파리 시의 예산도 엄청나다. 개중에는 예술로 인정받는 작품도 있다.

었다는 생각이 든다. 보도 역시 연결이 매끄럽지 못하다. 광화문을 중심으로 한 시내에는 건널목이 생겨 조금 편리해졌지만 아직도 바로 앞에 보이는 곳에 가기 위해 100미터 올라가 지하도나 육교를 건너야 하는 것이 다반사니 말이다. 우리 아이들 세대에는 지금 당장의 내 불편함을 따지지 말고 도시 전체를 위해 무엇이 좋은 방향인가를 함께 생각하는 시민의식이 생기기를 기대해 본다.

파리에서 자전거 이용하기

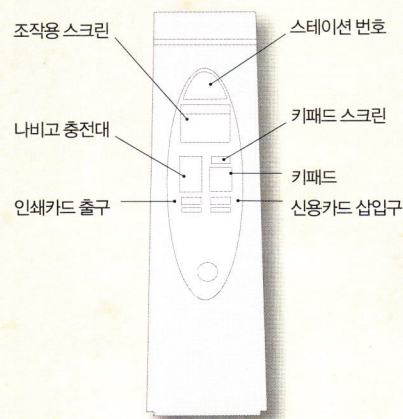

파리의 무인 자전거대여 시스템을 이용하려면, 우선 회원에 가입하여야 한다. 단기 회원은 1일과 7일 회원이 있고, 장기 회원은 1년이다.

일단 기계에서 영어, 불어 중 원하는 언어를 선택한다. 아래쪽 키패드를 이용하여 2번 '회원 가입'을 선택하고 회원카드를 선택하는데, 파리 교통카드(Navigo)가 있는 경우 충전할 수도 있고, 관광객의 경우 종이카드를 선택하면 새로 발급이 된다.

회원권 사용 기간은 1일권(€1), 7일권(€5)이며 신용카드로 결제할 수 있다. 마그네틱 카드가 잘 안 되는 경우가 있으니 칩이 있는 카드를 사용하는 것이 불편함을 줄일 수 있다.

회원에 가입하면 보증금 150유로가 결제되는데 이는 반납 시 환불되므로, 잘 확인하도록 한다. 모든 절차가 끝나면 위의 프로세스에 동의하는지를 묻는데, 초록색 버튼을 눌러 동의를 해야 가입이 완료된다. 회원카드 사용 시 비밀번호가 필요하므로 잘 기억해 두거나 어딘가에 적어두는 것이 좋다. 회원카드 발급이 끝나면, 자신이 탈 자전거의 번호를 확인한 후 입력하면 렌트가 된다. 자전거 고정대의 버튼을 길게 누르면 고정 장치가 풀리면서 사용할 수 있게 된다.

2.
안과 밖을 뒤집은 퐁피두센터

퐁피두센터는 건물 같아 보이지만, 테크놀로지의 패러디이다. —렌초 피아노

파리 4구, 파리의 에지(edge)를 책임지는 마레(Marais) 가와 레알(Les Halles) 지구 사이에 괴상한 건물이 하나 서 있다. 얼핏 보면 무슨 초대형 설치미술 같기도 하고, 색칠한 레미콘 공장 건물 같기도 하다. 바로 조르주 퐁피두 대통령 재임 시절, "뉴욕으로 떠나버린 현대미술을 다시 파리로!"라는 야심 찬 슬로건을 내걸고 건축된 초현대적 건물이다. 모더니즘과 포스트모더니즘의 논란 속에 현대건축의 온갖 실험적 요소가 집약된 건물이다. 지금이야 이런 형식의 건물이나 인테리어는 한국에서도 볼 수 있으니 새로울 것도 없지만, 1977년 개관 당시에는 19세기의 에펠탑만큼이나 획기적인 시도였다. 획기적인 것을 떠나 그동안 인간이 가졌던 건축의 개념을 뒤집어놓았다는 표현이 맞을 것이다. 르코르뷔지에가 건축의 미(美)에 대한 개념을 뒤집어 순수 기능적인 입방체를 쌓아 올리는 시도를 했다면, 퐁피두센터는 이런 르코르뷔지에적인 건물의 안과 밖을 한 번 뒤집었다고 볼 수 있다. '집'의 내벽과 외벽 사이에 있던 부분이 모두 바깥으로 튀어나와 건물 표면에 달라붙어 있고, 표면이 되어야 할 매끈

한 부분이 안으로 들어가 있다고 보면 되겠다. 나도 처음 보았을 때는 '이건 뭐지?' 하는 의구심이 들었다. 머리로는 이해하지만, 우주에서 버린 기계같이 생긴 괴상한 외관이 도무지 내 깊숙한 마음에서부터 진정 '아름답다'라는 미의식을 불러내지 못했으니 말이다. 일단 그동안 내가 가진 건축물에 대한 개념은 외관을 장식으로 아름답게 꾸미건 안 꾸미건 매끄럽고 평평한 것이 원칙이었다. 신석기시대 이래 인간이 정착 생활을 하며 집을 짓기 시작한 뒤로 몽고인이건 에스키모건 이 원칙이 바뀐 적은 없었으니 말이다. 사실 고백하건대, 지금도 훌륭한 건 알겠지만 아름답다는 생각은 들지 않는다.

파리의 복합 문화 센터 건립 계획은 60년대 샤를 드골 대통령과 문화부장관이던 앙드레 말로 시절부터 논의해 왔던 것인데, 이것을 실천에 옮긴 사람이 조르주 퐁피두 대통령이다. 예술과 문학에 조예가 깊었던 퐁피두 대통령은 1970년, '예술의 도시 파리'라는 이름에 걸맞게 20세기를 대표하는 모든 장르의 예술을 망라할 수 있는 복합 공간을 계획했다. 국립현대미술관을 비롯하여, 산업창조 센터, 도서관, 어린이창의력개발 센터, 영화관, 전시·공연관, 음향/음악연구소, 등이 있는 복합 공간을 만들어 대중이 현대 문화예술을 쉽게 접하도록 하자는 것이었다. 당시 루브르 박물관은 수집품이 넘쳐나 제대로 전시할 공간이 부족한데, 현대미술 전용관을 표방한 팔레드도쿄(Palais de Tokyo) 미술관은 너무나 동시대적이어서 사람들을 유인하는 데 실패한 터라, 1905년 이후의 예술품만을 따로 모아 전시하는 공간이 절실한 형편이었다. 더욱이 현대미술의 중심지가 뉴욕으로 이동하고 있다는 현실에 자존심의 상처를 받은 프랑스로서는 다시 한 번 왕년의 영광을 재현하고 싶은 소망을 갖는 것도 당연했다. 각종 지저분한 유흥업소로 가득했던 우범 지대 보부르(Beaubourg) 지역이 부지로 선정되자, 재개발까지 겸할 수 있어 꿩 먹고 알 먹는 계획이었다.

4부
현장리포지

하지만 초창기에는 참 말이 많았던 건물이다. 현재는 에펠탑이나 개선문과 더불어 파리에서 가장 많은 방문객이 드나드는 곳이 되었지만 괴상하게 생긴 외관에 사람들이 익숙해지는 데에 시간이 걸렸기 때문이다. 게다가 '예술이 대중화되어야 하는가, 아니면 엘리트로 남아 있어야 하는가?' 또는 '예술은 중앙집권화되어야 하는가, 아니면 지방분권화되어야 하는가?' 등의 주제까지 튀어나오면서, 가뜩이나 말하기 좋아하는 프랑스 사람들 사이에는 논쟁이 끊이지 않았다.

이 센터의 건축을 위해 국제 설계 공모전이 열렸고 681개의 프로젝트가 경합을 벌였는데, 이 안에는 입상은 하지 못했지만 강석원, 김수근 등 두 한국 건축가의 설계안도 포함되어 있었다. 결국 치열한 경쟁 끝에 이탈리아 인 렌초 피아노(Renzo Piano)와 이탈리아 태생의 영국인 건축가 리처드 로저스(Richard Rogers)의 공동 설계안이 당선되었다. 이들의 콘셉트는 기념비가 아닌 다양한 사람들의 만남의 장소였다. 이제까지의 건축물들은 무언가를 기념한다는 개념이 먼저 적용되어 정해진 대로 공간을 나누고 변형이 불가한 형태로 세워졌다. 그러나 이들은 필요에 따라 계속 변화하는 건물을 원했다. 즉, 내부를 채우던 배관 시설들은 모두 바깥으로 빼내고 내부 공간을 통째로 비우자는 것이다. 모든 수직적 순환과 인간의 동선은 건물 외부에 주렁주렁 내걸었다. 에어컨디셔너는 푸른색, 수도관은 초록색, 전기선은 노란색, 엘리베이터나 에스컬레이터 같은 동선은 빨간색이며, 흰색 기둥은 지하의 환기 시설이다. 구조를 이루는 금속 들보까지 밖으로 드러냈다. 그러다 보니 부식을 방지하는 것이 가장 큰 어려움이라는 것이 이해가 간다. 마레 가 방향인 동쪽은 건물 내 배관 파이프들이 수직으로 지나가며, 정면이라 할 수 있는 레알 방향의 서쪽은 투명 파이프로 덮인 빨간 에스컬레이터가 건물을 사선으로 가르며 지나간다. 계단, 복도, 테라스까지 모두 바깥에 있어 다른 공간으로 이동하려면 내부가 아닌 바깥을 통해야 한다. 즉, 센터 내부로 들어가지 않고 외부를 통해 건축물의 부대시설을 이용하는 것이다. 에스컬레이터로 외벽을 지그재그로 올라가며 보는 경치는 미래도시에 온 듯한 환상을 준다. 지하 2층 지상 6층의 건물 꼭대기에서는 파리 시내가 한눈에 보인다. 테라스와 발코니를 덮고 있는 금속 구조물과 투명 유리 덮개는 다양한 모양으로 서로 겹쳐지며 건물 외부를 형성하고 있는데, 이러한 시선의 분산이 거대한 규모를 실제보다 작게 느끼게 하는 효과를 낸다. 운동장만 한 내부 공간은 기둥도 벽도 없이 통째로 빈 공간이므로, 움직이는 가벽을 사용해 필요에 따라 공간을 분할토록 설계됐다. 처음의 설계에서는 층의 높이까지 조절이 가능하게 하려고 했지만 예산 부족으로 실현하지는 못했다고 한다. 퐁피두센터를 건축한 후 리처드 로저스와 렌초 피아노는 '건축계의 노벨상'으로 불리는 프리츠커 상(Pritzker Architecture Prize)을 수상하였다(렌초 피아노는 1998년, 리처드 로저스는 2007년).

 퐁피두센터는 조르주 퐁피두 재임 시절에는 완공되지 못하고, 발레리 지스카르 데스탱이 대통령이던 1977년 1월 31일에 개관하였다. 이미 퐁피두 대통령은 고인이 되어 미망인인 클로드 퐁피두 여사만이 참석하였다. 파리 시민들은 퐁피두센터를 "파이프로 된 노트르담", "예술의 창고", "가스 공장", "정유소", "아방가르드한 추물", "문화의 헛간" 등으로 부르며 조롱하기도 하였지만 곧 이 건축물은 대중적 성공을 이룬다. 렌초 피아노는 "위화감을 주는 문화적 건물의 이미지는 없애버리고, 예술과 사람이 놀라울 정도로 자유로이 관계 맺게 해주는 건축물"을 공언하였다. 하루 5,000명의 방문객을 예상했던 이 센터는 결국 다섯 배나 많은 사람들이 찾는 장소가 되었다.

 특히 국립현대미술관은 뉴욕의 현대미술관과 함께 세계에서 가장 많은 현

그로테스크한 스트라빈스키 분수

대 예술품을 소장하고 있다. 1층에는 세계 최대 규모의 아동 미술관과 도서관이 있어 미래의 주역인 어린이들이 쉽게 예술을 접하도록 한 섬세함은 인정할 만하며, 2층은 사무실, 3층과 4층 일부는 도서관이 위치한다. 4층의 현대미술 전시장은 1960년대부터 현재까지 동시대의 미술품들을 전시하고 있어, 생소하지만 최신 미술의 흐름을 알고 싶다면 들러보아야 하는 곳이다. 이곳에 백남준의 비디오아트도 전시되어 있다. 5층에서는 20세기 초부터 1960년대 이전까지 우리에게 친숙한 현대미술의 거장들을 모두 만날 수 있다. 피카소, 마티스, 칸딘스키, 뒤샹 등, 이제는 어떤 '주의'라는 단어조차 사라진 시대에 마지막으로 하나의 사조를 이끌었던 전 국립현대미술관의 소장품들이 망라되어 있다. 6층은 특별 전시장으로, 현대의 이슈가 되는 기획전들이 해마다 열리고 있다. 2001년에 리노베이션해서 오픈한 레스토랑도 꼭 들러보아야 하는 곳이다.

'항해하는 배의 선실'이 콘셉트라는데, 나는 알루미늄으로 된 붉은 곡선들 때문인지 마치 고래 뱃속 같은 느낌이 들었다.

    퐁피두의 매력은 이뿐이 아니다. 서쪽의 조르주퐁피두 광장에서 펼쳐지는 갖가지 공연은 보행자들의 시선을 잡아끈다. 마임에서부터 민속음악, 클래식에 퍼포먼스까지 다양한 볼거리로 끊임없이 활기를 주고, 관람객들은 세상에서 가장 편한 자세로 아무 곳에나 앉아 관람한다. 특별히 계단 공연장이 아닌데도 위로 갈수록 높아지는 광장은 원래 부지가 그렇게 생긴 건지 공연을 배려한 것인지 모르겠지만, 멀리서도 공연을 볼 수 있어 양지바른 호젓한 곳에 앉아 커피를 마시며 공연을 볼 수도 있다. 이런 완전한 이완의 자유로움이야말로 파리만의 매력이다.

    광장을 오른쪽으로 돌면, 퐁피두센터의 별관인 음향/음악연구소(IRCAM)가 있고, 그 앞에 재미있게 생긴 분수가 있다. 장방형의 풀에 입술, 높은음자리표, 뱀 등의 괴상한 장난감 모양의 분수들이 아무렇게나 물을 뿜는다. 물줄기로 조형물이 움직이면 귀엽기도 하지만 어찌 보면 좀 징그럽기도 하다. 유명한 예술가 니키 드생팔(Niki de Saint-Phalle)과 장 팅겔리(Jean Tinguely)의 작품인데, 러시아 출신 현대 작곡가 스트라빈스키의 〈봄의 제전〉을 분수 조각으로 표현한 것이라고 한다. 물이 흐르는 소리나 메커니즘이 음악을 상징하기 때문에 음악/음향연구소 쪽에 위치하고 있다. 그런데 내가 아직 현대미술을 잘 이해하지 못해서인지는 몰라도, 분수가 꺼져 있을 때 보면 애들이 장난이라도 해놓은 듯 좀 심란하다는 생각이 드는 것이 사실이다. 바로 뒤쪽에 보이는 고색창연한 생메리(Saint Merri) 성당과 대조를 이루며, 루브르와 피라미드보다 더 괴기스러운 시간의 대비를 상기시켜 주고 있다. 이 생메리 성당에는 프랑스에서 가장 오래된 성수반과 종이 있어 1331년부터 지금까지 울리고 있으며, 파이프오르간은 생상스가 연주했었다고 한다. 프랑스 대부분의 성당이 몇 백 년씩 된 것이지만, 지금도 대중을 위한 작은 콘서트를 열고 소리가 나는 오르간과 그것이 연주에 쓰이는 것을 볼 때마다, 문화 대국이란 과거를 묻어버리는 것이 아니라 항상 현재에 숨쉬게 만들어야 하는 것임을 새삼 느낀다. 우리에게 김홍도나 김정희는 옛날 호랑이 담배 피우던 시절에 살다 작품을 남기고 사라져버린 전설 속 인물처럼 느껴지지만, 파리에서 살다 간 예술가들은 아직도 살아서 이 도시를 거닐고 있는 것이다.

포럼 데알(Forum des Halles) 쪽으로 가다 보면 놓치지 말고 보아야 할 것이 바로 이노상 분수(Fontaine des Innocents)이다. 원래는 생드니 거리의 교차로 한쪽 모퉁이에 세 개 면으로 건축된 '요정들의 분수(Fontaine des Nymphes)'였는데, 이노상 광장의 중앙으로 옮기면서 한 면이 추가되었다. 1550년, 카테리나 데메디치의 남편 앙리 2세가 오래된 분수를 새로 고친 것으로, 피에르 레스코(Pierre Lescot)가 건축하고 조각은 장 구종(Jean Goujon)이 맡았다. 르네상스 시기의 걸작으로, 개선문과 같이 전형적인 테트라파일론 형태의 건축물이다. 기초단의 부조들은 상태가 좋지 않아 현재 루브르에 있지만 그 위의 여신들은 원본이니, 600년이 다 되어가는 분수에서 물이 솟아오르는 것을 감상하는 셈이다.

조르주퐁피두센터

주소 Centre Pompidou, Pl. Georges Pompidou, 75191 Paris cedex 04
교통 지하철 랑뷔토(Rambuteau) 1·11호선 오텔드빌(Hôtel de Ville) 역에서 도보 3분
RER-A·B·D선 샤틀레레알(Châtelet Les Halles) 역에서 도보 2~3분
버스 37, 47, 75번
홈페이지 www.centrepompidou.fr

뻥 뚫린 퐁피두센터의 내부

3.
      ## 프랑스 인의 생활 양식

　　한국의 아파트는 하늘 높은 줄 모르고 점점 높아지고 있다. 곧 뉴욕과 같은 초고층 아파트 시대도 도래할 것 같다. 언젠가 내가 끔찍이도 좋아하는 SF 만화를 보고 조금 섬뜩했던 기억이 난다. 『레드문』이란 일본 만화였는데, 지상이 오염되어 유령화된 도시에는 현 정부에 대항하는 반란군이나 빈민들만이 쓰레기 더미를 뒤져 연명하며 살고 있고, 모든 세속적인 것들은 하늘에 건설한 인공 도시로 옮겨가 있었다. 그리고 하늘 도시의 사람들은 생활 쓰레기를 그대로 땅으로 쏟아버리는 끔찍한 만화였다. 높아져 가는 주상복합 아파트들을 보면서, 환경 재앙이 계속된다면 정말 이런 날이 올지도 모른다는 생각이 들었다.

　　서울이나 뉴욕과 같은 대도시가 높이로 도시집중 현상을 해결하려 하는데 비해 파리는 나폴레옹 3세 시대에 오스만 백작이 정한 도시계획 법칙이 아직도 적용되고 있다. 지상 6층(31미터)를 넘지 못하기 때문에 에펠탑이나 몽파르나스 타워가 간혹 튀어나오긴 하지만 상공에서 볼 때 파리는 평평한 평면을 이룬다. 건물의 1층은 주로 상가이거나, 콩시에르주(Concierge)라 하여 관리인이 입주하여 살고 있는 경우가 많다. 2층부터는 대부분이 오래된 건물을 개조한 아파트들이다. 귀족이나 부르주아들이 소유하고 있던 이런 집들의 맨 꼭대기 지붕 밑 방에는 하녀들이 살았는데, 지금은 싼 집을 구하는 학생들이 세 들어 사는 경우가 많다. 영미에서와 마찬가지로 1층은 레드쇼세(Rez-de-Chaussée)라는 이름이 따로 있고 2층부터 층을 세어가기 때문에, 5층 다락방이란 말만 듣고 들어가면 꼼짝없이 하루에도 몇 번씩 6층을 오르내려야 하는 일이 벌어진다. 지붕 밑 방을 임대하는 건물들은 엘리베이터도 없는 낡은 건물이 태반이기 때문이다. 유학 시절 친구가 살고 있을 때 이런 방엘 몇 번 가보았는데, 4층 정도까지는 오를 만하다. 하지만 그 이후부터는 살 빠지는 소리가 쫙쫙 들린다. 계단 청소만도 장난이 아닐 텐데, 유럽의 하녀들은 단층 가옥이던 한국보다 더 힘들었을 것 같다. 신데렐라가 지붕 밑 방을 벗어나기 위해 왕자님을 꿈꿀 만도 했겠다…….

파리 시내의 아파트들은 우리가 생각하는 아파트와는 개념이 다르다. 보통 대단위 단지보다는 건물 하나하나가 독립적으로 운영되는 우리의 빌라와 같은 형식이라고 생각하면 된다. 대부분의 프랑스 인들은 단지 안에 똑같은 구조로 들어선 한국식 아파트가 고급 주거 형태라는 것을 이해하지 못한다. 한국에 나와 있는 프랑스 친구들이 가장 의아해하는 것이 강남의 상상을 초월하는 아파트 값이나 전세와 같은 제도들이다. 프랑스 지방에 작은 성 하나 살 돈을 정원도 없는 성냥갑 같은 공간에 지불하는 것이 이상할 만도 할 것이다. 실제로 어떤 친구는 편리한 아파트를 마다하고 불편하게도 삼청동의 옛날식 집에 세 들어 살기도 하니 참 별스러운 일이다. 하지만 이는 옳고 그르고의 문제가 아니라 서로 생활 양식이 다른 것이다. 강원도 산골의 할머니를 타워팰리스에 모셔다 놓아본들, 개구리 소리 물소리 그리워 다시 산골로 돌아가고 말 테니까. 물론 파리 근교에도 대단위의 현대식 아파트 단지들이 있기는 하다. 바

파리 근교의 중산층 가정집들

로 르코르뷔지에가 목청 높여 외쳤듯이, 산업혁명과 함께 늘어난 노동자들의 주거지로 시작하여 지금은 빈민 구제책으로 건설한 집단 주거 체제이다. 그러니 이들의 머릿속에서 대단위 아파트란 빈민가의 개념이 강한 것이다.

이번에 파리에 갔을 때 친구 브뤼노가 신문기자인 루이, 환경청에 근무하는 알렉스와 함께 저녁 초대를 했다. 전에도 16구의 좋은 아파트에 살고 있던 그는 더 좋은 곳으로 이사를 해 있었다. 사실, 나도 최상류층 공주님 댁에 가 본 건 아니지만 그래도 파리의 고급 주택은 많이 봤다고 생각했는데 브뤼노의 집을 보고는 내심 좀 놀랐다. 미국이나 한국도 아니고 그 좁은(주차난도 심각한) 파리에, 1층 한쪽에는 개인 주차장이 있고, 거기서 직접 엘리베이터로 3층엘 올라가니 바로 집의 거실이다. 2층과 3층을 쓰는 복층 구조였는데, 엘리베이터가 열리는 3층은 그 넓은 공간이 거실과 주방이고, 사적인 공간은 계단을 내려가 2층에 위치하고 있었다. 게다가 샹들리에가 달린 천장은 또 왜 그리 높은지……. 전형적인 19세기식 부르주아 저택이었다. 그것도 현대식으로 편리성까지 갖춘. 브뤼노가 굳이 바쁜 시간을 쪼개 집에까지 오라고 한 이유를 알 것 같았다. 자랑이 하고 싶었으리라. 사르코지 인터뷰까지 한다는 일간지 기자 루이도 어깨를 으쓱해 보일 정도였으니까.

파리 근교의 단독주택들도 공간은 좀 다르지만 생활 양식은 비슷하다. 한국이나 미국의 집들은 대문과 정원이 있고 집의 정면이 길을 향해서 난 구조가 많은 데 비해, 프랑스의 집들은 집의 뒷면이 길을 향해 있고 여기에 집의 입구가 현관 형태로 되어 있어 겉에서 보면 작고 소박해 보이는 경우가 많다. 그런 겉보기와는 달리 안으로 들어갈수록 넓어지며 건너편에 발코니와 정원이 나타나서 가끔 놀라는 경우가 있다. 물론 교외에는 대문과 정원을 거쳐 현관에 들어가는 집들도 있지만 일반적으로 현관이 길을 향해 있고, 발코니와 정원은 뒤쪽에 있는 구조가 많다. 즉, 전시성보다는 사생활을 중요시하는 이들의 민족성이 여기서도 나타난다. 1층은 주로 손님을 맞이하는 응접실(살롱), 서재, 주방과 식당, 드레스룸, 손님용 화장실 등이 있는데, 우리나라 아파트나 가옥들처럼 뻥 뚫린 리빙룸이 있는 것이 아니라 복도식으로 문을 통해 각 방으로 들어가기 때문에 다소 답답해 보이기도 한다. 미국식으로 주방에 식탁이 있는 경우도 있지만 이는 소규모 아파트들의 경우이고, 전통 주택은 식당이 따로 있어 주방에서는 요리만 하게 되어 있다. 2층과 3층은 철저히 가족들의 사적인 공간이므로 웬만큼 친한 친구가 아니면 파티를 해도 2층은 잘 공개하지 않는다. 그래서 우리나라 식으로 집 구경한다고 마구 올라가서 이 방 저 방 열어보며, 부부 침실에 들어가 침대에 앉아본다면 대단한 결례가 된다.

1980년대 초·중반에 유학을 간 사람들은 웃지 못할 추억 하나쯤 공통으로 지니고 있다. 한국이 그다지 잘살지도 못했던 데다가 외국 여행이 자유롭지 못해 정보가 거의 없어 너나없이 모두 너무 촌스러웠던 시절이기 때문이다. 잘사는 집이나 못사는 집이나 문화라는 말은 꿈도 꾸지 못하고 다들 외국이라면 별나라로 생각했던 시기였으니 말이다. 그저 냉장고나 자가용, 피아노 등이 집에 있기만 해도 부잣집에 속했었다. 그러니 유학생들이 처음 선진국에 도착해 별별 실수를 다 저지를 수밖에 없었다. 이 중에는 개 그림이 그려진 통조림을 보고는 보신탕인 줄 알고 "보신탕도 통조림을 만들다니, 역시 선진국은 다르다"며 맛있게 먹었다는 식의 전설이 된 일화도 많다. 특히 화장실에 관계된 것은 아주 실소를 자아내게 한다. 우리는 욕실에 플라스틱 슬리퍼를 신고 들어가 마음껏 물을 끼얹으며 씻는 문화인데, 서양인들은 도대체 어떻게 목욕을 하는지 욕실에 모두 카펫이 깔려 있는 것이다. 물론 바닥에는 하수구도 없다. 나도 처음 도착했을 때 목욕탕 구조를 엎드려서 살펴보고, 카펫을 뒤집어 까보

4부
인간의 도시

고 별짓 다 했다. 즉, 물이 밖으로 튀지 않도록 욕조나 샤워실 안에서만 씻어야 하는 것이었다. 그런데 이걸 잘 몰랐던 한국인들이 우리 식으로 탕 밖에서 마음껏 물을 뿌려가며 목욕을 하다가 온 층이 물바다가 되었다는 전설도 있으니……. 웃을 일이 아니다. 비즈니스하는 사람들도 호텔에서 가끔 실수를 했으니 말이다. 호텔은 카펫이 아닌 일반 타일이 깔려 있는 경우가 많아 생각도 안 해보고 힘차게 물을 틀어댄 경우가 많았다! 게다가 비데에 관련된 것들은 밤을 새워 이야기하며 웃어도 모자랄 지경이었다. 대학 기숙사는 공동 욕실과 화장실이 복도에 있고 방에는 간소한 침대와 옷장, 책상, 그리고 세면대와 비데가 있는 구조였다. 비데라고 해서 요즘의 냉·온수 나오는 자동식 비데를 상상하면 곤란하다. 앉는 위치와 높이 등이 양변기와 똑같이 생겼는데 수세식 물통은 없고 세면대처럼 수도꼭지만 있는 것이다. 생각만 해도 비위생적인데, 여기에 물을 받아 앉아서 씻으라는 것이다. 80년대에 처음 도착한 유학생들은 대부분 사전 지식도 없고 비데란 걸 한 번도 본 적이 없었던지라, 그저 이것이 선진국형의 발달한 요강이라고 생각하기 십상이었다. 그래서 많은 학생들이 거기에 볼일을 보는 사태가 벌어지곤 했는데, 문제는 소변뿐만이 아니라 더 막중한 임무를 보고 밤새워 청소한 학생들도 있었다는 사실이다.

　프랑스 인들은 기본적으로 목가적이다. 파리의 고급 아파트에 살고 있는 사람들도 시골에 작은 별장을 하나씩 가지는 것은 그들의 당연한 생활 양식으로 자리 잡았다. 별장이라 해서 서울의 아파트를 그대로 옮겨다 놓은 듯 편리하고 으리으리한 집을 생각하면 곤란하다. 물론 상류층의 별장은 전혀 다른 개념이지만 일반 중산층의 별장은 시골의 농가를 개조해 텃밭도 가꾸고 동물도 기르는, 정말 소박한 것이다. 누구의 힘도 빌리지 않고 몇 년에 걸쳐 페인트칠을 하고 연못을 만들고 잔디를 심는다. 말이 시골 별장이지, 예전에 니스에 있

파리 근교의 친구 카트린네 집 파란 대문

는 친구네 별장에 한 번 따라갔다가 거의 현대 문명 금단 현상에 시달린 경험이 있었다. 수십 킬로미터까지 불빛 하나 없는 숲 속에 음악이나 컴퓨터도 없이 그들 부부는 아이들과 하루 종일 정원을 가꾸거나 수영을 하고, 정원에 엎드려 책을 읽었다. 한국인과 달라서 지속적으로 친구를 챙기거나 재미있게 해주려는 노력도 없다. 부부나 아이들이나 그냥 서로 터치하지 않고 각자 시간을 보낸다. 참으로 자연과 함께 한가로이 마음을 비우는 느린 삶이었다. 사실, 나 역시 언제나 이런 삶의 철학을 동경했지만, 단 한 번도 마음을 비워본 적이 없는 도시의 아이인 나는 '아무것도 하지 않는' 그 생활이 심심해서 견딜 수가 없었던 것이다. 토마토 따는 것도, 들꽃을 따와 테이블을 장식하는 것도 이틀이 지나니 심드렁해졌다. 한국에서는 아마 자주 할 수 없어서 기를 쓰고 손님상을

파리 근교 카리에르 쉬르센의 붉은 지붕들

차리고 유기농 토마토를 찾아 헤맸던 것 같다. 원래는 그들과 일주일을 함께하기로 마음먹고 갔었는데, 결국 이틀이 지나 파리에 일이 생겼다고 올라와 버렸다. 게다가 피부가 약한 나로서는 남프랑스의 따가운 햇볕을 오래 받았다가는 거의 홀라당 벗겨질 것이 뻔했다. 한국에서는 선크림도 잘 안 바르고 모자도 쓰지 않지만 이곳의 햇볕은 다르다. 가뜩이나 몸에 털이 거의 없는 동양인은 보호막이랄 것이 없어서 강렬한 햇볕에 가장 약하다고 한다. 그래서 물을 좋아하는 나도 지중해에서의 오랜 일광욕은 절대 사절이다. 태양이 내리쬐는 요트에서 열리는 멋진 파티를 보아도 전혀 부럽지가 않다. 그래서 프랑스에서 가끔 친구들과 만나는 것은 재미있지만 여기서 이들 생활 방식대로 따라 살다가는 수명이 단축될지도 모른다는 생각도 했었다.

멀리 보이는 수백 년은 된 농가와 허물어져 가는 성채들. 프랑스 시골에 이런 성 하나 소유하는 건 어렵지 않다. 아마 서울 강남에 30평짜리 아파트 사는 것보다 쉬울 것이다. 하지만 유지하는 것이 문제다. 그 넓은 집을 어떻게 수리하고 난방을 하느냐 말이다. 세월아 네월아 하는 프랑스 기술자들을 데리고 하다가는 아마 속이 터져 쓰러질지도 모른다. 게다가 아파트의 안락한 생활에 익숙한 우리가 수백 년 된 으스스한 돌집에서 산다는 것은 사실 불가능해 보인다. 이는 불편하게 사는 데 익숙한 이들의 생활 방식이다.

4.
파리의 맨해튼

현재의 건축은 보통의, 일상적인 인간들을 위한 평범한 집에 관심을 갖는다. 건축은 궁전을 내던져 버렸다. 이것이 시대의 대세이다. —르코르뷔지에

    파리의 옛 도시는 센 강을 중심으로 35킬로미터 조금 넘는 타원형 순환도로로 동그랗게 둘러쳐져 있어 막히지 않으면 한 바퀴 도는 데 30~40분 정도밖에 걸리지 않는다. 우리가 알고 있는 건축물들이 밀집해 있는 파리는 이 원 안에 모두 들어 있다. 많은 파리지앵들은 순환도로 밖으로 거대하게 펼쳐진 광역시를 넘나들며 출퇴근을 하고 있다. 대부분의 광역시들은 파리 시에 비해 경관이 좀 삭막하게 바뀐다는 느낌은 있지만 새로운 행정구역으로 넘어가는지는 알 수 없을 만큼 건축물이나 도로가 자연스레 파리와 연결되어 있다. 그런데 샹젤리제와 개선문을 가운데 두고 마주보는 그랑다르메(Grande Armée) 거리를 달리다 보면 갑자기 멀리서 '쿠궁' 하고 떠오르는 물체가 있다. "엉, 저건 뭐지?"란 소리가 절로 나오는 이상한 도시……. 바로 파리의 맨해튼이라 불리는 유럽 최대의 비즈니스 도시 라데팡스(La Défense)이다. 그야말로 뉴욕의 허드슨 강을 따라가다가 멀리 보이는 맨해튼의 모습을 보았을 때 느끼는 만화 같은 느낌의 등장이다. 점점 가까워지는 도시의 모습은 여태까지 봐온 파리의

라데팡스의 상업지구

모습과는 너무도 대조적이다. 과거의 모습을 그대로 간직한 고전적 파리와는 판이하게 다른, 달나라에 건설된 도시 같은 모습이랄까?

중세의 라데팡스 주변 지역은 숲이 울창해서 왕들이 사냥을 즐기던 지역이었다. 파리에서부터 이곳에 도달하려면 크게 굴곡을 그리며 흐르는 센 강을 나룻배로 건너야 했다. 부르봉 왕조를 연 앙리 4세는 이곳에서 사냥을 즐기곤 하였는데, 어느 날 센 강을 건너던 중 나룻배가 난파하는 사건을 겪었다. 간신히 살아남은 앙리 4세는 이곳에 나무다리를 건설하게 하였다. 이후 이 나무다리는 돌다리로 바뀌고, 현재는 유럽 최대의 비즈니스센터이자 파리의 역사적인 축을 잇는 신도시로 태어난 것이다. 이 지역이 '방어'라는 뜻의 이름을 갖게 된 것은 프랑스 국방부가 있어서는 아니고, 나폴레옹 3세 시절인 1870년 보불전쟁 때로 거슬러 올라간다. 프랑스군은 비스마르크의 프러시아 군대에 계속

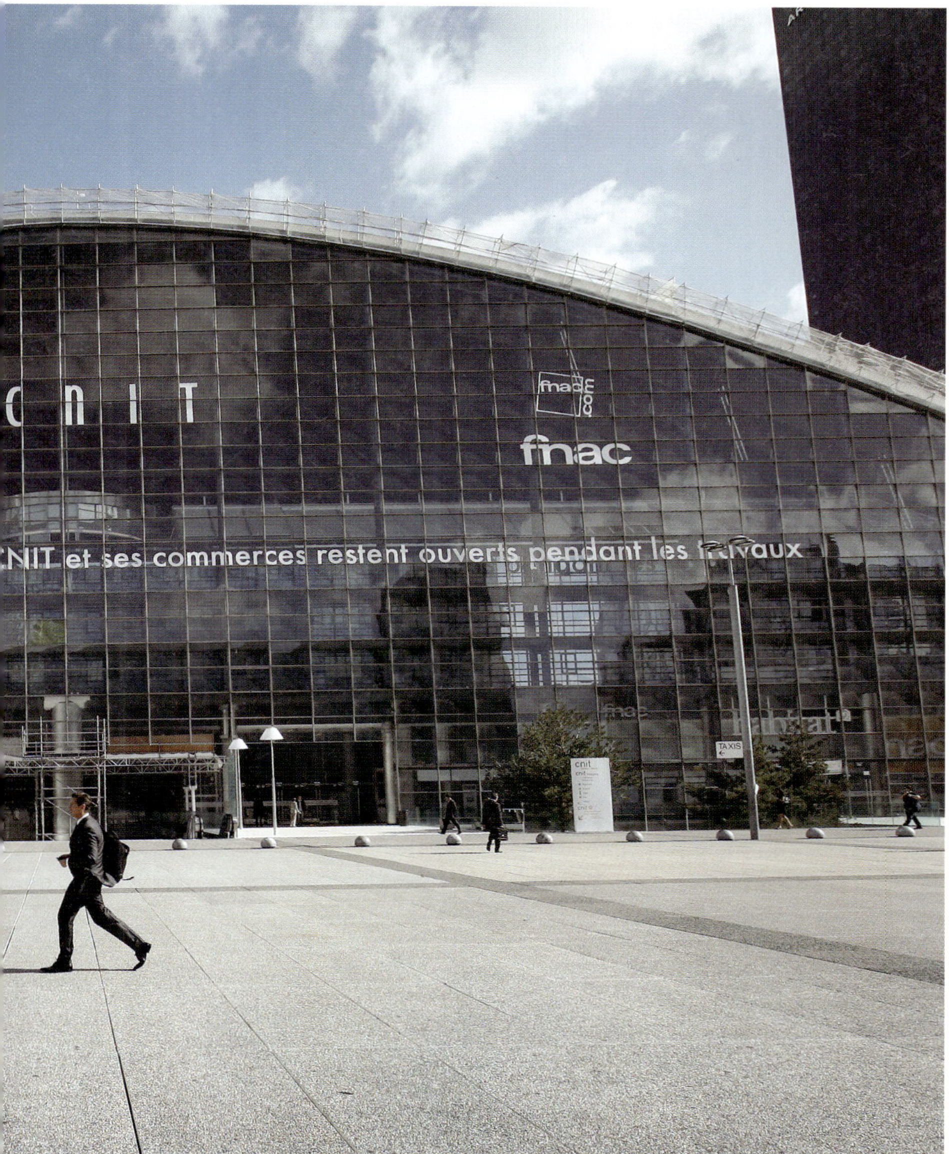
cnit
fnac.com
fnac
NIT et ses commerces restent ouverts pendant les travaux
TAXIS

밀려 후퇴를 거듭하다가 파리의 최후 전선인 이곳에 방어선을 쳤다. 그때 공화당원들이 이곳에 세웠던 임시정부가 '국민방어정부(Le Gouvernement de la Défense Nationale)'였고, 거기서 이 이름이 유래된 것이다. 결국 프랑스는 보불전쟁에서 패하고 베르사유에서 굴욕적인 조약을 맺어야 했지만, 이곳은 프랑스 인들의 애국심을 자극하는 역사적인 장소가 되었다.

제1차 세계대전이 끝나고 정권을 잡은 정치가들은 1918년의 승리를 찬양하기 위해 서쪽으로 새로운 역사의 축을 건설하고자 했다. 당시 혈기 왕성했던 르코르뷔지에는 이때 벌써 지금 라데팡스의 모델이 된 보행자와 자동차의 통행을 분리하는 프로젝트를 냈고, 시티은행은 비즈니스 구역을 건설하자는 아이디어를 냈다. 그러나 이 새로운 구역의 건설이 시작된 것은 30여 년이 지난 1956년에 이르러서이다. EPAD(라데팡스 지역개발공사)라는 기관이 설립되었고, 최초로 지금 현재 라데팡스 광장의 CNIT(Centre Nationale des Industries et Technologies: 국립산업기술센터)가 건설되었다. 신도시의 건설은 르코르뷔지에가 1933년 아테네에서 주관하였던 근대건축국제회의에서 주장한 '현대화운동(Mouvement Moderne)'[22]을 그대로 실행하였다. 지상에는 도로를 없애고 타워를 건설하되 일조량을 확보할 수 있는 높이를 유지한 것, 순환 고속도로 안쪽에는 보행자 슬래브(slab)[23]를 얹고, 그 아래 지하로 대중교통용 도로를 만들어 차량과 보행자의 공간을

---

[22] **건축현대화운동(Mouvement Moderne)** | 르코르뷔지에가 주장한 건축이론으로, 핵심은 과거와의 완전한 단절이다. 특히 19세기의 신고전주의와 절충주의 건축과의 결별을 뜻하는 것으로, 형식과 장식은 철저히 배제한, 기능만을 위한 건축이다. 콘크리트, 철, 유리 등 과거와는 완전히 다른 새로운 자재로 얼마든지 높은 건물을 지을 수 있어, 도시화가 급속히 진행되던 양차 세계대전 이후의 도시 발달에 많은 기여를 했다. 하지만 인간미와 개성을 상실한 도시의 슬럼화 현상을 겪으며 현대에는 많은 비판을 받고 있는 개념이기도 하다.

[23] **슬래브(slab)** | 철근콘크리트로 만들어진 평평한 상판.

분리한 것이 그것이다. 게다가 고층 건물 앞에 있는 건물은 정원과 테라스의 중간 지점을 개방하는 방식으로 일조량을 확보했다. 라데팡스에도 나름대로의 조화를 위해 모든 빌딩에 동일한 규정을 적용하였는데, 비즈니스 용도의 빌딩은 가장 높게, 주거 타워는 중간 높이, 그리고 상업 시설들은 가장 낮게 건설한 것이다.

1979년 이 프로젝트에 맞추어 CNIT 맞은편의 상업 센터 '레카트르탕(Les Quatre Temps)'이 완성되었다. 이곳의 광장은 광활한 슬래브로서 파리를 향해 마주보며 열려 있고, 그 밑은 고속전철 및 지하철, 버스, 거대한 주차 시설 등이 서로 연계되어 하나의 타운을 형성하고 있다. 미테랑 대통령 시절(1981~1995)에 라데팡스는 또 한 번의 도약을 한다. 프랑스의 많은 국왕들과 마찬가지로 나라의 국력은 건축으로 표현된다고 믿은 그는 파리 시의 재정비를 위한 '위대한 프로젝트(Grand Projet)'의 하나로 라데팡스를 완벽한 비즈니스 도시로 완성하고자 했다. 자동차도 없고 신호등도 없어서 인간이 기계의 방해를 받지 않고 마음대로 건물과 건물 사이를 보행할 수 있는 도시, 모든 비즈니스가 하나의 미디어로 연결되어 빛의 속도로 업무 처리가 되는 도시 말이다.

내가 유학하던 시절인 80년대 후반에 라데팡스는 한창 그 위용을 자랑하고 있었다. 그때만 해도 강남이 이제 막 개발되던 때라 소박한 서울 출신의 나는 이 첨단 도시가 무척 낯설었던 기억이다. 순전히 내 개인적인 생각이지만, 뭔가 삭막한 현대 문명의 소산 같았다고나 할까? 르코르뷔지에의 건축 이념을 알 턱이 없었던 나는 새로운 공법으로 건축된 이 도시의 보행자 분리 방식에 영 적응이 되질 않았다. 언제나 가운데 차도를 두고 양쪽 보도로 사람이 다니는 복잡한 모습을 보며 살아온 나는 끝없이 차만 다니는 지하와, 차는 하나도 없이 그 넓은 콘크리트 위를 걸어다니는 인간들을 보며 뭔가 섬뜩한 느낌을

지울 수 없었다. 네비게이션도 없던 시절 지하에서 길이라도 잃으면 이건 완전히 패닉이다. 인간이라고는 도무지 보이지 않는 거미줄 같은 지하를 수십 번씩 돌며 헤매고 있자면 정말 멸망한 지구에 혼자 남은 듯한 외로움과 심지어 공포마저 밀려드는 것이다. 어쩌다 지상을 걸을 필요가 있을 때도 마찬가지이다. 사람들이 모여 있는 상업지구를 제외하고는 건물과 건물 사이가 황량하기 그지없다. 바람은 또 왜 그리 센지……. 맨해튼 마천루 사이에서도 그렇지 않았는데, 이곳에서는 내가 너무 보잘것없는 개미만 한 존재로 느껴졌다. 그래서 건축을 전공하던 후배 T에게 물어보았다. 그 친구 말이 정답일지는 잘 모르지만(지금 그래도 국내 유수의 건축설계 사무소에서 꽤 잘나가고 있다), 도시공학적으로 성공한 도시는 인간에게 친화적이어서 규모와 높이가 커져도 아늑하게 느껴진다고 한다. 그래서 라데팡스는 설비 면에서는 성공적이지만 인간을 배려한 만큼에 비해 성공적인 도시는 아니라는 게 그의 의견이었다. 게다가 대부분이 비즈니스 빌딩이다 보니 밤이 되면 사람이 별로 남질 않는 것도 정이 가질 않는 이유 중 하나였다. 지금 그 빌딩의 이름은 기억이 안 나지만, 유학생들 사이에 괴담도 퍼졌었다. 주거 타워 18층에 사는 유학생이 밤마다 창밖으로 사람이 걸어 다니는 것을 본다는 것이다. 뻥 뚫린 18층에서 창밖에 사람이 지나가는 것을 보다니, 〈전설의 고향〉이 아니고 무엇이냐 말이다!

그런 라데팡스도 요즘은 많이 변모했다. 1990년 '테트 데팡스(Tête Défense; 데팡스의 머리) 개발계획'으로 그랑드 아르슈(Grande Arche)가 완성되어 라데팡스의 상징으로 자리 잡았고, 명실 공히 라데팡스는 비즈니스와 커뮤니케이션의 심장부 역할을 맡고 있다. 3,000여 개의 기업이 들어와 있으며, 소시에테 제네랄(Société Générale), 엘프(Elf), 으데에프(EdF), 생 고뱅(Saint Gobain), 토탈(Total) 등 프랑스의 20대 기업 중 14개가 이곳에 본부를 두고 있으며 IBM을 비롯해 세계

굴지의 그룹들이 입주해 있다. 규모도 커지고 아름다운 건축물도 많이 생겨 현대건축의 최고봉들을 접하는 듯한 균형미까지 느낀다. 먼저 계획된 인위적인 지역 외에 공원과 자연이 보이는 순수 주거 지역도 개발되었다. 어차피 예술은 돌고 도는 것이고 이 도시도 100년이 흐르면 고전이 될 것이거늘. 광활한 주차장에서 방향만 잘 찾아 차를 세우면 쇼핑하기에도 편하다. 하지만 그 반대는 지옥이니 명심해야 한다. 길을 잘못 들어 건너편 건물 주차장에 차를 세우고 엄청난 양의 쇼핑을 했다면 그 짐을 모두 들고 하염없이 넓은 광장을 가로질러야 한다는 것을.

5.
미래공원 라빌레트

21세기의 화두는 무엇일까? 이미 인간이 감성과 철학에 가치를 두던 시기는 20세기와 함께 추억 속으로 사라져 버린 것 같다. 마르셀 뒤샹(Marchel Duchamp)의 〈샘〉이나 〈자전거 바퀴〉를 보며 느끼던 생소한 감정을 이제는 생활 곳곳에서 접한다. TV를 도배하는 아이돌이 그렇고, 손가락만 대면 인터넷이 튀어나오는 핸드폰이 그렇고, 철저하게 육체가 상품화되어 가는 사회가 그렇다. 내가 살았던 과거와는 연관성이 없어 보이는 세계, 어느 날 타임머신을 타고 이 낯선 세계에 내던져진 듯한 느낌이랄까? 그렇다고 내가 무인도에서 자란 것도 아니고, 시대에 뒤떨어진 요조숙녀 부인네도 아니다. 정보 혁명은 신석기 혁명과 산업혁명 이래로 인간의 삶을 송두리째 바꾸고 있다.

사실 내가 파리 라빌레트 공원에 갈 때마다 받는 느낌도 이런 것이다. 최고의 예술과 건축이 결합되었다는 공원에서 나 같은 아날로그는 그저 이해할 수 없는 소외감을 느끼며 어슬렁거릴 뿐이다. 그동안 익숙해 있던 사물을 한 번쯤 뒤틀어 생각해 보게 하는 것이 현대 예술이라고는 하지만, 쉬러 온 공원이 도무지 편하지 않은 것이다. 막막하다고 해야 하나……. 이해하려 하지 않는 것 자체가 현대미술을 이해하는 것이라던 어느 비평가의 말이 떠오르지만, 시각적으로 불편하니 마음도 편치 않다. 이해하지 못하면 한 발자국도 다가가

지 못하는 나는 마르셀 뒤샹도 믿지만 추미도 믿다.

지스카르 데스탱 대통령은 1979년 파리를 미래형 도시로 탈바꿈시키기 위한 10대 프로젝트를 수립했다. 그 중 하나가 음산한 파리 19구의 라빌레트 프로젝트였다. 파리에서 센생드니(Seine-St.Denis)로 넘어가는 이 주변은 파리 시내의 공원에 공급하기 위해 물을 끌어다 놓은 운하와 가축 시장, 도살장이 있던 낙후된 지역이었다. 이 지구를 예술과 문화와 과학을 함께 즐기는 복합 공간으로 탈바꿈시킨다는 계획이었다. 프랑스 정부는 '21세기형 도시공원'이라는 주제로 공모전을 실시한다. 전 세계의 내로라하는 건축가들이 참여하였다. 이 기라성 같은 461개의 프로젝트 중에 스위스 출신인 베르나르 추미(Bernard Tschumi)의 작품이 채택된 것에 모두 뜻밖이라는 반응이었다. 당시 추미는 상대적으로 신인에 가까웠던 인물이기 때문이다. "21세기"를 지향하는 파리 시는 그의 미래적 콘셉트를 채택한 것이다. 라빌레트에 들어가다 보면 일단 우리가 그동안 '공원'이라는 장소에 대해 가지고 있는 개념과는 뭔가 다른 느낌을 받는다. 철책이 있고 없고를 떠나, 이제까지 공원에 대한 개념은 도시와 분리되어 뭔가 시간이 정지된 공간이었다. 그런데 라빌레트는 공원인지 길거리인지 학교인지 아파트인지의 경계선이 불명확해서, 모든 것이 그냥 연장선상에 있다. 어찌 보면 그 자체가 하나의 거대한 캔버스라고도 할 수 있다. 공원이 커다란 면이라면 조형물이나 건축물은 점의 개념, 산책로나 보행로는 선의 개념으로 서로 연결되어 있다.

공원을 직선으로 가로지르는 통행로를 따라 걷다 보면 넓은 잔디밭과 운하를 따라 배열된 빨간색의 괴상한 조형물들이 먼저 눈에 뜨인다. 바로 추미가 자신의 조형 이념을 압축해서 표현하고 있는 '폴리(Folie)'이다. 프랑스 어로 '광기'라는 뜻의 폴리는 그 색깔이 공원 전체로 볼 때 영 생뚱맞은, 그야말로 광기스러운 빨간색이다. 각각 모양도 다르고 이것들이 왜 여기에 서 있는지도 알 수가 없다. 그냥 있는 것이다. 어떤 것은 스낵바로, 또 어떤 것은 물레바퀴가 도는 연못이나 미끄럼틀로, 사무실로 쓰는 것도 있다. 조형물인 동시에 '미완성'의 건축물로서 용도에 따라 다른 재료를 덧붙여 변형하며 사용할 수 있는 것이 특징이다. 즉, 그동안 인간이 가졌던 조형이나 건축에 대한 개념을 해체하여, 시시각각으로 변화하는 공간 개념인 것이다. 나라는 인간이 왜 태어나 이 지구에 서 있는지 모르는 것과 같은 맥락일지도 모른다는 생각이 들었다. 이것저것 시도하다 다 내던지고 가는 인생에서 의미란 우리 자신이 부여한 것 그 이상도 이하도 아니니 말이다. 120미터 간격으로 30여 개가 공원 내에 규칙적으로 배열되어 있는 폴리도 '미완성'으로 거기에 그냥 그렇게 서 있다. 그래서 넓은 공간에 거리를 두고 점점이 서 있는 폴리에서 인간을 느낀다면 비약일까? 20세기에서 온 나는 사실 추미에게 감동은 받지 못했지만, 발 딛고 서 있는 세계를 다시 생각해 보는 기회는 되었다. 그리고는 그냥 내 나름대로 해석하기로 했다. 항상 완성된(그것이 정말 완성인지는 모르겠지만) 조형물만을 봐오던 인간의 시각에 새로운 비전을 제시한다는 것은 낯설지만 신선하긴 하다. 항시 인간의 비율에 익숙했던 우리가 ET를 만나면 생소한 거나 마찬가지 아니겠는가?

　라빌레트 공원을 가로지르는 우르코 운하(canal de l'Ourco) 건너편에는 프랑스의 자랑 과학산업센터(La Cité des Science et de l'Industrie)가 보인다. 원래 도축장이었던 건물인데, 흉물로 여기다가 1981년 거의 새로 건축하였다. 우주의 빛, 식물, 물 간의 상호작용이라는 테마로 아드리앵 팽실베르(Adrien Fainsilber)가 설계를 맡았다. 테마대로 건물 주변을 물이 둘러싸고 있고 지하에는 수족관을 설치했다. 내부에는 다양한 종류의 식물로 가득 찬 대형 온실을 만들고 천장은 유리 돔을 올려 자연광을 확산시켰다. 그래서 우주적인 것을 지향하는 이 과학관

4부
한강의 도시

음악도시 앞의 분수. 여기에도 추미의 붉은 폴리가 언뜻언뜻 보인다.

사람들이 지그재그로 앉게 되어 있는 재미있는 발상의 벤치(왼쪽). 뜬금없이 전통적인 건물 벽에 붙어 있는 폴리

우르크 운하

의 콘셉트는 지나간 역사를 보는 박물관이 아니라, 프랑스의 미래를 짊어질 어린이와 학생들이 마음껏 보고 듣고 만지며 미래를 꿈꿀 수 있는 체험관이다. 이 과학관의 또 하나의 특징은 건물 정면의 유리로 된 거대한 구형 별관 제오드(Géode)이다. 거울같이 번쩍이는 이 건물은 6,433개의 철로 된 삼각형을 조립하여 만든 IMAX 영화관이다. 지하를 통해 계단으로 영화관에 올라가면 어마어마한 반구형의 IMAX 스크린과, 2만1,000와트에 이르는 음향 시스템이 구비되어 있다. 대형 스크린과 음향 때문에 임산부와 어린이는 입장을 자제하도록 권고하고 있을 정도이다.

공원의 남쪽 입구, 분수대 정면에 바로 보이는 긴 건물이 19세기에 지어진 가축 시장 건물로, 현재는 각종 문화 행사 및 박람회 등을 할 수 있는 공연장 그랑드 알(Grande Halle)이다. 당시 철재로 건축한 가장 아름다운 건물 중 하나로

까페 폴리

꼽혔기 때문에 라빌레트 프로젝트가 진행되는 와중에도 원래의 골조를 유지하며 보수공사를 한 건물이다. 소들을 묶어놓고 거래하던 드넓은 중앙 홀의 철 기둥을 모두 제거하고 방음벽, 트랩, 무대장치 등을 이동식으로 장치하였기 때문에, 공연장을 자유로이 분할하여 변형시킬 수 있는 것이 특징이다. 외부에는 긴 건물을 따라 양쪽으로 회랑을 만들어 공원을 종단하는 길과 연결되며, 건물 옆으로는 10개의 테마 정원을 조성해 이 사이로 3킬로미터에 이르는 산책로를 이루고 있다. 그랑드 알을 사이에 두고 주변에 '음악도시(Cité de la Musique)'와 파리 오페라하우스 부설 무용학교(Ecole Dance de l'Opéra de Paris)가 하나의 타운을 형성한다. 무용학교는 그 유명한 크리스티앙 드포잠박(Christian de Portzamparc)이 설계한 건물이다. 이 타운은 강의실에서부터 연구소, 연습실, 기숙사까지 두루 갖추어 그야말로 이 안에서 모든 것이 이루어진다. 지나가다 보면 악기를

든 학생들과 연습실에서 들리는 현악기나 오케스트라 소리가 끊이지 않는다. 공원 동쪽의 제니트(Le Zénith)는 음악 공연장이다. 이동식 좌석 배치로 6,000명 이상을 수용할 수 있어, 클래식뿐 아니라 대중음악, 여러 운동경기, 컨퍼런스 등 다양한 행사를 할 수 있다. 제니트는 기술적으로 성공한 실험적 건축물로 유명한데, 건물 자체가 팽팽한 천으로 덮여 내부 중간에는 기둥이 없다. 정사각형의 거대한 천막이라고 보면 되겠다. 기술적으로 어떻게 가능한지는 모르겠지만 아무튼 특이한 건물인 것만은 사실이다.

과학과 예술과 휴식이 함께 공존하는 공간을 꿈꾸는 파리가 부럽다. 파리가 오늘날의 명성을 갖게 된 이유 중 첫 번째를 꼽으라면, 나는 '균형'을 꼽겠다. 과거와 현재와 미래, 그리고 예술과 과학, 청결함과 지저분함의 적절한 분배 등. 항상 무언가에 편중된 도시 속에서 자란 내게 이 균형감이란 달콤한 유혹으로 찾아온다. 편중된 삶을 살고 싶지 않았기 때문이다. 맛있는 음식이나 와인, 성공한 인생, 아름다운 신체, 이 모든 것이 바로 이 균형감과 다름 아니기 때문이다.

6.
파리의 뉴타운

서울이 뉴타운 열풍으로 한창 들썩거렸던 때가 엊그제 같다. 신도시야 허허벌판에 계획을 세워 쭉쭉 올리면 되지만, 재개발은 있던 것들을 정리하고 새로 만들려니 그만큼 돈도 시간도 더 많이 든다. 파리는 도시 전체가 박물관인 듯 아름답지만, 결국 산업화의 산물인 '도시'라는 사실에는 변함이 없다. 어딘가 소외되어 어두운 구석들이 있는 것이다. 파리의 남동쪽 센 강을 두고 마주보고 있는 12구와 13구, 그리고 북역 주변 등은 화려한 빛의 도시와는 어울리지 않게 칙칙한 지역이었다. 그 중 13구는 오스테를리츠 역에서 출발하여 뻗어 나가는 여러 개의 철로와 공장이 밀집해 있던 지역이었다. 그러나 1991년부터 시작한 재개발 프로젝트는 이 지역을 내로라하는 현대건축가들이 작품을 뽐내는 첨단 건축 공원으로 탈바꿈시키고 있다. 심란했던 철로를 복개하여 인공 지반을 만들고 기차는 지하를 통과하도록 하였으며, 주변의 낙후된 공장은 매입해서 그 위에 뉴타운을 건설한 것이다. 현재 프랑수아미테랑 국립도서관이 완성되었고 국립건축대학교와 파리 7대학인 디드로 대학, 국립동양문화연구소, 대학언어문학도서관 등이 이전하고 있어 젊은이들이 대거 유입되고 있다. 여기에 서민용 아파트와 상업용 건물까지 들어와 소외되었던 계층이 첨단

쇼핑센터, 《쿠르 생테밀리옹》

4부
인간의 도시

센 강변의 신시가지(위)와 미테랑 박물관(아래)

지구에서 문화를 즐기도록 배려한 것도 눈에 뜨이는 점이다. 게다가 우리나라에서 리움 박물관을 설계하고 뚝섬의 주상복합 단지 인테리어를 맡은 장 누벨(Jean Nouvelle), 인천공항 설계를 맡았던 장미셸 빌모트(Jean-Michel Wilmotte) 등 한국에서도 인기 있는 건축가를 비롯해 그 유명한 크리스티앙 드포잠박, 노먼 포스터(Norman Foster) 등 기라성 같은 건축가들이 재개발 지역을 구역별로 맡아 디자인했고, 아직도 여기저기 한창 공사가 진행 중이다.

    이 지역에서 제일 눈에 뜨이는 건물은 프랑수아미테랑 국립도서관이다. 센 강변에 우뚝 서서 책을 펼친 ㄴ자 모양으로 대칭을 이루고 있는데, 단순하면서도 인상적이다. 광장서부터 계단, 통행로에 모두 자연 목재를 써서 그런지 높은 계단을 올라가도 발이 피곤하지 않다. 게다가 맞은편의 12구 베르시 빌라주(Bercy Village)도 뉴타운으로 개발되고 있다. 이제 우중충한 강변의 공장들이 상큼한 녹지로 다시 태어나고 있는 것이다. 이 도서관에서부터 아름다운 보행자 전용 다리를 건너면 바로 베르시와 연결된다. 전체가 나무로 되어 있어 무척 아름다운 이 보행자용 다리는 2006년 완공된 파리의 37번째 다리이다. 다리에는 프랑스 실존주의를 대표하는 작가이자 사르트르와의 계약결혼으로 유명한 시몬 드보부아르(Simone de Beauvoir)의 이름이 붙여졌다. 다리를 건너다 보면 센 강에 떠 있는 수영장 선박(352 페이지 참고)이 보인다. 파리에도 한강 둔치처럼 수영장이 있긴 한데, 둔치가 한강변처럼 넓지가 않아 강에 선박을 띄워 인공 수영장으로 사용한다. 마치 과거에 세탁선(Bateau Lavoir)이 떠 있었던 것과도 같다. 여름의 센 강변은 관광객들에겐 돈 안 들이고 눈요기하기에 그만인 장소다. 훌훌 벗고 일광욕을 즐기는 사람들을 보면 정말 자유가 무엇인지를 느낄 수 있다. 게다가 재미있는 것은 날씨가 좋을 때는 강둑에 내려가 아무 데나 자리를 깔고 앉아 술을 마실 수 있다는 거다. 여기저기 기타나 아코디언 켜는 소

4부
인간의 도시

시몬 드 보부아르의 다리

리도 들리고 연인들이 뽀뽀하는 소리도 들려 낭만 천국이 따로 없다.

베르시 지구도 재미있는 곳이다. 일단 다리를 건너면 14헥타르에 이르는 넓은 공원이 펼쳐지는데, 처음 만나는 것이 강둑의 잔디밭에 쭉 늘어서 있는 괴상한 모양의 조각들이다. 라시드 키문(Rachid Khimoune)이라는 현대 작가가 만든 〈세계의 아이들〉이라는 작품이다. 아이들의 인권을 존중하기 위해 2001년 21세기의 문턱을 넘으며 세계 21개국 21명의 어린이들을 표현한 것이다. 그런데 아이들이 오즈의 마법사들처럼 좀 기괴하다. 아무리 둘러보아도 중국, 일본은 보이는데 한국은 보이지 않는다. 알고는 있었지만 섭섭하다. 공원이 클래식하지 않을 거라는 건 예감했지만, 그렇다고 라빌레트처럼 전위적이지도 않은, 그 중간 정도 콘셉트인 것 같다. 계단을 내려가면 바로 POPB(Palais Omnisport de Paris-Bercy)라는 베르시 만능 스포츠 경기장이 있다. 얼핏 보면 남미 멕시코 등의 '태양의 신전' 같은 모양의 피라미드 형태이다. 여기에서도 프랑스 인들의 고대 문명에 대한 묘한 취미가 드러난다. 1만7,000석 규모의 이 스포츠 경기장은 완벽한 음향 시설을 갖추고 있어 우리나라 잠실의 체조경기장처럼 경기뿐 아니라 다양한 공연 및 스케이트장으로도 쓰인다. 지난 2009~2010 ISU 피겨시니어그랑프리대회에서 '본드걸' 김연아가 쇼트와 프리에서 모두 1등을 해 파리를 휘어잡은 바로 그 장소이다. POPB 앞은 '초원(Prairies)'이라고 불리는 드넓은 잔디밭이다. 주변의 나무 그늘에는 편안하게 자리를 잡고 책을 읽거나 잠을 자는 시민들이 눈에 뜨인다. 가끔 축구경기가 열리기도 하고, 한쪽에서는 젊은이들이 스케이트보드나 인라인 스케이트를 타는 모습도 보인다.

이 공원의 특징은 설계자와 조경사가 각기 다른 세 개의 독립된 공원이 센 강을 따라 일렬로 늘어서 있다는 점이다. 한 블록에서 길을 건너 다른 블록으로 넘어가면 달라지는 콘셉트에 눈이 즐거운 곳이다. 원래 이 지역은 센 강 동

4부
인간의 도시

그로테스크한 느낌을 주는 라시드 키룬의 《세계의 아이들》

4부
인간의 도시

쪽 연안과 연결되어, 지방에서 올라오는 포도주를 저장하는 창고가 있던 곳이다. 배에서부터 오크통을 내려 기차로 창고까지 운반하던 철로, 통으로 들여와 와인을 병입하던 공장, 창고지기의 집들이 보인다. '낭만의 정원' 안에는 파리로 들어가는 이들에게서 세금을 받던 징수관들의 집도 남아 있다. 그래서 이곳에는 아직도 상징적으로 포도나무를 재배하고 있다. 와인저장고를 리모델링하여 디즈니랜드의 동화마을로 재탄생시킨 베르시 빌라주는 이제 유행의 메카로 떠오르고 있다.

파리의 뉴타운 계획은 이뿐이 아니다. 마레 가 서쪽 퐁피두센터 근처의 레알 지구도 2012년까지 '환경 공원'으로 개발될 계획이다. 1979년에 완성된 대형 쇼핑센터 포럼 데알은 초창기에는 서울의 코엑스몰만큼의 인기를 누렸던 곳이다. 하지만 낮에 사람들이 많이 몰리는 상업지구일수록 밤이 되면 도시의 그림자가 더 짙게 드리우는 법. 낮에는 소매치기들이 기승을 부리고, 밤이 되면 인적이 뜸해지면서 우중충한 콘크리트 건물이 불량 청소년들의 온상지로 변하는 것이다. 파리 사람들은 관광객에게 "레알에 갈 때는 여권과 돈을 두고 꼭 필요한 것만 가지고 가며, 밤에는 절대 가면 안 된다"라는 당부를 잊지 않는다. 2001년 파리 시장 베르트랑 들라노에는 레알 지구 개발을 위한 '파리 프로젝트'를 발표했고, 2004년 국제 공모전을 열었다. 여기서 별로 알려지지 않았던 다비드 망쟁(David Mangin)의 녹색 정원 프로젝트가 채택되었다. 파리 시가 첨단 건물 대신 공원을 선택한 것이다. 쇼핑센터도 복합 예술 공간으로 재건축한다고 하니, 퐁피두센터와 함께 이 지역은 예술 지구로 재탄생될 것 같다.

게다가 파리 남쪽의 포르트 드베르사유 지역은 해마다 프리미에르 비종(Première Vision)부터 프레타포르테(Prêt-à-Porter) 등의 박람회가 열리는 곳인데, 사실 이들 박람회의 국제적인 명성에 비해 주변 부대시설은 황량하기 짝이 없는 지역이다. 이곳이 첨단 비즈니스 지구로 변모될 계획이다. 가장 눈에 뜨이는 내용은 200층 높이의 피라미드형 오피스 타워를 건설한다는 것이다. 스위스 건축가 헤르조그(Jacques Herzog)와 드므롱(Pierre de Meuron)의 프로젝트로, 2012년부터 2013년 사이에, 주변을 대대적으로 정비한다는 계획도 포함되어 있다. 파리가 피라미드에 '필'이 꽂힌 것은 확실해 보인다. 아무튼 이 건물이 완성되면 7.7킬로미터 떨어진 라데팡스에서도 이 건물을 볼 수 있다고 한다. 들라노에 시장의 이런 추진력은 "파리의 스카이라인을 바꾸며 뉴욕을 쫓아가려 하는가?"라는 녹색당의 반대와 공사에 지친 주민들의 저항을 받기도 하지만, 서울도 그렇고, 권력에 오른 사람들은 임기 동안 족적을 남기고자 하는 열망에 사로잡히는 것 같다. 그 권력의 열망 덕분에 도시는 진화하는 것이겠지만……. 아무튼 파리가 첨단 도시로의 행보를 빨리하고 있는 것은 틀림없어 보인다.

예전 내가 유학하던 시절 파리는 조상이 물려준 유물들 사이에서 편안하게 누리며 늙어가고 있는 듯 보였다. 그런 파리가 요즘은 갈 때마다 변화한다는 것을 느낀다. 활기를 되찾으며 회춘하고 있다고 할까? 낡은 지하철과 삐꺽거리는 엘리베이터에 투덜거리던 옛날이 슬그머니 그리워지기도 하면서, 파리의 낯선 모습들에 적응하려고 관광객처럼(하긴, 나도 이젠 관광객이다!) 카메라를 들고 헤맨다. 몇 백 년에 걸쳐 도시를 이룩하고, 또 몇 십 년에 걸쳐 재개발을 하는 프랑스의 끈기가 부럽다. 조상에게서 물려받은 것이 많아 잘 먹고 잘사는 모습이 아니라, 이렇듯 물려받은 것을 지켜내며 발전해 나가는 모습이 말이다.

센 강변의 수영장

파리시는 현재 수영장을 33개 운영하고 있는데, 면적당 인구 비례 리용이나 마르세이유 같은 다른 대도시에 비해 택도없이 부족한 현실이다. 그래서 자구책으로 시민들이 좀더 편리하게 스포츠 센터를 이용할 수 있도록 센 강에 배를 띄워 수영장을 운영하기로 하였다. 신도시 베르시 지역의 시몬느 드 보부아르 다리 근처에 오픈한 죠슬린 베이커 수영장(piscine Josephine Baker)은 이 프로젝트의 첫번째 선박이다. 센강의 물을 정화 하여 쓰고 있어 락스로 소독하지 않는 천연풀에. 휘트니스, 사우나, 일광욕 베란다, 카페테리아까지 갖춘 이 커다란 배는 500명을 수용할 수 있다.

입장료 여름에는 5€, 학기중에는 2.60€